고범석경제학아카데미

고범석 경제학

공기업(공사,공단) | 7,9급 공무원 | 세무회계사 | 경제자격증

국제경제편

정확한 **기출 분석**과 **응용문제**
경제학 수험서의 절대강자
고범석 경제학

경제학 기본서

고범석 편저

- 공기업, 공무원, 경제자격 시험을 모두 준비할 수 있는 경제 통합 기본 수험서
- 최신 기출문제(객관식, 약술, 논술)를 종합 분석하여 기출 키워드를 중심으로 공부할 수 있는 구성
- 공기업, 공무원, 세무회계사, 경제자격시험 최신 기출유형 문제 수록
- 경제학 전직렬 시험을 준비할 수 있도록 객관식, 약술, 논술 모든 유형의 단원점검문제 수록

공기업, 공무원, 세무회계사, 경제자격시험의 경제학 시험대비 필수 경제수험 기본서

동영상 강의 | 학습 질문

고범석 경제학아카데미
www.koeconomics.com

고범석

이력

- 고려대학교 경제학과 및 동대학원 졸업
- (현) 고범석 경제학아카데미 대표강사
  공기업(경제학통합/단일전공, 경제논술), 7,9급공무원 회계사, 경제자격증(공인노무사 감정평가사,보험계리사), TESAT, TEST
- (현) 이화여대 공기업 취업 특강 강사
- (전) 유비온 TESAT 경제 전임강사
- (전) 종로국가정보학원 경제학 전임강사
- (전) 공기업단기 경제 전임강사
- (전) 금융단기 매경테스트 및 한경테셋 전임강사
- (전) 우리경영아카데미 공인회계사 및 세무사 강의 경제 전임강사

저서

- 고범석경제학 국제경제편 (2022.06)
- 범석경제학 거시경제편 (2022.02)
- 고범석경제학 미시경제편 (2022.01)
- 범석경제학 경제논술편 (개정 7판) (2021.04)
- 고범석경제학 경제학 기초입문편 (초판) (2020.11)
- 고범석 코트라,무역협회aT 경제논술 제6판 (2017)
- 고범석 심화경제학 (2017)
- 고범석 테마경제학
- 고범석 공기업통합경제학
- 고범석 이것이기출이다.

지 은 이 고범석
발 행 일 초판 1쇄 발행 2022년 6월 27일
발 행 처 오스틴북스
발 행 인 김은영

기 획 양범석
편집디자인 김하나
주 소 경기도 고양시 일산동구 백석동 1351번지
대 표 전 화 070-4123-5716

동영상강의 www.koeconomics.com
교재관련문의 070-4123-5716
I S B N 979-11-88426-42-3
도 서 정 가 25,000원

저 작 권 자 오스틴북스
이 책의 모든 내용, 이미지, 디자인, 편집형태는 저작권법에 의해 보호받고 있습니다. 저자와 출판사의 허락 없이 내용의 일부 혹은 전부를 인용, 발췌하거나 복제, 배포할 수 없습니다.

고범석경제학

국제경제편

경제학 취업 | 자격증 수험 전문서

일반공기업 | 금융공기업 | 7급/9급 공무원 | 세무회계사 | 경제 자격증

고범석 경제학

국제경제편

미시경제편 거시경제편 화폐금융론 국제경제편

경제학 객관식, 약술, 전공논술, 시사논술 시험을 모두 준비할 수 있는 경제학 수험서

경제학 객관식, 약술, 전공논술, 시사논술 시험 대비 이론

기초부터 심화까지 | 미시, 거시, 화폐금융, 국제경제까지

다양한 경제학 시험에서 필수 수강해야 하는 필수과목을 포함하여 경제학 시험으로 응시할 수 있는
경제학 시험 종류를 최대화하여 경제학 1과목으로 다양한 시험 응시를 목표로 하였습니다.

객관식, 약술, 논술 경제학 모든 시험 종류에 완벽 대비 !

최신 경제학 시험의 모든 기출 유형을 분석 수록하여 경제학 시험을 예측하고 분석한 이론
객관식, 약술, 시사논술 시험으로 출제된 공기업, 공무원, 세무-회계, 자격증 기출 키워드를 중심으로 내용 정리

코트라, 일반공기업, 금융공기업, 세무-회계사, 자격증 통합경제학

공기업(공사, 공단) 행정직(사무직), 7급/9급 공무원, 세무-회계사, 경제 자격증 대비로 비전공자는 경제학을
전공자 수준으로, 경제학 전공자는 시험의 유형에 맞는 응용력을 끌어올려 다양한 시험을 응시할 수 있도록 지원

한 과목 다 직렬 학습전략

미시경제학 | 거시경제학 | 화폐금융론 | 국제경제학
객관식, 약술, 전공 논술, 시사논술 시험 범위의
공기업, 공무원, 경제 자격증, 세무/회계사
시험을 한번에 대비

경제학 입문자부터 전공자의 시험 대비
기본부터 수강생의 눈높이에 맞는 학습을 제공
빠르게 합격하기 위한 합격 전략 제공
경제학 수험 학습서로서의 완벽한 커리큘럼

정답 외우기식의 교재 구성에서 벗어나
단원별 학습 수준을 정확하게 파악할 수 있도록
문제와 해설, 정답을 분리하여 수록하였으며
약술과 논술시험에도 대비할 수 있도록
경제학 수험서 최초로 약술 논술 점검 문제까지 수록

STEP 01 기본 완성

∴ 기출문제 기반의 개념과 이론 총정리
∴ 경제 비전공자를 위한 학습 커리큘럼
∴ 경제 전공자를 위한 학습방향 설명

STEP 02 실력 완성

∴ 소-중 단원별 객관식 점검
∴ 대 단원별 약술, 논술 맞춤 문제 제공
∴ 경제모형 그래프 점검

STEP 03 득점 완성

∴ 실전과 같은 형태의 모의고사 문제와 해설
∴ 다회 풀이가 가능한 문제 풀이 이력 기록
∴ 논술 목차 구성과 쓰기 전략

STEP 04 만점 완성

∴ 오답노트를 정리하여 틀린 문제를 점검
∴ 객관식 문제의 해설과 정답은 뒤편 페이지
∴ 논술 문제는 반복 작성
∴ 틀린 문제 이력을 확인하여 만점에 도전

경제학 시험의 종류와 공부 전략

경제학 시험범위

시험 대상	경제학 시험범위	대상 기업 대상 자격시험
공기업(상경 통합 시험)	경제학원론, 미시, 거시, 국제경제학	공무원연금공단, 한국환경공단, 발전공기업 건강보험심사평가원, 서민금융진흥원, 예금보험공사 등
공기업(경제 선택 시험)	미시, 거시, 화폐금융, 국제경제학 계량경제학	주택금융공사, 신용보증기금, 주택도시보증공사 한국관광공사, 한국농어촌공사, 기술보증기금 등
공기업(경제 논술 시험)	미시, 거시, 국제경제(국제통상)	코트라, 무역협회, aT(농수산식품유통공사) 논술 포함 기업: 예탁결제원,신용보증기금, 한국소비자원 등
세무사, 회계사	재정학, 미시, 거시	세무사, 회계사
경제학 레벨 인증시험	경제학원론, 미시, 거시, 화폐금융론 국제경제학	한경 TESAT, 매경 TEST
공무원시험	경제학원론, 미시, 거시	7급, 9급 공무원
경제관련 자격증	경제학원론	보험계리사, 감정평가사, 공인노무사 등

공기업 채용절차

■ 일반적인 공기업 채용절차

01 시험공고 > 02 원서접수 > 03 서류전형 (10~60배수) > 04 1차 필기시험(전공) (4~6배수) > 05 2차 필기(NCS, 인적성) (3~4배수) > 06 면접(영어, 실무능력) (2~3배수) > 07 면접(임원) (1.5~2배수) > 08 채용

※ 취업 대상 기업의 채용절차 및 전형방법을 확인하여 수험전략을 기획하여야 한다.

※ 주요 전략과목과 시기별 공부 방법을 정리하여 투자시간에 비해 낮은 점수(가산점 등)를 취득하는 것을 버리고 높은 점수를 받을 수 있는 과목에 집중해야 한다.

※ NCS, 면접 등은 준비해야 할 시기를 정하여 주요 전략과목의 점수를 높이는데 방해가 되어서는 안 된다.

경제 시험 유형 분석

공기업(공사, 공단) 채용 시험은 크게 사무직(행정직)과 전문직(기술직 포함)으로 구분된다.
사무직(행정직)은 주로 경제, 경영의 상경직과 행정법, 법학의 법정직으로 구분하여 채용한다. 사무직(행정직) 채용은 경제를 단일 선택으로 하는 공공기관과 경제, 경영을 통합으로 시험을 치르는 상경 통합 시험으로 채용하는 공공기관으로 구분된다.
여기서 단일 선택은 경제논술 단일 과목과 객관식, 약술, 논술 혼합으로 치르는 시험으로 또 한 번 구분된다. 본 교재는 객관식부터 경제논술까지 경제학 시험의 모든 유형을 대비할 수 있도록 구성하였다.
공무원 시험에서는 7급, 9급 시험에 경제학 시험이 미시, 거시, 국제경제 등의 과목이 포함되며, 자격증 시험에는 경제학원론이 주로 출제된다.

▣ **경제, 경영 과목을 상경통합** 수준으로 치르는 공기업(공사, 공단), 경제자격증, TESAT, TEST 시험

- **시험유형** : 객관식 문제 위주로 출제
- **문제 수** : 객관식 25문제 ~ 80문제 수준
  통합으로 주로 경영 과목과 혼합으로 치뤄지며 출제 문제 수가 적어 심도 있는 문제보다 이론 위주의 개념을 확인하는 수준으로 출제된다. 법학, 행정학, 회계원리 등 상경 법정 통합 시험으로 치르는 기업도 있다.
- **준비기간** : 4개월 ~ 6개월 이상(비전공자 기준, 경제전공자 2개월)
- **대상시험** : 공기업 : 한국환경공단, 공무원연금공단, 강원랜드, 수도권매립지공사, 국민연금공단, 중소기업진흥공단, 한국공항공사, 발전계열 공기업(한국서부발전, 중부발전, 동서발전, 남부발전 등), 인천국제공항공사 등.
  경제자격증 : 보험계리사, 감정평가사, 공인노무사 등.
  TESAT, TEST 경제레벨시험
- **출제유형** : 객관식

▣ 경제과목을 **선택과목으로 1과목**으로 치르는 공기업 | 7급, 9급공무원, 세무회계 시험

- **시험유형** : 객관식, 약술형, 논술형 혼합 문제로 출제
- **문제 수** : 객관식 25문제 ~ 80문제, 약술 5~10문제, 논술 1~2문제
  경제학 과목을 선택 과목으로 선택하여 시험을 치는 공기업
- **준비기간** : 6개월 ~ 12개월 이상(비전공자 기준, 경제 전공자 2~3개월)
- **대상시험** : **한국수자원공사, 한국관광공사, 주택금융공사, 한국주택도시보증공사**, 한국수출입은행, 한국투자공사
  신용보증기금, 기술보증기금, 인천국제공항공사, 중소벤처기업진흥공단, **한국농어촌공사, 소상공인시장진흥공단**,
  한국소비자원, 예탁결제원, 한국자산관리공사 | 7급/9급 공무원시험, 세무/회계사 시험 등
- **출제유형** : 객관식, 단답형, 약술, 논술을 단일 또는 혼합 유형으로 출제

▣ 경제과목 중 **시사논술 시험**을 치르는 기업

- **시험유형** : 경제 시사 논술형을 주요 과목으로 출제, 당해년도 이슈가 된 국내 경제, 국제 경제 시사 주제 중심
- **문제 수** : **시사논술 1문제 ~ 5문제 수준**
  경제학 과목을 선택 과목으로 선택하여 시험을 치는 공기업
- **준비기간** : **6개월 ~ 12개월** 이상(비전공자 기준, 경제 전공자 2~3개월)
- **대상시험** : **대한무역투자진흥공사 (KOTRA), 무역협회(KITA), 한국농수산식품유통공사(aT) 등**
- **출제유형** : 경제시사논술

경제학 공부 방법

■ **경제학 시험 대비 공부 방법**

01 기출문제 수집 > 02 문제 분석 및 교재 선택 > 03 출제 유형 및 범위 선택 > 04 주요 출제 범위 선정 >

05 주요 출제 범위 이론 공부 > 06 객관식 적응 문제 풀이 > 07 약술, 논술 문제 풀이 > 08 틀린 문제 반복 정리

이 책의 구성

■ 미시경제편, 거시경제편, 국제경제편

- 미시경제, 거시경제(화폐금융론 포함), 국제경제편 총 3편의 교재로 구성
- 기본이론부터 단일 전공시험을 대비하기 위한 심화이론까지 수록
- 공기업, 공무원 등 직렬 시험의 범위를 벗어나는 학문적 분야는 과감하게 삭제하여 콤팩트한 공부 범위를 제시

■ 객관식, 약술, 논술 문제 풀이

- **객관식 점검 문제**
  해설과 정답을 문제지 뒷면에 배치하여 문제 풀이의 정확성을 높이고 아는 문제인 것처럼 착각하지 않도록 구성
  문제풀이 이력을 기록할 수 있도록 하여 틀린 문제, 모르는 문제, 맞은 문제로 구분하고 다회 이용이 가능함
  객관식 문제 파트의 틀린 문제, 모르는 문제를 쉽게 찾아 정리할 수 있어 시험 직전 점수 향상에 최적화
- **약술, 논술 문제 점검**
  대단원 점검 문제로는 기출문제를 기반으로 한 약술, 논술 기출문제를 제공하여 단일 전공 시험 유형에도 적응
  경제 시사논술 시험을 대비하기 위한 논술 문제도 수록

Contents

이 책의 차례

PART 01 국제무역론

CHAPTER 01 국제무역이론

CHAPTER 02 무역정책론

PART 02 국제금융론

CHAPTER 03 환율이론

CHAPTER 04 국제수지론

PART 01

PART GUIDE

- 한국의 경우 1997년 외환위기가 발생한 이후 경제개방이 급속히 진행되었다.
- 거래 상대국가가 다양해졌을 뿐만 아니라 국제무역규모도 더욱 커졌다.
- 이전과 달리 국제무역에서는 서비스가 차지하는 비중이 늘어나고 있으며 다양한 FTA와 같은 경제블록에서 이루어지는 무역비중이 늘어나고 있다.
- 또한 다른 산업간 무역보다 동종 산업 내 무역이 빠르게 증가하고 있다.
- 우선 국가 간 무역이 발생하는 원인과 그 방향을 결정하는 요인을 살펴보고 수출량 · 수입량 및 가격결정에 대해 알아본다.
- 그리고 관세 및 그 밖의 무역제한조치가 교역량과 가격에 미치는 효과 등 국제무역과 관련된 정부의 역할을 살펴본다.

국제무역론

CHAPTER 01

국제무역이론

단원 학습 목표

- 오늘날 대부분의 국가는 다른나라와 경제관계를 맺고 있다.
- 한국의 경우 1990년대 후반 OECD에 가입하고 외환위기의 극복과정에서 경제의 개방화가 급속히 진행됨에 따라 국제무역규모는 더욱 커졌다.
- 국가간 무역이 발생하는 원인과 방향을 결정하는 요인을 살펴보고 교역량과 가격결정에 대해 알아본다.

□△○

1절 국제경제학의 개요

01 국제경제학의 주요 주제

① 국제경제학은 크게 국제무역론과 국제금융론의 두 부문으로 나누어진다.

② 국제무역론은 화폐가 없는 실물경제의 교환모형이며 미시경제이론의 분석 틀을 주로 사용한다.

③ 국제금융론은 국제경제의 화폐적 현상에 초점을 맞추고 있으며 거시경제이론과 화폐이론의 분석 틀을 주로 사용한다.

④ 국제무역론은 어떤 국가가 어떤 상품을 수출할 것인가 하는 무역패턴, 무역의 이익이 어떻게 나타나고 어떤 집단이 이득을 얻고 어떤 집단이 손해를 보는가 하는 소득분배효과를 설명한다.
또한 무역을 규제하는 수단으로 관세와 수량할당 등 다양한 수단이 있는데 이들의 효과에 대해 분석한다.
2차 세계대전 이후 국제기구를 중심으로 자유무역이 확대되는 한편 경제통합의 가맹국이 어떠한 이득을 얻을 수 있는지도 살펴본다.
GATT와 WTO의 기본원칙과 운영원리도 살펴본다.

⑤ 국제금융론은 환율의 결정요인, 환율제도 등과 국가의 대외거래 현황을 파악하는 국제수지를 설명한다.
국제통화제도는 역사적으로 금본위제도, 변동환율제도, 고정환율제도 등의 형태로 변천해왔는데 이러한 환율제도가 현실경제에 주는 영향을 알아본다.
그리고 경제정책의 주요수단인 재정정책과 금융정책의 효과가 환율제도에 따라 차이가 있는데 이를 바탕으로 모형을 만들고 효과를 분석해본다.

02 다른 경제이론과의 차이점

① 국경을 넘어서 국가들 간에 이루어지는 국제거래는 한 국가 내에서 개인들 간에 이루어지는 국내거래와 여러 가지 다른 상황을 유발하게 된다.

② 국내거래에서는 동일한 통화만이 사용되나 국제거래에서는 국내통화와 서로 다른 통화의 거래가 이루어져야 한다. 각국 통화 간의 교환비율인 환율이 변하면 동일한 상품의 가격이 다르게 나타날 수 있다.

③ 국제거래는 생산요소의 국제간 이동에 제약을 받으며 각국은 관세부과, 수입제한 등을 통해 국제거래가 자국에 유리하도록 개입하기도 한다.

03 국제경제의 중요성

① 개인 또는 개별기업의 경제활동 및 국가경제의 활동이 과거와는 달리 외국의 경제활동과 긴밀하게 연계되어 있다.

② 경제의 운영을 위해서 외국과의 관계 및 국제경제의 변화에 더 큰 주의를 기울여야 하는 게 최근의 현실이다.

③ 특히 우리나라와 같이 대외의존도가 큰 국가에서는 국제경제가 국내경제에 미치는 중요성은 더 커진다. 대외의존도는 무역의존도, 수출입의존도 라는 뜻을 같이 포함하고 있다. 한 나라의 경제가 무역에 얼마나 의존하고 있는 지를 조사한 것이다.

④ 대외의존도란 GDP 대비 무역액 (수출 + 수입)의 비중(%)으로 계산한다.

$$\rightarrow \text{대외의존도} = \frac{\text{수출액} + \text{수입액}}{GDP}$$

예 우리나라 수출액이 50달러, 수입액이 40달러, 그리고 GDP가 100달러 일 경우 무역의존도는 90%

한국은 1970년에 32.6%에서 2020년 기준 60.1%로 증가했다. 대외의존도의 증가는 국가 간 상호의존성이 높아졌음을 말해준다.

⑤ 경제규모가 클수록 내수시장이 커서 대외의존도가 낮아지고 주변에 무역할 국가가 많을수록 대외의존도가 높아진다.

⑥ 세계화의 확대로 상호의존성이 커짐에 따라 한 국가의 경제정책 변화가 그 국가만이 아니라 다른 국가의 경제성과에도 영향을 미치고 있다.

□△○

2절 절대우위론과 비교우위론

01 중상주의(mercantilism)

1 개념

① 15세기 말부터 18세기 중엽에 이르는 약 300년간 영국, 스페인, 프랑스, 포르투칼 등 유럽제국에서 전개되었던 경제정책 또는 경제사상을 말한다. 특히 17세기부터 18세기 전반까지 유럽의 중상주의는 보호무역주의였다.

② 중상주의는 상공업을 중시하고 국가의 보호아래 국산품의 수출을 장려하여 국부의 증대를 꾀하려는 정책을 말한다.

2 보호무역주의

① 중상주의 정책은 무역수지 흑자에 중점을 두었는데 국가가 강력히 시장에 개입하여 국내 산업을 육성하고 대외무역에서는 금이나 은과 같은 귀금속을 얻기 위해 수출을 증대하고 수입을 억제하였다.

② 즉, 외국제 완제품의 수입금지와 제한, 국내원료의 수출금지, 외국산 원료의 수입 장려, 국내 상품의 수출장려를 하였다.

3 경제이론

1. 중금주의

① 자본주의가 아직 생산부문까지를 완전히 지배하지는 못한 상태였으므로 중상주의자들은 이윤이 기본적으로 생산과정이 아닌 유통과정에서 발생된다고 생각하였다. 따라서 귀금속을 부(富)의 본원적 형태로 간주하였다.

② 중상주의자들은 축적된 금으로 큰 규모의 군대를 유지하고 강한 군사력을 이용하여 더욱 많은 식민지를 확보하고자 하였다.

③ 또 당시는 금본위제도이었기 때문에 금의 축적에 의한 통화량 증가는 활발한 상업 활동을 가능하게 하였다.

2. 무역차액주의

귀금속의 원산지 이외의 지방에서는 외국무역만이 이윤 획득수단이었으므로 무역이 흑자가 되게 하는 것이 정책의 중심목표로 추구된다.

4 대표적인 경제학자

① 영국 경제학자인 윌리엄 페티(W. Petty)는 노동가치설을 제창하여 고전학파의 선구자가 되었다.

→ 상품가치의 크기는 그것의 생산에 소요된 노동량 혹은 노동시간에 의해 결정된다고 설명하는 이론을 노동가치설이라고 한다.

② 프랑스 재무장관인 콜베르(J. Collbert)는 중상주의 정책을 실시하였다. 따라서 프랑스의 중상주의 정책은 산업・무역통제로 유명한 콜베르의 이름을 따서 콜베르티즘(colbertisme)이라고 한다.

5 아담 스미스의 비판

중상주의자는 금이나 은을 많이 보유할수록 국가가 부강해진다고 하였으나 아담 스미스는 국부론(The Wealth of Nations, 1776)에서 한 국가의 부는 귀금속의 양에 의해 측정되는 것이 아니라 재화와 서비스를 생산하는데 이용될 수 있는 인적자원, 자본, 천연자원의 보유량에 의해 결정된다고 주장하였다.

자원의 보유량이 많을수록 인간의 욕구를 충족시킬 수 있는 재화와 서비스의 생산량은 커지며 한 국가의 생활수준도 높아진다는 것이다.

또한 그는 국제분업과 전문화를 통하여 얻을 수 있는 이익을 강조함으로써 자유무역을 옹호하였다.

02 절대우위론 - 아담 스미스(A. Smith)

1 개념

① 재화 생산에 필요한 노동량 또는 생산비가 다른 국가보다 적을 때 해당 국가는 이 재화 생산에 절대우위(absolute advantage)가 있다고 표현한다.

② 절대우위론은 각국이 절대우위에 있는 재화생산에 특화하여 교환함으로써 상호이익을 얻을 수 있다는 이론이다.

2 설명

	X재	Y재
A국	2	1
B국	1	2

1. 무역이전

① A국과 B국은 100명의 노동력을 가지고 있으며 X재와 Y재의 1단위 생산에 필요한 노동투입량이 위의 표와 같이 주어져 있다.
즉, A국에서는 X재를 생산하는데 노동 2단위를 필요로 하고 Y재를 생산하는데 노동 1단위를 필요로 한다. B국은 X재를 생산하는데 노동 1단위, Y재를 생산하는데 노동 2단위를 필요로 한다.

② A국은 B국보다 적은 노동투입으로 Y재를 생산하고 B국은 A국보다 적은 노동투입으로 X재를 생산할 수 있다. 이러한 경우 A국은 Y재 생산에 절대우위를 가지고 있고 B국은 X재 생산에 절대우위를 가지고 있다고 한다.

③ 무역이전 A국은 X재를 25개, Y재를 50개 생산하여 소비하고, B국은 X재를 50개, Y재를 25개 생산하여 소비하고 있다고 하자.

2. 무역이후

① A국은 절대적인 생산비가 낮은 Y재에 절대우위가 있으므로 모든 노동을 Y재 생산에 투입하면 100단위의 Y재가 생산된다.

② B국은 절대적인 생산비가 낮은 X재에 절대우위가 있으므로 모든 노동을 X재 생산에 투입하면 100단위의 X재가 생산된다.

③ 양국 간에 무역이 성립하여 X, Y 두 재화가 1대1로 교환된다고 하자.
X재와 Y재 50단위씩을 서로 교환하게 되면 각국은 무역이전과 비교할 때 A국은 X재를 25개를 더 소비할 수 있고 B국은 Y재를 25개 더 소비할 수 있다.

④ 따라서 자유무역을 통하여 두 국가 모두 이득을 보게 된다.
즉, 아담스미스는 무역을 통해 어느 한쪽만이 일방적으로 이득을 독점하는 것이 아니라 무역당사국 모두가 이득을 누릴 수 있음을 보였다.

3 평가

① 보호무역주의를 비판하고 자유무역의 근거를 제시하고 있다.

② 한 나라가 모든 재화에 있어서 절대우위 또는 절대열위에 있는 경우에도 무역이 활발하게 이루어지고 있는데 그러한 현상을 설명하지 못한다.
즉, 절대우위론은 생산성이 절대적으로 낮은 국가와 생산성이 절대적으로 높은 국가 사이의 무역을 설명하지 못한다.

03 비교우위론

1 개념

① 1817년 리카도(D. Ricardo)는 '정치경제 및 과세원리'라는 책에서 모든 국가는 무역을 통해 이익을 얻을 수 있음을 설명하였다.

② 모든 제품 생산에서 절대적으로 열위에 있는 국가도 반드시 수출할 제품이 있으며 모든 제품 생산에서 절대적으로 우위에 있는 국가도 다른 국가로부터 일부 제품을 수입하는 것이 이익이다.

③ 한 나라가 두 재화 생산에 있어서 모두 절대우위, 절대열위에 있더라도 상대적으로 생산비가 낮은 재화 생산에 특화하여 무역할 경우 이익을 얻을 수 있다는 이론을 비교우위(comparative advantage)론이라고 한다.

2 가정

① 노동만이 유일한 생산요소이며 노동투입량에 의해 재화의 가치가 결정되는 노동가치설을 가정한다.
예를 들어 X재 한 단위 생산에 필요한 노동량이 Y재 한 단위 생산에 필요한 노동량의 두 배라면 X재는 Y재의 두 배의 가치를 갖는다.

② 생산요소의 국가 간 이동은 불가능하나 한 국가 내에서 산업간 이동은 가능하다.

③ 모든 노동의 질은 동일하다.

④ 생산함수는 규모수익불변을 가정한다.
규모수익불편의 생산함수에서는 투입과 산출이 같은 비율로 증가하므로 생산량이 변해도 평균비용은 항상 일정하다.
평균비용이 항상 일정하다는 것은 생산가능곡선의 형태가 우하향의 직선임을 나타낸다.

3 설명

	X재	Y재
A국	5	5
B국	1	4

1. 무역이전

① A국과 B국에서 X재와 Y재 1단위 생산에 필요한 노동투입량이 위의 표와 같이 주어져 있다.
즉, X재 1단위를 만들기 위한 A국의 노동투입량은 5단위, B국의 노동투입량은 1단위이고, Y재 1단위를 만들기 위한 A국의 노동투입량은 5단위, B국의 노동투입량은 4단위이다.

② 재화 생산에 필요한 노동량이 다른 국가보다 적을 때 이 국가는 이 재화 생산에 절대우위가 있다고 표현한다.

③ 표에서 X재든 Y재든 한 단위 생산에 필요한 노동투입량이 모두 A국보다 B국에서 더 낮다.
따라서 A국은 X재, Y재 모두에 절대 열위를, B국은 두 재화 생산에 있어서 절대 우위를 갖는다.

④ A국은 50명의 노동력을 가지고 있고, B국은 100명의 노동력을 가지고 있다면 무역이전 A국은 X재를 5단위, Y재를 5단위 생산·소비할 수 있고 B국은 X재를 84단위, Y재를 4단위 생산·소비할 수 있다.

⑤ 무역이전 A국의 국내 가격비$(\frac{P_X}{P_Y})^A = \frac{5}{5} = 1$이고 B국의 국내 가격비$(\frac{P_X}{P_Y})^B = \frac{1}{4}$이다.

2. 무역이후

① 무역이전 A국의 국내 가격비$(\frac{P_X}{P_Y})^A = \frac{5}{5} = 1$이고 B국의 국내 가격비$(\frac{P_X}{P_Y})^B = \frac{1}{4}$이므로 B국의 국내가격비가 A국의 국내가격비보다 낮다. → $(\frac{P_X}{P_Y})^A > (\frac{P_X}{P_Y})^B$

② B국은 X재를 상대적으로 더 저렴한 비용으로 생산할 수 있으므로 X재 생산에 비교우위를, A국은 Y재 생산에 비교우위를 갖는다.

③ 따라서 B국은 X재만 생산하여 수출하고 A국은 Y재만 생산하여 수출한다.

④ 또는 비교우위를 판단하기 위해 두 나라의 각 재화 생산의 기회비용을 계산해보면 다음과 같다.

	X재(Y재로 표시)	Y재(X재로 표시)
A국	1	1
B국	1/4 = 0.25	4

⑤ Y재 생산의 기회비용은 A국이 B국보다 낮고 X재 생산의 기회비용은 B국이 A국보다 낮으므로 A국은 Y재 생산에 비교우위가 있고 B국은 X재 생산에 비교우위를 갖는다.

⑥ 이 경우 A국은 Y재, B국은 X재 생산에 특화하여 A국은 Y재만 10단위 생산하고, B국은 X재만 100단위 생산한다.

⑦ 양국의 국내가격비 사이인 2 : 1의 교역조건으로 X재 8단위와 Y재 4단위를 교환하면 양국 모두 무역이전보다 더 많은 재화소비가 가능해진다.
즉, 무역이후 A국은 X재 8단위, Y재 6단위 그리고 B국은 X재 92단위, Y재 4단위를 소비하여 무역이전보다 더 많은 재화를 소비할 수 있게 된다.

	무역이전		무역이후			
	생산 = 소비		생산		소비	
	X재	Y재	X재	Y재	X재	Y재
A국	5	5	0	10	8	6
B국	84	4	100	0	92	4

⑧ 리카도는 각 나라에서 생산요소를 재배분하고 비교우위가 있는 생산품에 특화하여 국제분업을 하면 모든 국가가 후생이 증가한다는 것을 보여주었다.

3. 생산가능곡선을 이용한 설명

1) 무역이전

① A국은 50명의 노동력을 가지고 있고, B국은 100명의 노동력을 가지고 있다면 생산가능곡선은 그림과 같이 우하향의 직선으로 도출된다.

② 무역이전에는 생산가능곡선 바깥쪽은 소비가 불가능하므로 생산가능곡선은 소비가능영역이 된다. 즉, 생산가능곡선은 소비가능곡선과 동일하다.

③ 각국은 생산가능곡선과 사회무차별곡선이 접하는 점에서 재화를 생산・소비한다. 즉, 무역이전 A국은 X재를 5단위, Y재를 5단위 생산・소비하고 B국은 X재를 84단위, Y재를 4단위 생산・소비한다.

〈A국〉

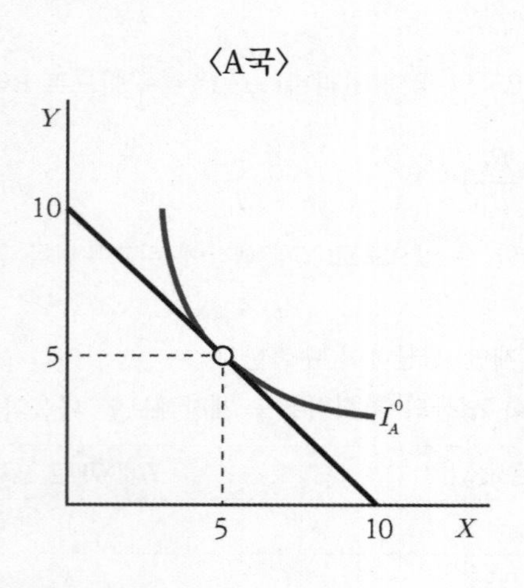

〈B국〉

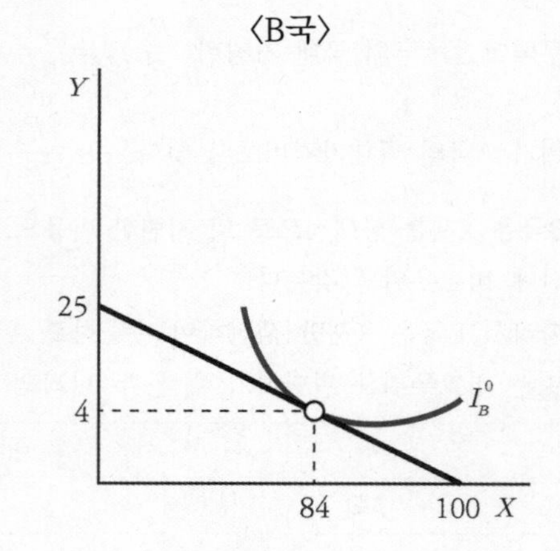

2) 무역이후

① 무역이 이루어지면 각국은 비교우위가 있는 재화생산에 완전특화를 하게 된다.

② 생산가능곡선이 소비가능곡선(예산선)과 동일하므로 생산가능곡선의 기울기는 $\frac{P_X}{P_Y}$이다.

③ B국의 생산가능곡선의 기울기가 A국의 생산가능곡선의 기울기보다 작기 때문에 $(\frac{P_X}{P_Y})^A > (\frac{P_X}{P_Y})^B$의 관계가 성립된다.

④ B국은 X재 생산에 비교우위가 있기 때문에 X재 생산에 완전특화하고 A국은 Y재 생산에 비교우위가 있기 때문에 Y재 생산에 완전 특화한다.

⑤ 교역조건이 양국의 국내 가격비 사이인 2:1로 주어져 있다면 무역이후 A국과 B국은 모두 생산가능곡선 바깥쪽에서 소비하는 것이 가능해진다.

즉, 두 국가 모두 직면하는 소비가능곡선은 $\frac{1}{2}$의 기울기를 갖는다.

⑥ 무역 이후 양국의 사회무차별곡선은 무역이전보다 원점에서 멀어지므로 후생수준이 증가한다.

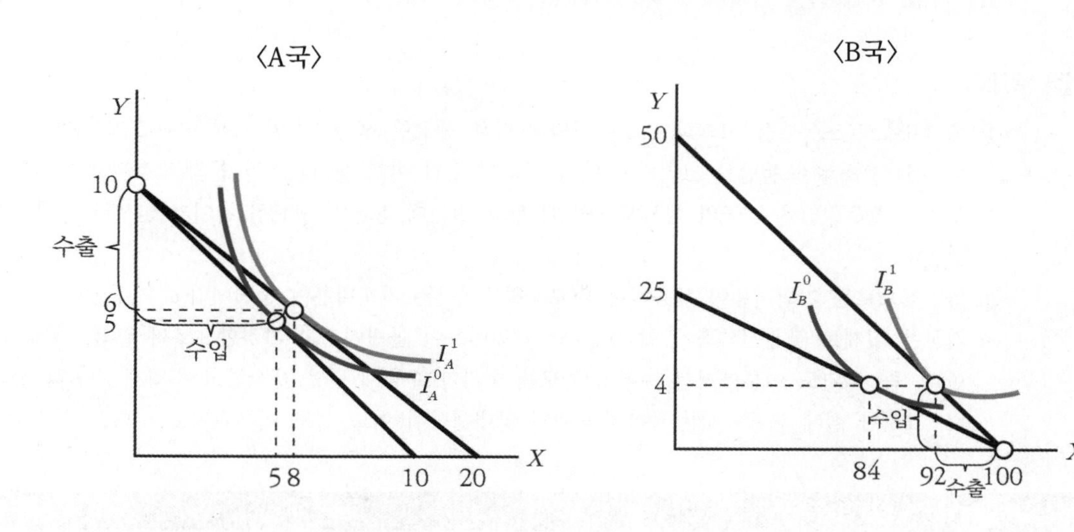

4 교역조건의 결정

① 두 나라가 무역을 할 때 국제교역조건은 양국의 국내 가격 비 사이에서 결정된다.

② 두 나라의 생산조건이 〈표〉와 같을 때 무역 이후 국제시장에서 X재의 상대가격은 1과 1/4사이에서 결정된다.

	X재	Y재
A국	5	5
B국	1	4

③ 만약 국제시장에서 X재의 상대가격이 1이상이 되면 두 국가 모두 X재를 수출하고자 한다.
왜냐하면 국제시장의 X재 가격이 국내가격보다 비싸면 수출을 통해 이익을 얻을 수 있기 때문이다. 그런데 같은 재화를 두 국가가 서로에게 수출할 수는 없으므로 무역이 이루어지지 않는다.

④ 무역이후 국제시장에서 X재의 상대가격이 1/4이하가 되면 두 국가 모두 X재를 수입하고자 할 것이므로 이 경우에도 무역이 이루어지지 않는다.

⑤ 따라서 국제가격은 양국의 국내가격의 사이에서 결정된다.

⑥ 만약 국제시장에서 X재의 상대가격이 1이 되면 X재와 Y재의 교환비율은 1:1이다.
양국의 국내 가격 비 사이인 1 : 1의 교역조건으로 X재 5단위와 Y재 5단위를 교환하면 A국은 X재 5단위, Y재 5단위 그리고 B국은 X재 95단위, Y재 5단위를 소비하여 무역이익은 전부 B국에 귀속된다.

⑦ 이와 반대로 교역조건이 무역이전 B국의 국내가격비와 동일한 1/4로 주어지면 무역이익은 전부 A국에 귀속된다.

⑧ 그러므로 양국 모두 무역의 이익을 얻기 위해서는 교역조건이 양국의 국내 가격 비 사이에서 결정되어야 한다.

5 실증분석

① 리카도 모형은 절대적으로 노동생산성이 낮은 국가도 수출을 할 수 있다고 보였는데 맥두걸(MacDougal)은 영국과 미국의 통계자료를 이용하여 리카도 무역모형에 대한 실증분석을 시도하였다.

② 맥두걸의 검증결과에 따르면 노동생산성이 높은 산업에서 미국의 수출이 영국보다 많고 노동생산성의 상대적 크기에 의해 수출 산업이 결정됨을 보여주었다.

6 문제점

① 생산요소로 노동만을 고려하고 노동이외의 다른 중요한 생산요소인 자본이나 토지 등을 고려하지 않는다. 생산요소로 노동만을 고려하고 있기 때문에 무역 이후 생산요소들 간의 갈등관계를 설명할 수 없다.

② 무역의 발생원인을 양국의 생산성 차이에 두고 있는데 양국의 생산성 차이가 발생하는 이유를 설명하지 않는다.

③ 일반적으로는 기회비용이 체증하나 비교우위론에서는 기회비용이 불변이라고 가정한다.

④ 각국은 실제로 불완전특화가 발생하지만 기회비용이 불변이라고 가정함으로써 완전특화의 문제가 발생한다. 즉, 리카도 이론에서는 무역이후 모든 국가가 수출재 만을 생산하고 수입재는 전혀 생산하지 않는다. 그러나 실제 세계에서는 수입대체재의 국내생산이 어느 정도 이루어지고 있다.

심화학습 생산가능곡선의 기울기

무역이전 생산가능곡선에서 생산과 소비가 이루어지므로 생산가능곡선은 소비가능곡선 즉, 예산선을 의미한다. 따라서 생산가능곡선의 기울기는 예산선의 기울기와 일치하므로 다음과 같은 식이 성립한다.

$$\rightarrow MRT_{XY} = \frac{P_X}{P_Y}$$

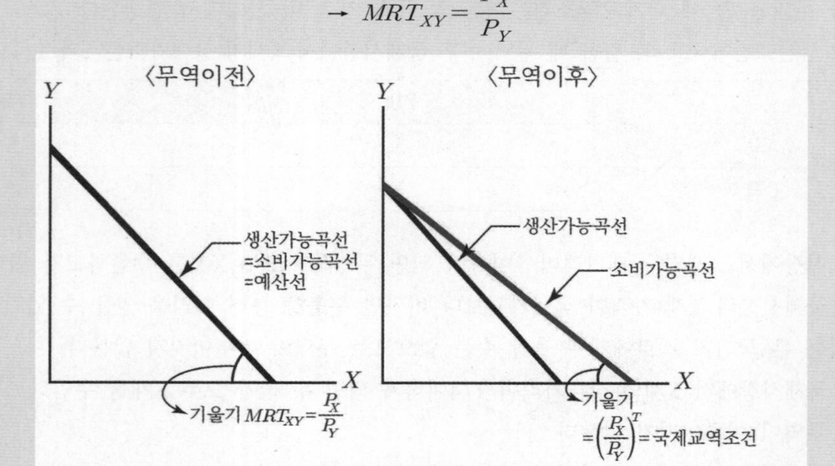

심화학습 소국과 대국과의 무역

소국과 대국이 무역을 하면 소국이 더 많은 이익을 얻을 가능성이 크다. 소국의 수요와 공급이 아주 적다면 세계 시장 전체의 수요와 공급은 대국의 수요와 공급에 의해 결정되므로 국제시장가격인 교역조건도 대국의 폐쇄경제 가격과 유사해진다.

국제시장가격이 대국의 가격과 유사하게 결정되면 대국은 이익을 얻기 어렵지만 소국은 교역조건이 개선되어 이익을 얻게 된다. 따라서 경제규모가 적은 나라일수록 무역은 필수적이고 무역으로부터 많은 이익을 얻게 된다.

04 교역조건

1 개념

① 어떤 국가가 무역으로부터 얼마만큼 이익을 얻는가는 수출재와 수입재의 상대가격과 수출량에 의해 결정된다.
② 수출재의 가격이 비쌀수록, 수출량이 많을수록 무역의 이익은 커진다.
③ 한 나라의 교역조건(Terms of trade)은 수입품에 대한 수출품의 가격비를 말한다.
즉, 수출재의 가격을 수입재의 가격으로 나눈 상대가격을 교역조건이라고 한다.

2 종류

1. 순상품 교역조건(N)

$$N = \frac{수출상품가격}{수입상품가격} \times 100$$

① 순상품 교역조건은 한 단위를 수출하여 얻은 금액으로 수입할 수 있는 양을 나타낸다.
예를 들어 교역조건이 100에서 200으로 상승하면 동일한 양의 수출로 과거보다 2배를 수입할 수 있음을 나타낸다.
② 환율이 상승하면 수출상품의 가격이 하락하고 수입상품의 가격은 상승하므로 순상품 교역조건은 악화된다. 즉, 환율과 순상품 교역조건은 역관계이다.
③ 수출입 재화의 가격만 고려하므로 수출물량과 수입물량의 변화는 전혀 고려하지 못한다.

2. 총교역조건(G)

$$G = \frac{수입수량}{수출수량} \times 100$$

① 총교역조건이 커지면 재화를 1단위 수출할 때 더 많은 수입재를 얻을 수 있으므로 교역조건은 개선된다.
② 상품수지의 균형으로 수출액과 수입액이 같다면 순상품교역조건과 총 교역조건은 일치한다.

3. 소득교역조건 (I)

$$I = \frac{P_X \times Q_X}{P_M} \times 100 = 순상품교역조건 \times Q_X$$

〔P_X : 수출상품 가격, Q_X : 수출수량, P_M : 수입상품 가격〕

① 소득교역조건이란 수출총액을 수입가격으로 나눈 값을 말한다.
따라서 수출액으로 얻을 수 있는 수입품의 수량을 나타낼 수 있다.
② 환율이 상승하면 수출가격이 하락하고 수출물량은 증가하므로 크기를 비교하여 소득교역조건이 개선되거나 악화될 수 있다.

3 국제교역조건

1. 조건

국제교역조건은 항상 각국의 국내 가격비 사이에서 결정된다.

$$(\frac{P_X}{P_Y})^B < (\frac{P_X}{P_Y})^T < (\frac{P_X}{P_Y})^A$$

2. 설명

	X재	Y재
A국	4	1
B국	1	4

① A국과 B국 모두 100명의 노동력을 가지고 있고 A국은 X재를 12.5개, Y재를 50개 생산하여 소비하고, B국은 X재를 50개, Y재를 12.5개 생산하여 소비하고 있다고 하자.

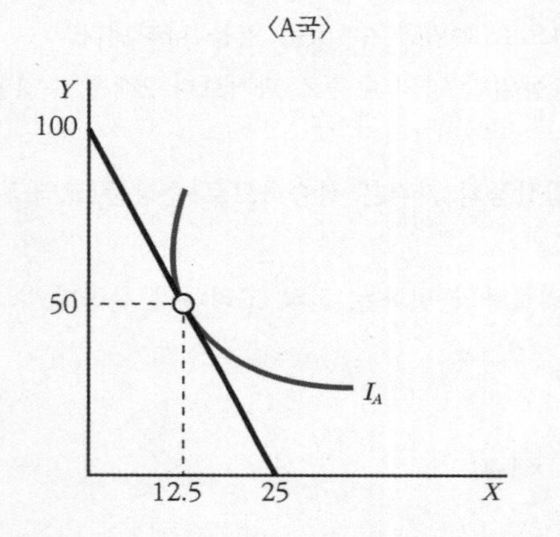

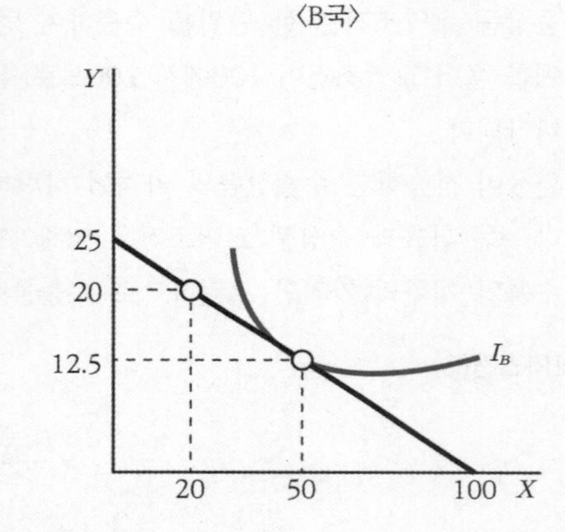

② A국과 B국 모두 100명의 노동력을 갖고 있고 기회비용이 일정하므로 생산가능곡선은 우하향의 직선으로 도출된다.

③ 무역이전에는 생산가능곡선과 사회무차별곡선이 접하는 점에서 재화를 생산 · 소비한다.

④ 따라서 A국은 X재를 12.5단위 생산하여 소비하고 Y재는 50단위를 생산하여 소비하고 B국은 X재를 50단위 생산하여 소비하고 Y재는 12.5단위를 생산하여 소비한다.

⑤ 교역조건이 무역이전 B국의 국내가격비와 동일한 $(\frac{P_X}{P_Y})^T = \frac{1}{4}$로 주어지면 무역이익은 전부 A국에 귀속된다.

⑥ A국(Y재 완전특화)이 Y재 20단위를 수출하고 X재 80단위를 수입하면 A국은 X재 80단위를 소비하고 Y재 80단위를 소비한다. 반면 B국(X재 완전특화)은 X재 20단위를 소비하고 Y재 20단위를 소비한다.

⑦ B국이 X재 20단위를 소비하고 Y재 20단위를 소비하면 무역 이전의 생산가능곡선 상에서 소비하게 되므로 B국은 무역에 따른 이득이 전혀 없게 된다.

⑧ 이와 반대로 교역조건이 무역이전 A국의 국내가격비와 동일한 $(\frac{P_X}{P_Y})^T = 4$로 주어지면 무역이익은 전부 B국에 귀속된다.

비교우위론

단원 점검 예제문제

예제문제를 통해 이론의 문제 활용 방법과 출제의도를 파악하는 방법을 익혀보세요.

문제

자국은 1,200단위의 노동이 존재하는데 이를 이용해 사과(X) 및 바나나(Y)를 생산할 수 있다. 사과 및 바나나 생산에 각각 3단위 및 2단위의 노동이 필요하다고 하자. 반면 외국은 800단위의 노동력이 존재하는데 사과 및 바나나 생산에 각각 5단위 및 1단위의 노동이 필요하다고 하자.

1. 자국과 외국의 생산가능곡선을 그려보라.
2. 양국에서 사과를 생산하는 데 따르는 기회비용을 바나나로 표시하면 얼마가 되는가?
3. 양국에서 무역이 없을 때 사과와 바나나 간의 상대가격은 얼마인가?

   이제 세계의 상대수요가 $\frac{\text{사과수요}}{\text{바나나수요}} = \frac{\text{바나나가격}}{\text{사과가격}}$으로 주어졌다고 하자.

4. 무역패턴은 어떻게 나타나는가? 양국은 무역을 통해 모두 이득을 얻을 수 있음을 보여라.

해설

1 자국과 외국의 생산가능곡선을 그려보라.

1. 자국생산가능곡선의 도출

   자국의 경우 $L_X + L_Y = 1{,}200$이며 $X = \frac{1}{3}L_X$, $Y = \frac{1}{2}L_Y$이므로 생산가능곡선은 $3X + 2Y = 1{,}200$이 된다.

2. 외국생산가능곡선의 도출

   외국의 경우 $L_X^* + L_Y^* = 800$이며 $X^* = \frac{1}{5}L_X^*$, $Y^* = L_Y^*$이므로 생산가능곡선은 $5X^* + Y^* = 800$이 된다.

3. 그래프

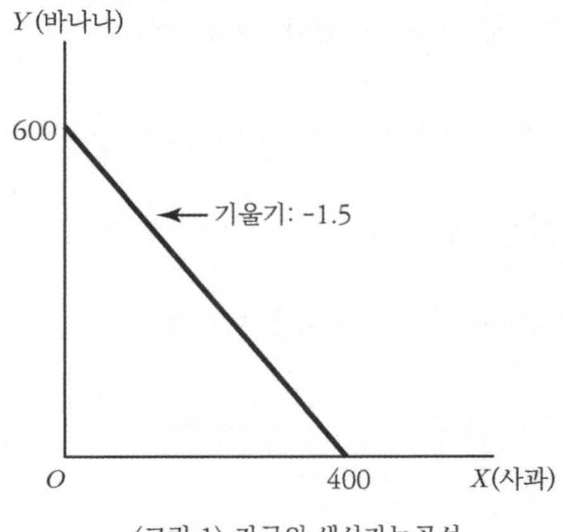

〈그림 1〉 자국의 생산가능곡선

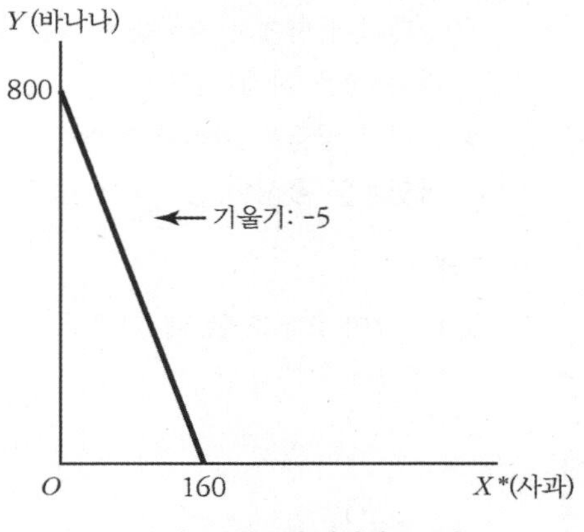

〈그림 2〉 외국의 생산가능곡선

2 양국에서 사과를 생산하는 데 따르는 기회비용을 바나나로 표시하면 얼마가 되는가?

1. 자국 사과생산의 기회비용

① 주어진 문제에서 사과생산의 기회비용(opportunity cost)은 포기한 바나나의 수량으로 측정된다.

② 〈그림 1〉에서 자국의 생산가능곡선의 기울기는 -1.5이므로 사과 한 단위 생산의 기회비용은 1.5단위의 바나나이다.

2. 외국 사과생산의 기회비용

〈그림 2〉에서 외국의 생산가능곡선의 기울기는 -5이므로 사과 한 단위 생산의 기회비용은 5단위의 바나나이다.

3. 비교우위의 판단

① 비교우위란 한 산업의 우위를 기회비용에 근거하여 판단한 것이다. 따라서 위 문제에서 자국이 사과생산에서의 기회비용이 낮으므로 자국은 사과생산에 비교우위를 가진다.

② 반면 외국은 바나나의 생산에 비교우위를 가지게 된다.

3 양국에서 무역이 없을 때 사과와 바나나 간의 상대가격은 얼마인가?

1. 무역 전 상대가격의 설정

① 양국에서 무역이 개시되기 전에는 자국의 생산가능곡선과 무차별곡선이 접히는 점에서 상대가격이 결정될 것이다.

② 그런데 위 경우 양국의 생산가능곡선의 기울기가 일정하게 주어져 있는 경우이므로 각국의 상대가격은 생산가능곡선의 기울기에 의해 결정된다.

2. 상대가격의 결정

① 따라서 자국의 무역 이전 상대가격, 즉 $\frac{\text{사과가격}}{\text{바나나가격}} = 1.5$가 된다.

② 반면 외국의 무역 이전 상대가격, 즉 $\frac{\text{사과가격}}{\text{바나나가격}} = 5$가 된다.

4 무역패턴은 어떻게 나타나는가? 양국은 무역을 통해 모두 이득을 얻을 수 있음을 보여라.

1. 무역의 패턴과 무역의 이익

① 상대가격 하에서 자국은 사과를 수출하고 외국은 바나나를 수출한다. 결국 각국은 비교우위 패턴에 따라 수출을 하게 된다.

② 그리고 양국은 이러한 가격체계 하에서 모두 소비가능집합이 확대되는데, 이는 양국무역을 통해 양국 국민들의 후생이 증가하게 됨을 의미한다.

2. 그래프

상대가격이 2라고 할 때 자국와 외국의 생산가능곡선과 소비가능집합은 다음과 같다.

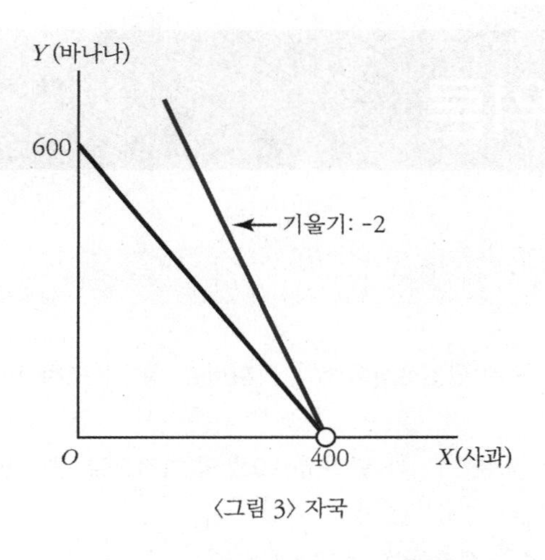

〈그림 3〉 자국

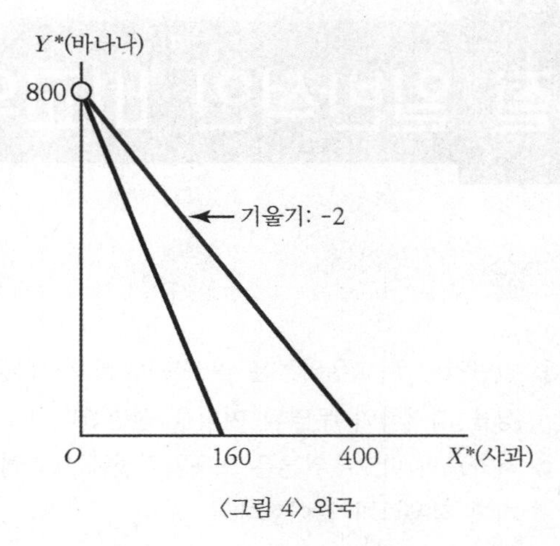

〈그림 4〉 외국

3절 일반적인 비교우위론

01 개요

① 일반적인 비교우위론은 리카도의 비교우위론으로부터 단일생산요소와 기회비용 일정불변의 비현실적인 가정을 제거하여 무역의 이익을 설명한다.

② 리카도의 비교우위론은 노동가치설에 입각하고 있을 뿐 아니라 단일생산요소의 가정으로 묶여있어서 현실세계에 적용하기가 어렵다.

③ 그러므로 리카도의 비교우위론에서 제약적인 가정을 제거하여 현실세계에 맞는 무역원리를 수립하고자 한 것이 고트프리드 하벌러(Gottfried Haberler), 베르틸 올린(Bertil Ohlin) 등에 의한 일반적인 비교우위론이다.

02 기본가정

① 생산요소는 노동과 자본 2가지가 있다.

② 생산요소의 국가 간 이동은 불가능하나 한 국가 내에서 산업간 이동은 가능하다.

③ 기회비용이 체증하므로 생산가능곡선은 원점에 대하여 오목한 형태를 갖는다.

03 무역이전

① 한 나라가 모든 생산요소를 투입하여 두 상품만을 생산할 때 어느 상품을 얼마만큼씩 생산할 것인가는 생산가능곡선과 두 상품의 상대가격을 표시하는 가격선이 접하는 점에서 결정된다.

② 사회구성원들의 선호가 같으면 이들의 선호를 사회무차별곡선으로 표시할 수 있다.
한 나라가 주어진 소득수준에서 어느 상품을 얼마만큼 소비할 것인가는 사회무차별곡선과 가격선이 접하는 점에서 결정된다.

③ 따라서 A국과 B국은 생산가능곡선과 사회무차별곡선이 접하는 점에서 재화를 생산・소비하게 된다.
즉, 무역이전 각국의 균형점에서는 사회무차별곡선과 생산가능곡선이 접하므로 사회무차별곡선의 기울기인 한계대체율(MRS)과 생산가능곡선의 기울기인 한계변환율(MRT)이 동일하다.

$$\rightarrow MRS = MRT$$

④ 무역이전에는 A국의 국내가격비가 B국의 국내가격비보다 작으므로 $[(\frac{P_X}{P_Y})^A < (\frac{P_X}{P_Y})^B]$

A국은 X재 생산에 비교우위가 있고 B국은 Y재 생산에 비교우위가 있다.

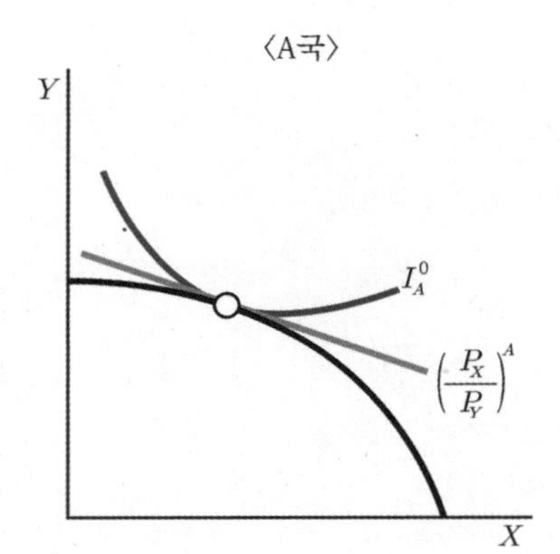

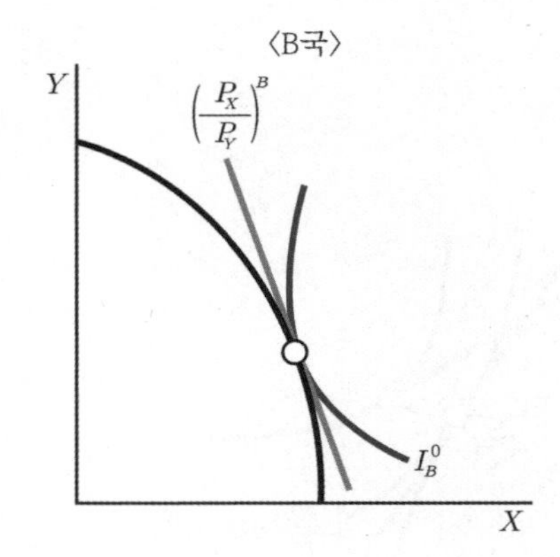

04 무역이후

1 A국의 경우

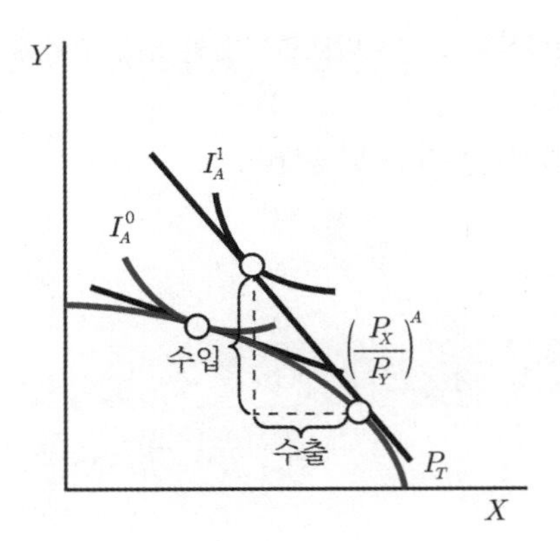

① 국제교역조건은 양국의 국내 가격비 사이인 P_T로 주어진다.

$$\rightarrow \left(\frac{P_X}{P_Y}\right)^A < \left(\frac{P_X}{P_Y}\right)^T < \left(\frac{P_X}{P_Y}\right)^B$$

② A국은 국제교역조건 P_T에서 무역이 이루어지므로 A국의 사회무차별곡선은 I_A^0에서 I_A^1으로 우측 이동한다. 즉, 후생수준은 무역이전보다 증가한다.

③ 무역이전에는 생산점과 소비점이 동일하나 무역이후 B국과 교환이 가능하므로 생산점과 소비점이 동일하지 않다.

④ A국의 생산점과 소비점을 비교하면 X재를 수출하고 Y재를 수입한다.

⑤ 무역이후 생산점이 이동하면서 X재 생산은 늘고 Y재 생산은 줄어든다. 이는 비교열위재인 Y재 생산에 사용되던 생산요소가 비교우위재인 X재 생산으로 이동함을 의미한다.

⑥ A국은 비교우위가 있는 X재 생산에 특화하나 완전특화가 아닌 부분특화가 발생한다.

2 B국의 경우

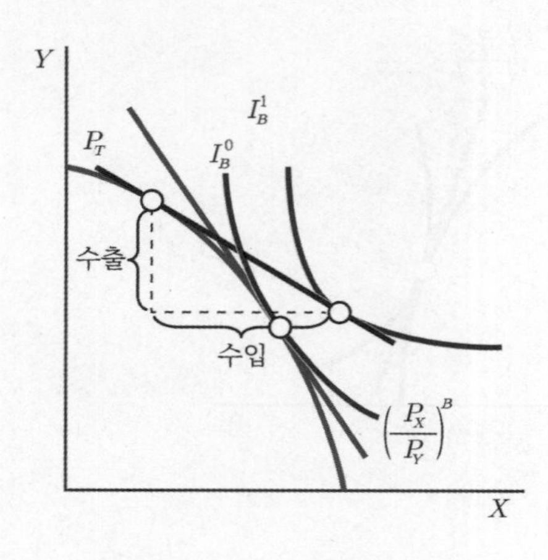

① B국은 국제교역조건 P_T에서 무역이 이루어지므로 B국의 사회무차별곡선은 I_B^0에서 I_B^1으로 우측 이동한다. 즉, 후생수준은 무역이전보다 증가한다.

② 무역이전에는 생산점과 소비점이 동일하나 무역이후 A국과 교환이 가능하므로 생산점과 소비점이 동일하지 않다.

③ B국의 생산점과 소비점을 비교하면 Y재를 수출하고 X재를 수입한다.

④ 무역이후 생산점이 이동하면서 Y재 생산은 늘고 X재 생산은 줄어든다. 이는 비교열위재인 X재 생산에 사용되던 생산요소가 비교우위재인 Y재 생산으로 이동함을 의미한다.

⑤ B국은 비교우위가 있는 Y재 생산에 특화하나 완전특화가 아닌 부분특화가 발생한다.

05 무역의 이익

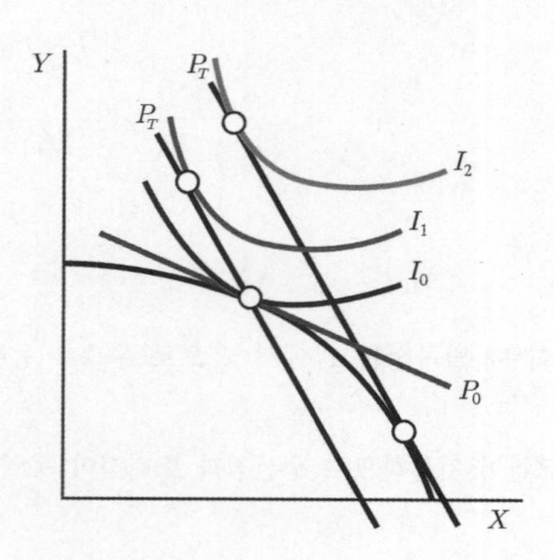

① 무역을 하면 후생수준이 무역이전 I_0에서 I_2로 증가한다. 이를 무역의 이익(gains from trade)이라고 한다.

② 한 국가의 무역의 이득은 생산특화로부터의 이득과 교역으로부터의 이득으로 구분할 수 있다.

③ 교역의 이익은 무역을 통해 외국의 재화를 보다 낮은 가격으로 소비하여 얻는 이익이고 특화의 이익은 무역 이후 비효율적인 비교열위산업에서 효율적인 비교우위 산업으로 자원이 이동함에 따라 경제 전체적으로 소비가능영역이 확대되어 얻는 이익이다.

즉, 교역의 이익은 소비측면에서 발생하는 이익이고 특화의 이익은 생산측면에서 발생하는 이익이다.

④ 교역이전 P_0 가격 하에서 생산과 소비가 이루어졌던 국가가 P_T의 국제교역이 주어진다면 교역을 통한 이득은 사회무차별곡선이 I_0에서 I_1으로의 이동으로 표현될 수 있다.

무역 이전 생산 점에서 생산은 하지만 무역 이후 국제가격 P_T에서 소비한다면 사회후생은 증가한다.

이는 수출재인 X재의 해외 상대가격이 상승함으로 얻는 이득으로 교역조건 개선을 통한 이득이다.

⑤ 생산특화로부터의 이득은 사회무차별곡선이 I_1에서 I_2로의 이동으로 표현될 수 있다.

수출부문에서의 생산이 더 늘어나는 것이 생산특화로부터의 이득이다.

상대가격 변화 없이 단순히 생산의 변화로 인해 발생한 이익을 말한다.

4절 요소부존과 헥셔-올린 정리

01 개요

① 리카도의 비교우위론이 여러 가지 문제점을 갖고 있지만 비교우위론은 국제무역이 일어나는 현상을 설명하는 이론으로서 많은 장점을 갖고 있다.
② 이러한 이유로 많은 경제학자들은 비교우위론을 뒷받침하는 연구를 하였고 비교우위론에 기초하여 많은 이론을 제시하였다.
③ 그 중에 대표적인 예로 헥셔-올린 정리를 들 수 있다.

02 헥셔-올린의 정리 (Heckscher-Ohlin Theorem)

1 의의

① 스웨덴의 경제학자였던 헥셔와 올린은 스웨덴이 풍부한 산림자원을 바탕으로 목재를 집약적으로 사용하는 상품을 수출하는 것에 착안하여 비교우위의 원인이 되는 생산비 차이가 요소부존도 또는 요소집약도 차이에 의해 발생한다고 주장했다.
② 자본이 노동에 비하여 풍부한 경제는 자본을 주로 사용해 생산하는 상품인 자본 집약재에 비교우위가 있고 그 재화를 수출한다.
③ 노동이 자본에 비하여 풍부한 경제는 노동을 주로 사용해 생산하는 상품인 노동 집약재에 비교우위가 있고 그 재화를 수출한다.
④ 무역은 국가 간에 존재하는 요소의 차이 때문에 발생하며 무역을 통한 상품의 국제적 이동은 생산요소의 이동을 대체한다는 것이 헥셔-올린 정리의 핵심이다.

2 기본가정

① 2국가 - 2재화 - 2생산요소가 존재한다.
② 2국가의 생산면의 기술적 조건이 동일하다. 즉, 두 국가의 생산함수가 동일한데 1차 동차 콥-더글라스 생산함수를 사용한다.

→ 1차 동차이므로 규모수익불변

③ 2국가의 수요구조는 동일하다. 즉, 양국의 후생함수가 같기 때문에 동일한 사회무차별곡선을 갖고 있다.
④ 국가 간 생산요소의 이동은 불가능하나 산업간 생산요소의 이동은 자유롭다.
⑤ 두 재화의 요소 집약도는 서로 상이하다. X재가 노동집약재이고 Y재는 자본 집약재라고 가정한다.
⑥ 2국가의 생산요소의 부존량은 상이하다. 요소 부존도는 상대적인 개념으로 어느 나라가 어느 요소 풍부국인가는 절대적인 의미가 아니고 상대적인 의미이다.

⑦ 운송비, 관세 등 무역장벽은 없다. 운송비나 관세가 없기 때문에 양국의 상품가격은 동일하다.

*리카도의 비교우위론과 헥셔-올린 정리의 비교

가정	리카도의 비교우위론	헥셔 - 올린 정리
생산요소	노동	노동, 자본
생산함수	양국 차이	양국 동일
선호체계	불필요	양국 동일
요소부존도	불필요	양국 차이

3 설명

1. 무역이전

① A국은 노동 풍부국, B국은 자본 풍부국이고 X재는 노동 집약재, Y재는 자본 집약재라고 하자.

② A국은 노동 풍부국이기 때문에 상대적으로 노동집약재인 X재의 생산량이 상대적으로 많고 B국은 자본 풍부국이기 때문에 상대적으로 자본집약재인 Y재의 생산량이 많다.

③ 따라서 A국의 생산가능곡선은 AA'과 같고 B국의 생산가능곡선은 BB'과 같은 모양을 갖는다. 즉, 생산가능곡선의 형태가 서로 다른 이유는 양국의 요소부존도가 서로 다르기 때문이다.

④ 양국의 사회후생함수는 동일하다고 가정하고 있으므로 양국의 사회무차별곡선은 I_0로 형태가 동일하다.

⑤ 무역이전 A국은 a점에서 생산 및 소비를 하고 B국은 b점에서 생산 및 소비를 한다.

⑥ A국의 상대가격이 B국의 상대가격보다 작으므로 $[(\frac{P_X}{P_Y})^A < (\frac{P_X}{P_Y})^B]$ A국은 X재에 비교우위를 갖고 B국은 Y재에 비교우위를 갖는다.

〈A국〉

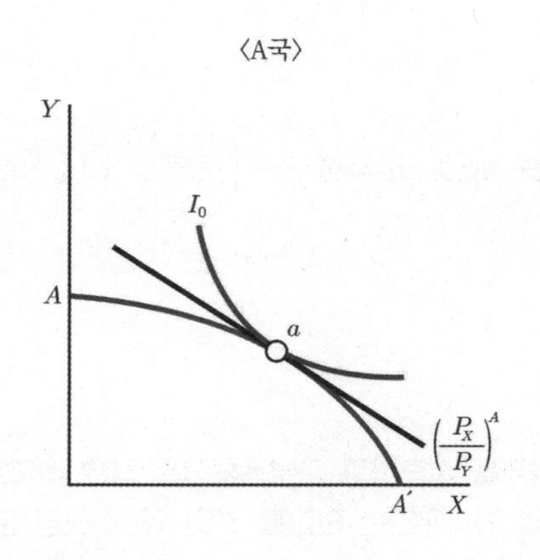

〈B국〉

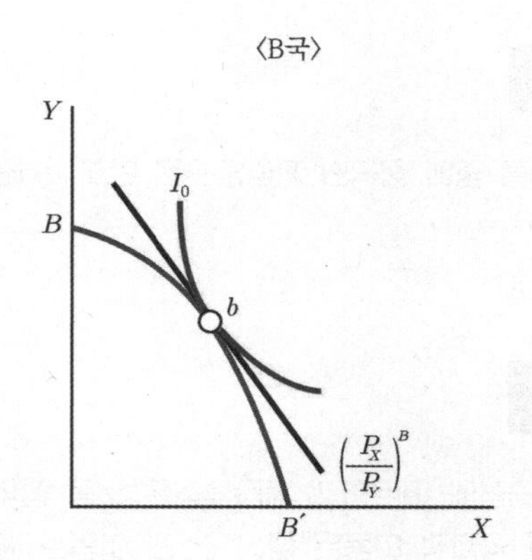

2. 무역이후

① 국제가격이 P_T라고 하면 A국의 생산은 생산가능곡선과 가격선 P_T가 접하는 a'점에서 이루어지고 소비는 사회무차별곡선과 가격선 P_T가 접하는 E점에서 이루어진다.

② B국의 생산은 b'점에서 이루어지고 소비는 E점에서 이루어진다.

③ 이처럼 무역이후에는 다른 나라와 교환이 가능하므로 생산점과 소비점이 같지 않다.

④ A국의 경우 X재를 수출하고 Y재를 수입하고 있으며 B국의 경우 Y재를 수출하고 X재를 수입하고 있다.

⑤ 이러한 무역으로 두 나라의 후생수준은 무역이전 I_0에서 I_1으로 증가한다.

⑥ 즉, 노동이 풍부한 A국은 노동집약재인 X재를 수출하고 자본이 풍부한 B국은 자본집약재인 Y재를 수출한다.

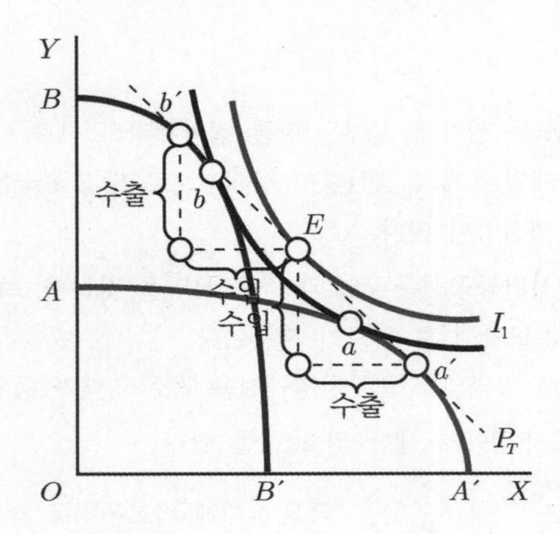

기출문제 점검 | 코트라 2005년

미국 노동자들 중에 중국의 저임금으로 인해 피해를 보았다고 주장하는 사람들이 있다. 이는 타당한지 근거를 들어 논술하라.

논점 및 해법

헥셔-올린 모형에 따르면 노동풍부국은 노동 집약재를 수출하고 자본풍부국은 자본 집약재를 수출한다. 무역을 통한 상품의 국제적 이동은 생산요소의 이동효과를 가져온다는 의미를 갖고 있다. 해당 문제는 헥셔-올린 모형을 실제사례에 적용해 출제하였으며 모형이 갖는 의미를 해석해 내용을 서술해야 한다.

03 요소가격균등화의 정리

1 의의

① 무역은 생산요소의 상대가격이 국가 간에 같아질 때까지 발생한다.

② 예를 들어 노동 풍부국에서 노동 집약재에 특화를 하면 노동에 대한 수요가 상대적으로 증가하기 때문에 임금이 상승할 것이다. 반대로 자본 풍부국에서 자본 집약재에 특화하면 자본의 가격이 상승할 것이다.

③ 결국 무역은 두 나라의 생산요소의 가격을 균등하게 한다.

④ 자유무역은 국가 생산요소의 이동이 없더라도 생산요소의 상대가격은 물론 절대가격도 국가 간에 같아진다는 것이다. 이것을 요소가격균등화의 정리라고 한다.

⑤ 요소가격균등화 정리는 상대가격균등화와 절대가격균등화로 나누어진다.

2 사례

① A국은 노동 풍부국이고 B국은 자본 풍부국이므로 상대적 임금은 A국이 저렴하다.

$$(\frac{w}{r})^A < (\frac{w}{r})^B$$

② 교역이후 A국은 노동집약적인 X재를 특화하여 생산하므로 노동수요가 증가한다.

③ B국은 자본집약적인 Y재를 특화하여 생산하므로 자본수요가 증가한다.

④ 노동수요의 증가로 임금(w)이 상승하고 자본수요의 증가로 자본임대료(r)가 상승하므로 양국의 상대적 임금이 같게 된다.

$$(\frac{w}{r})^A = (\frac{w}{r})^B$$

3 설명

① 무역이전에는 양국의 재화 간 상대가격이 다르지만 $((\frac{P_X}{P_Y})^A \neq (\frac{P_X}{P_Y})^B)$ 무역이후에는 국제교역조건하에서 양국의 재화 간 상대가격이 동일해진다.

$$[(\frac{P_X}{P_Y})^A = (\frac{P_X}{P_Y})^B = (\frac{P_X}{P_Y})^T]$$

② 요소가격과 재화가격은 1:1 대응관계에 있으므로 양국의 재화 간 상대가격이 동일해지면 생산요소의 상대가격과 같아진다.

$$[(\frac{P_X}{P_Y})^A = (\frac{P_X}{P_Y})^B \rightarrow (\frac{w}{r})^A = (\frac{w}{r})^B]$$

③ 임금 - 임대료비율($\frac{w}{r}$)과 요소집약도($\frac{K}{L}$)간에도 1:1의 대응관계가 성립하기 때문에 양국의 생산요소의 상대가격이 같아지면 요소집약도도 동일해진다.

$$\rightarrow (\frac{K}{L})^A = (\frac{K}{L})^B$$

④ 그런데 1차 동차 생산함수의 경우 요소의 한계생산성이 요소집약도의 함수이므로 요소집약도가 양국에서 같아지면 요소의 한계생산성도 양국에서 동일해진다.

$$\rightarrow MP_L^A = MP_L^B$$

⑤ 요소의 절대가격은 재화가격과 한계생산성의 곱이므로($W = P \times MP_L, r = P \times MP_K$) 무역이후 양국의 재화가격과 한계생산성 모두 같아지면 요소의 절대가격도 같아진다.

$$\rightarrow W^A = W^B, r^A = r^B$$

4 의미

① 재화의 무역만으로 양국의 요소가격이 서로 같아졌다는 의미는 재화의 무역이 요소의 이동을 대체함을 뜻한다.

② 노동 풍부국에서 노동 집약재를 수출하고 자본 집약재를 수입하는 것은 풍부한 노동을 내보내고 희소한 자본을 들여오는 효과가 있다.
왜냐하면 노동 집약재에는 많은 노동이 포함되어 있고 자본 집약재에는 많은 자본이 포함되어 있기 때문이다.

③ 이처럼 무역을 하면 풍부한 요소는 감소하고 희소한 요소는 이전보다 증가하는 효과가 있어서 국가 간 요소가격이 같아진다는 것이 요소가격 균등화 정리가 갖는 의미이다.

04 스톨퍼-사무엘슨 정리

1 의의

① 스톨퍼-사무엘슨 정리란 어떤 재화의 상대가격이 상승하면 그 재화에 집약적으로 사용되는 생산요소의 실질소득은 증가하고 다른 생산요소의 실질소득은 감소한다는 것을 말한다.

② 만약 노동집약재의 가격이 상승하면 이 재화에 집약적으로 사용되는 노동의 실질보수는 올라가고 다른 요소인 자본의 실질보수는 하락한다는 것이다.

③ 헥셔-올린 모형은 각국은 자국에 풍부하게 부존된 요소를 집약적으로 사용하는 재화에 비교우위를 가지게 됨을 설명하며, 자유무역 시 자국에 풍부하게 부존된 요소에 돌아가는 소득분배 몫이 커짐을 시사한다. 이를 스톨퍼-사무엘슨 정리라고 한다.

④ 스톨퍼-사무엘슨 정리(Stolper-Samuelson theorem)란 헥셔-오린 정리의 제 2 명제 즉 요소 가격의 국제적 균등화 명제에 입각하여 높은 임금을 지불하는 A국이 낮은 임금밖에 지불하지 못하는 나라와 자유무역을 실시함에 따라 A국 노동자의 실질임금수준이 저하되는 경향을 파악하고 이를 방지하기 위하여 그 나라로부터 수입되는 상품에 대해 보호관세를 부과해야 할 필요가 있다고 주장한 이론을 말한다.

⑤ 스톨퍼-사무엘슨 정리는 미국 노동자의 소득증대와 유리한 소득분배를 위하여 자유무역정책이 유리한가, 보호무역정책이 유리한가를 검토한 이론이다.

2 설명

① 노동풍부국인 A국이 X재를 특화함으로 수출할 때 생산물의 상대가격($\frac{P_X}{P_Y}$)은 상승한다. 즉, 자유무역의 실시는 $\frac{P_X}{P_Y}$의 상승을 가져오고, 이에 따라 생산 패턴이 수출재인 X재 생산증가, 수입재인 Y재 생산 감소로 변화한다.

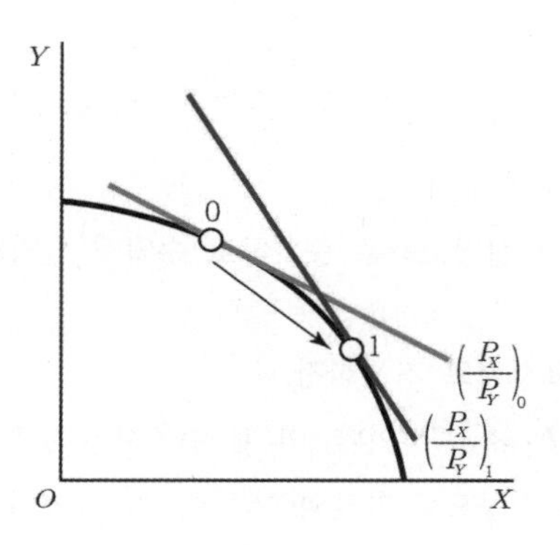

② 노동집약재인 X재의 상대가격이 상승하면 X재 생산에 집약적으로 사용되는 노동의 수요가 증가해 임금이 상승한다.

③ 노동의 상대가격($\frac{w}{r}$)이 상승하므로 노동수요는 감소하고 자본수요는 증가한다.

④ 노동수요의 감소는 노동의 한계생산을 증가시키고 자본수요의 증가는 자본의 한계생산을 감소시킨다.

⑤ 노동의 실질임금($\frac{W}{P}$)은 노동의 한계생산(MP_L)과 동일하므로 ($\frac{W}{P} = MP_L$), 노동의 한계생산(MP_L) 증가는 노동의 실질임금 상승을 가져다준다.

마찬가지로 자본의 실질임대료($\frac{r}{P}$)도 자본의 한계생산(MP_K)과 동일하므로($\frac{r}{P} = MP_K$), 자본의 한계생산(MP_K) 감소는 자본의 실질임대료를 감소시킨다.

3 의미

① 노동풍부국에서는 무역이후 풍부한 요소인 노동자는 이익을 얻고 희소한 요소인 자본가는 손해를 보게 된다. 따라서 이익을 얻는 노동자는 자유무역을 찬성하지만 손해를 보는 자본가는 자유무역을 반대할 것이다.

② 스톨퍼-사무엘슨 정리는 노동자와 자본가는 무역정책에 대립적인 입장을 보일 수 있다는 것을 의미한다.

③ 이러한 결론은 노동과 자본의 산업간 이동이 완전히 완료된 장기균형상태에서의 결과로 단기적으로는 다른 결론이 나올 수 있다.

④ 무역 후 단기적으로는 비교우위산업에 종사하는 노동자나 자본가는 모두 이익을 얻게 되고 비교열위산업의 노동자와 자본가는 모두 손해를 입게 된다.

⑤ 따라서 단기적으로는 비교열위산업의 노동자와 자본가는 모두 자유무역을 반대하고 비교우위산업의 노동자와 자본가는 모두 자유무역을 찬성한다.

⑥ 이처럼 단기적으로는 생산요소별로 이익과 손해가 구분되는 것이 아니라 산업별로 이익과 손해가 구분된다.

05 특정요소모형 (헥셔 - 올린 모형의 단기적 상황)

1 의의

① 특정요소모형은 생산요소의 이동이 제한된 경우의 무역현상을 설명하는 모형으로 특정 재화 생산에만 이용되는 요소를 특정요소라고 한다.

② 자본과 토지 등이 특정요소라고 하면 다른 재화 생산에 이용할 수 없기 때문에 한 재화의 생산을 늘리기 위해서는 다른 부문에서 노동이 유입되어야 한다.

2 설명

① 자유무역이 발생하면 각국의 수출재 산업의 특정요소의 명목소득과 실질소득은 증가하고 수입재 산업의 특정요소의 명목소득과 실질소득은 감소한다.

② 수출재 산업은 자본이 특정요소이고 수입재 산업은 토지가 특정요소라고 가정하자.

③ 자본의 명목보수는 $r_K = P_X \times MP_K^X$이고 토지의 명목보수는 $r_T = P_Y \times MP_T^Y$이다. 이 때 수출재인 X재의 가격이 올라가면 Y재 부문의 노동이 X재 부문으로 이동한다. 노동의 이동으로 자본의 한계생산은 증가하고 토지의 한계생산은 감소한다.

④ X재 부문에서는 X재 가격 P_X가 올라가고 자본의 한계생산성 MP_K^X도 상승하므로 자본의 보수 r_K는 올라간다. 반면 Y재 부문에서는 Y재 가격은 불변이고 토지의 한계생산성 MP_T^Y는 하락하므로 토지의 보수 r_T는 하락한다.

⑤ 자본의 실질보수는 $\frac{r_K}{P_X} = MP_K^X$이므로 자본의 한계생산성 증가는 자본의 실질보수를 증가시킨다.

⑥ 토지의 실질보수는 $\frac{r_T}{P_Y} = MP_T^Y$이므로 토지의 한계생산성 감소는 토지의 실질보수를 감소시킨다.

06 립진스키 정리 (Rybczynski theorem)

1 의의

재화의 상대가격이 일정할 때(소국을 전제조건으로 함) 한 생산요소의 부존량이 증가하면 그 생산요소를 집약적으로 사용하는 재화의 생산량은 증가하고 다른 재화의 생산량이 감소한다는 정리이다.

2 설명

① 노동량이 증가하면 생산가능곡선은 노동집약재인 X재 쪽으로 더 편향되어 밖으로 확장된다.

② 최초의 생산균형점은 생산가능곡선과 가격선 $(\frac{P_X}{P_Y})^0$과 접하는 a점이다.

③ 노동량 증가이후에도 가격은 변함이 없으므로 새로운 생산균형점은 새로운 생산가능곡선과 기존의 국제가격 $(\frac{P_X}{P_Y})^0$과 접하는 b점이 된다.

④ a점에 비해 b점에서 노동집약재인 X재 생산량은 X_0에서 X_1으로 증가하고 자본집약재인 Y재 생산량은 Y_0에서 Y_1으로 감소한다.

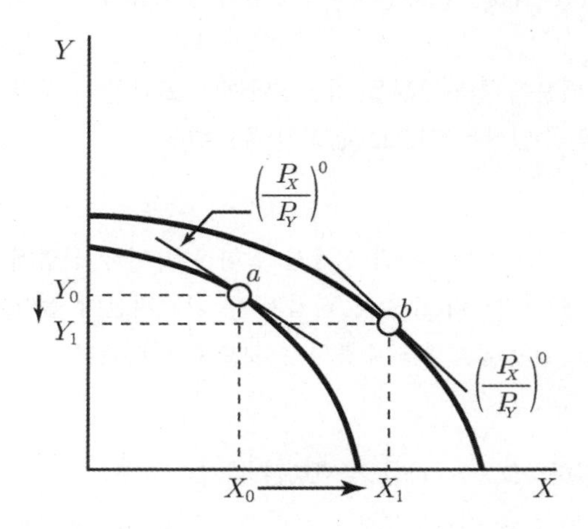

3 의미

① 일반적으로 요소부존량이 증가하면 두 재화의 생산량이 모두 증가할 것으로 생각되지만 립진스키 정리에 따르면 한 재화의 생산량은 증가하고 다른 재화의 생산량은 감소한다.

② 대국의 경우에는 요소부존량 증가에 따른 생산량 변화가 국제시장가격을 변화시키기 때문에 립진스키 정리가 성립하지 않는다.

07 레온티에프의 역설

1 의의

① 2차 세계대전 이후 미국은 일인당 국민소득도 높고 자본도 풍부하였다.

② 헥셔-올린 정리에 따르면 미국은 자본집약재를 수출하고 노동집약재를 수입할 것으로 예측되었다.

③ 레온티에프(W. Leontief)는 1953년 헥셔-올린 정리가 현실세계의 국제무역현상을 제대로 설명하는지 검증하였다.

④ 1947년 미국 통계자료를 이용한 레온티에프의 분석결과에 따르면 미국이 노동집약재를 수출하는 것으로 나타났다.
즉, 이론의 예측과 달리 자본풍부국인 미국이 자본집약재를 수출하는 것이 아니라 노동집약재를 수출하고 있었다. 이러한 역설적 결과를 레온티에프의 역설(Leontief paradox)이라고 한다.

2 이유

1. 노동생산성

미국 노동자의 생산성이 다른 나라에 비해 훨씬 높기 때문에 생산성을 기준으로 미국의 노동력을 다른 나라 노동단위로 환산하면 미국은 노동이 풍부한 나라로 볼 수 있다.

2. 생산요소의 범위

① 생산요소에 노동과 자본뿐만 아니라 천연자원도 포함시켜야 한다는 주장도 있다.

② 미국은 상대적으로 천연자원이 부족해서 부족한 천연자원을 수입하거나 철광석이나 석유 같은 자본집약재를 수입한다.

③ 생산요소를 노동과 자본의 두 요소로 분류하였기 때문에 천연자원을 자본집약재에 포함할 수밖에 없고 그 결과 천연자원을 수입하는 미국이 자본집약재를 수입하는 것으로 분석될 수 있다.

3. 인적자본의 도입

① 인적자본은 교육이나 훈련과 같이 노동생산성을 높이기 위해 투자된 상품을 말하는데 미국 산업에 투입된 자본을 물적 자본과 인적자본으로 나누면 수입재 산업보다 수출재 산업에 투입된 자본이 높다.

② 즉, 미국이 인적자본 집약재를 수출함에도 불구하고 노동집약재를 수출하는 것으로 나타난다.

4. 선호의 차이

① 헥셔-올린 정리에서는 양국의 사회후생함수가 동일하다고 가정하나 실제로는 다르다.

② 각 나라는 자신들의 나라에 상대적으로 풍부한 생산요소를 집약적으로 사용하는 재화를 선호한다면 상대적으로 자본이 풍부한 미국에서 자본집약재를 수입할 수도 있다.

③ 즉, 미국은 자본집약재에 대한 선호도가 매우 커서 자본집약재의 가격이 높아지고 그 결과 미국이 자본풍부국임에도 불구하고 자본집약재를 수입하게 된다는 견해다.

헥셔-올린 모형의 현실설명력

단원 점검 예제문제

예제문제를 통해 이론의 문제 활용 방법과 출제의도를 파악하는 방법을 익혀보세요.

문제

헥셔-올린 모형에서 나타는 국가간 비교우위의 원리가 현실 세계에서의 무역현상을 잘 설명할 수 있는지 논하라.

해설

1 헥셔-올린 모형의 의의

헥셔 올린의 비교우위 이론은 풍부하게 부존된 요소를 집약적으로 사용하는 재화에 비교우위를 가지고 수출을 하며 서로 다른 상품간의 무역(산업간 무역)이 이루어짐을 설명한다.

2 헥셔-올린 모형의 현실설명력

1. 풍부하게 부존된 요소를 집약적으로 사용하는 재화를 수출할 것이라는 예측

① 풍부하게 부존된 요소를 집약적으로 사용하는 재화를 수출할 것이라는 예측은 레온티에프의 역설에 의해 반박되기도 한다.

② 즉, 세계 어떤 나라와 비교하더라도 대부분의 경우에 있어서 상대적으로 자본풍부국이라 생각되는 미국이 자본집약재를 수입하고 노동집약재를 수출하고 있는 실증 결과가 나타난 것이다.

③ 이를 설명하기 위해 생산요소의 이질성, 천연자원 문제, 요소집약도의 역전, 제품수명주기가설 등 여러 해석이 있다.

④ 특히 무역의 발생 원인에 있어서 국가간 재화상대가격의 차이를 설명하는 과정에서 헥셔-올린 모형은 생산측면에 있어서의 차이를 강조하는데, 만약 수요의 측면도 고려한다면 헥셔-올린 모형이 예측하는 것과는 다른 무역양상이 나타날 수도 있다.

⑤ 즉, 노동이 상당히 풍부하게 부존되어 있는 나라일지라도 국내에서 노동집약재에 대한 수요가 집중되어 있다면 오히려 노동집약재를 수입하는 경우가 발생할 수 있다.

2. 비교우위를 반영한 산업간 무역이 이루어진다는 예측

① 최근 산업 내 무역이 증대하는 현실에서 타당성을 잃고 있다.

② 즉, 더 이상 비교우위에 의한 무역이 아닌 동종의 제품이더라도 제품차별화, 규모의 경제 등에 의한 무역이 일어나고 있는 것이다.

3 결론

레온티에프의 실증 검증과 함께 산업내 무역이 무역의 대부분을 차지하는 현실에서 산업간 무역의 대표이론인 헥셔-올린의 비교우위 이론은 현실설명력을 잃어가고 있다.

5절 완전경쟁시장에서의 자유무역

01 개요

① 농산물시장이 완전경쟁시장이라고 가정할 때 자유무역이 존재하지 않으면 국내수요곡선과 국내공급곡선이 만나는 점에서 균형을 이룬다.

② 자유무역이 없는 경우 자국의 소비자와 생산자는 소비자잉여와 생산자잉여의 합을 통하여 총이득을 나타낼 수 있다.

③ 이제 농산물의 수출입을 허용한다면 국내시장에 어떤 효과가 발생하는지 살펴보자.

02 국제가격과 비교우위

① 자유무역이 허용된다면 자국은 국제 농산물시장에서 농산물을 수입해야 되는가 아니면 수출해야 되는가를 결정해야 한다.

② 자국이 농산물의 수출입 여부를 결정하기 위해서는 자국의 농산물가격과 국제가격을 비교하면 된다.

③ 만약 농산물의 국제가격이 자국의 국내가격보다 높으면 자국은 농산물의 수출국이 될 것이고 반대로 농산물의 국제가격이 국내가격보다 낮으면 자국은 농산물의 수입국이 될 것이다.

03 자유무역의 이익과 손실

1 가정

① 자유무역이 경제적 후생에 미치는 효과를 분석하기 위해서는 소규모 개방경제를 가정한다.

② 소국은 경제규모가 작아 소국의 경제행위가 세계시장에 미치는 효과가 아주 미미하다.

③ 소규모 개방경제를 가정하면 소국은 국제 농산물가격을 주어진 것으로 받아들여야 한다.
즉, 소국의 무역정책 변화가 국제 농산물가격에 영향을 주지 못하기 때문에 소국은 세계경제에서 가격수용자로 행동한다.

2 수출국의 이득과 손실

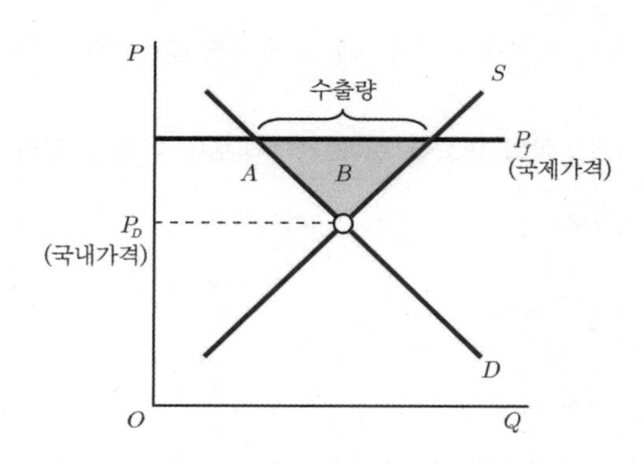

① 교역 전 소국의 농산물의 국내균형가격 P_D가 국제가격 P_f보다 낮다고 하자.

② 자유무역이 허용되면 소국은 가격수용자로서 주어진 국제가격을 수용하기 때문에 소국의 국내가격은 상승하여 국제가격과 같아진다.

③ 이 경우 국제가격수준에서의 수평선은 다른 나라들의 소국 농산물에 대한 수요를 나타낸다.
소국은 소규모개방경제로서 국제가격 수준에서 소국이 원하는 만큼 농산물을 팔 수 있기 때문에 소국이 직면하는 수요곡선은 완전탄력적인 것으로 무한대의 탄력성을 갖게 된다.

④ 국내가격이 국제가격수준으로 상승함에 따라 생산자들은 더 많은 농산물을 생산하려 하고 소비자들은 농산물 수요를 줄이려고 한다.

⑤ 이에 따라 농산물의 국내수요보다 국내공급이 더 많아져 소국은 농산물 수출국이 된다.

⑥ 소비자의 손실과 생산자의 이득을 소비자잉여와 생산자잉여의 변화를 통해 측정해보면 다음과 같다.

	수출국
소비자 잉여의 변화	-A
생산자 잉여의 변화	A+B
총 잉여의 변화	B

⑦ 수출국이 되면 해당 상품의 국내생산자는 이득을 보고 국내소비자는 손실을 보나 교역으로 인한 생산자의 이득이 소비자의 손실보다 크기 때문에 국가 전체적으로는 사회적 후생이 증가한다.

3 수입국의 이득과 손실

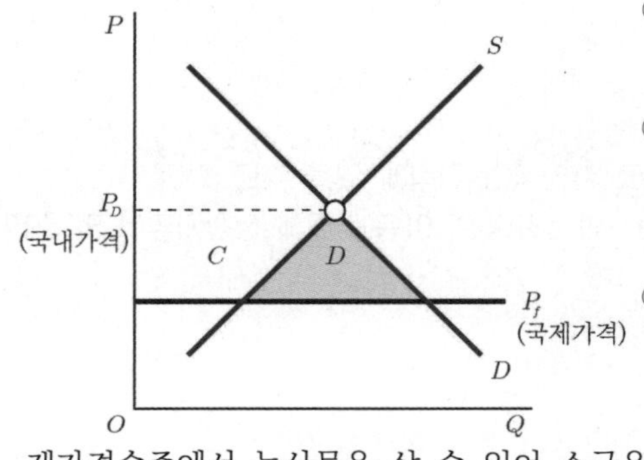

① 교역 전 소국의 농산물의 국내균형가격 P_D가 국제가격 P_f보다 높다고 하자.

② 자유무역이 허용되면 소국은 가격수용자로서 주어진 국제가격을 수용하기 때문에 소국의 국내가격은 하락하여 국제가격과 같아진다.

③ 이 경우 국제가격수준에서의 수평선은 소국이 자유무역 하에서 직면하는 공급곡선이다.
소국이 소규모개방경제이기 때문에 소국이 원하는 만큼 국제가격수준에서 농산물을 살 수 있어 소국은 완전탄력적인 공급곡선에 직면하게 된다.

④ 국내가격이 국제가격수준으로 하락함에 따라 생산자들은 농산물을 줄이려 하고 소비자들은 농산물 수요를 늘리려고 한다.

⑤ 이에 따라 농산물의 국내공급보다 국내수요가 더 많아져 소국은 초과수요분을 수입하고자 한다. 따라서 농산물 수입국이 된다.

⑥ 소비자의 손실과 생산자의 이득을 소비자잉여와 생산자잉여의 변화를 통해 측정해보면 다음과 같다.

	수입국
소비자 잉여의 변화	C+D
생산자 잉여의 변화	-C
총 잉여의 변화	D

⑦ 수입국이 되면 해당 상품의 국내소비자는 이득을 보고 국내생산자는 손실을 보나 교역으로 인한 소비자의 이득이 생산자의 손실보다 크기 때문에 국가 전체적으로는 사회적 후생이 증가한다.

04 결론

① 국제무역으로 인한 이득과 손실분석을 통해 자유무역이 모든 사람에게 이득이 될 수도 있고 그렇지 않을 수도 있다.

② 소국이 농산물의 수출입을 금지하다가 허용하면 농산물의 수출입으로 인해 손실을 입는 사람과 이득을 보는 사람이 생겨나게 된다.

③ 그러나 수출국이든 수입국이든 무역으로 인한 수혜자의 이득이 피해자의 손실보다 크기 때문에 이득을 보는 사람들이 손실을 보는 사람들을 보상할 수 있다면 자유무역은 모든 사람들에게 이득이 될 수 있다.

④ 그러나 무역으로 인해 손실을 보는 사람에 대한 보상이 현실적으로 어렵다는 것을 감안하면 자유무역은 모든 사람들에게 이득이 되지 않을 수도 있다.

기출문제 점검

코트라 2005년

두 국가가 무역을 하게 되었을 때 생기는 이득을 생산과 소비를 중심으로 논술하라.

논점 및 해법

두 국가가 무역을 하는 경우 수출국의 위치에 있을수도 있고 수입국의 위칙에 있을 수도 있다.
수출국의 입장과 수입국의 입장 모두 검토를 해야 하며 생산자와 소비자의 이득에 대해 생산자잉여 및 소비자잉여의 경제개념을 활용해서 서술해야 한다.

수출국과 수입국

단원 점검 예제문제

예제문제를 통해 이론의 문제 활용 방법과 출제의도를 파악하는 방법을 익혀보세요.

문제

자국의 밀 수요곡선은 $D=100-20P$이고, 공급곡선은 $S=20+20P$이다.
반면 외국의 수요곡선은 $D^*=80-20P$이고, 공급곡선은 $S^*=40+20P$라 하자.
수송비가 없이 외국과 자국이 서로 무역을 한다고 하자. 자국과 외국에서 밀에 대한 수입수요함수 또는 수출공급함수를 도출하고 자유무역 하의 균형을 그림으로 나타내어라. 국제가격은 얼마인가? 무역량은 얼마인가?

해설

1 자국의 무역개시 이전 균형

① $D=S$, 즉 $100-20P=20+20P$에서 가격 $P=2$, 거래량 $Q=60$이 된다.

② 〈그림〉에서 E로 나타낸 점에 해당한다.

2 외국의 무역개시 이전 균형

① $D^*=S^*$, 즉 $80-20P=40+20P$에서 가격 $P^*=1$, 거래량 $Q=60$이 된다.

② 〈그림〉에서 F로 나타낸 점에 해당한다.

③ 무역개시 전 $P=2>P^*=1$가 성립하기 때문에 자국은 무역개시 이후 수입국이 되고 외국은 수출국이 될 것이다.

3 자유무역 하의 균형의 도출

① 양국이 자유롭게 무역을 하는 경우 양국에서 수입수요와 수출공급이 일치할 때 균형이 성립한다.

자국의 수입수요 : $IMD=D-S=80-40P$

외국의 수출공급 : $EXS^*=S^*-D^*=40P-40$

균형조건 : $IMD=EXS^*$, 즉 $80-40P=40P-40$에서

② 국제균형가격 $P_i=1.5$이며 무역량 $IMD=EXS^*=20$이 된다.

③ 〈그림〉에서 G점으로 나타낸 점에 해당한다.

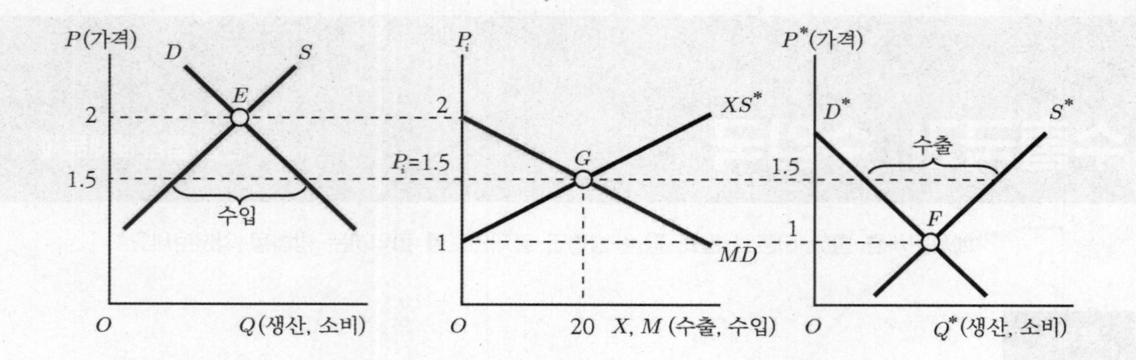
P(가격)
D
S
E
2
1.5
수입
O
Q(생산, 소비)
P_i
2
XS*
P_i=1.5
G
1
MD
O
20
X, M (수출, 수입)
P*(가격)
D*
S*
수출
1.5
1
F
O
Q*(생산, 소비)

6절 새로운 국제무역이론

01 개요

① 리카도의 비교우위이론이나 헥셔-올린 정리에 따르면 무역은 선진국과 개발도상국 사이에서 활발하게 일어나야 한다.

② 그러나 실제무역이 일어나는 형태를 보면 선진국 사이에서 일어나는 비중이 압도적으로 많다.

③ 비교우위론은 OECD 국가 사이에서 일어나는 무역을 설명하기 어렵다. 게다가 최근 발생하는 무역은 대부분 같은 산업 내에서 이루어진다.

02 산업간 무역과 산업 내 무역

1 산업간 무역

1. 개념

산업간 무역이란 서로 상이한 상품들이 국가 간에 거래되는 현상을 의미한다.

2. 발생원인

산업간 무역은 비교우위에 의해 발생되는데 이를 설명하는 이론으로 국가 간 노동생산성의 차이를 강조하는 리카도의 무역이론과 국가 간 요소부존의 차이로 인해 무역을 발생하는 무역을 강조하는 헥셔-올린 이론이 있다.

2 산업 내 무역

1. 개념

산업 내 무역이란 동종 및 유사한 상품들이 국가 간에 거래되는 현상을 의미한다.

2. 발생원인

① 산업 내 무역을 설명하는 대표적인 요인이 '규모의 경제'이다. 즉, 규모의 경제가 존재하는 경우에는 비록 양국이 각 산업에 비교우위를 가지지 못하는 경우라 하더라도 무역을 통해 이득을 얻을 수 있다.

② 이 외에도 '제품차별화' 역시 산업 내 무역이 발생하는 중요한 원인이 될 수 있다.

3 산업간 무역과 산업 내 무역이론의 비교

1. 발생원인

산업간 무역은 비교우위를 반영하고 산업내 무역은 비교우위와 무관하게 발생한다.

2. 무역의 패턴

산업간 무역이론에서는 무역의 패턴을 명확히 설명할 수 있지만 산업 내 무역이론에서는 무역의 패턴을 정확히 예측할 수 없다.

3. 무역의 이익

① 산업간 무역은 비교우위로 무역의 이득을 얻게 하지만 산업 내 무역은 새로운 형태의 무역의 이익을 설명할 수 있다.

② 즉, 규모의 경제로 인해 좀 더 값싼 제품을 소비할 수 있게 되거나 좀 더 다양한 제품을 소비할 수 있는 이득 등을 설명할 수 있다.

4. 현실설명력

① 산업 간 무역이론은 주로 선진국과 후진국간의 무역을 설명할 수 있다. 즉 경제성장의 단계가 상이해서 산업구조가 상이한 국가들 간의 무역을 설명할 수 있다.

② 산업 내 무역이론은 국제무역의 가장 큰 부분을 차지하고 있는 선진국 간에 발생하고 있는 무역을 설명할 수 있다.

03 기술격차론

1 개념

① 기술격차론(technological gap theory)이란 각국 간 생산기술상의 격차가 무역발생의 원인이 되고 무역패턴 결정에 지배적 작용을 한다는 이론을 말한다.

② 이 이론은 포스너(D. V. Posner)와 허프보어(G. C. Hufbauer)에 의하여 주장되었다.

2 내용

① 기술격차론에 따르면 어느 상품을 생산하는데 기술면에서 우위에 있는 나라는 열위를 면치 못하고 있는 나라에 대하여 생산 기술상의 격차를 이용하여 당해 제품을 수출할 수 있다고 한다.

② 국가 간에 존재하는 생산기술상의 격차는 시간이 경과됨에 따라 소멸되는 경향이 있기 때문에 무역은 당초 기술격차로 이루어지다가 그 후에는 기술격차 이 외의 다른 요인, 예컨대 임금격차로 이루어질 수도 있다고 한다.

04 연구개발론

1 개념

① 연구개발론(R & D; theory of research and development)이란 무역패턴의 결정 요인을 기술 진보 및 기술혁신의 원동력인 연구개발 활동에서 규명한 이론을 말한다.

② 이 이론은 그루버(W. Gruber), 메타(D. Mehta), 버논(R. Vernon) 등에 의하여 주장되었다.

2 내용

① 연구개발론에 따르면 비교우위산업은 연구개발에 종사하고 있는 우수한 과학자나 기술자를 많이 고용하면서 대규모의 연구개발비를 지출하고 있는 연구개발 집약산업이라는 것이다.

② 그리고 연구개발 활동이 활발한 산업일수록 수출실적도 높다는 것이다.

05 제품생애주기이론

1 개념

① 사람의 생애처럼 제품에도 생애가 있어 제품이 어느 단계에 있느냐에 따라 비교우위가 변한다는 이론으로 버논(R. Vernon)에 의하여 주장되었다.

② 무역을 시간의 흐름에 따라 동태적으로 파악한 이론으로 시간에 따라 비교우위의 이동이 일어난다고 보았다.

③ 제품수명주기이론은 한 상품의 수명이 개발초기 단계, 성숙단계, 표준화 단계로 나뉜다고 보았다.

2 내용

① 개발초기 단계에서는 그 제품을 개발한 국가가 비교우위가 있으나 대량생산 단계가 되어 제품의 표준화가 발생하면 저임금으로 생산이 가능한 국가가 비교우위가 있어 수출을 담당하게 된다는 것이다.

② 즉, 개발초기 단계에서는 제품을 개발한 선진국이 비교우위가 있고, 성숙단계에서는 다른 선진국도 해당제품의 비교우위를 갖게 되고, 표준화 단계에서는 저임금 노동자가 풍부한 후진국이 비교우위를 갖게 된다.

06 대표적 수요이론

1 개념

① 대표적 수요이론(theory of representative demand)이란 무역패턴과 결정요인을 수요구조에서 규명한 이론을 말한다.

② 대표적 수요이론은 린더(S. B. Linder)에 의하여 주장되었다.

③ 국내에서 상당한 정도의 수요, 즉 대표수요가 있는 제품이 수출될 수 있다는 주장이다.

2 내용

① 린더(S. B. Linder)의 대표적 수요이론은 각국 간의 요소부존 비율이 같지 않더라도 이들 나라간의 수요구조가 유사하면 공산품의 무역이 발생될 가능성이 있으며, 각국 간의 수요구조의 유사성과 중복성이 클수록 대표적 수요는 한층 더 크며, 이에 따라 무역의 가능성은 더욱 크다는 이론이다.

② 즉, 기업은 상품을 생산할 때 제일 먼저 자국시장의 수요에 맞춰서 상품을 생산한다. 또한 많은 상품에서 규모의 경제가 존재하며 대량생산을 하면 생산비용을 줄일 수 있다.

③ 수요측면을 강조하고 있다는 점에서 공급측면에 기반을 둔 리카도 모형이나 헥셔-올린 모형과 대비된다.

3 사례

① 독일과 한국에서 자동차 무역이 이루어지는 것을 살펴보면 독일에서 주로 소비되는 자동차는 저가형 자동차이고 한국에서는 중형 고급차가 주로 소비된다.

② 독일 기업에서는 처음 자동차를 생산할 때 국내 수요를 고려하여 저가형 자동차를 생산한다.

③ 기업은 수출을 통해 대량생산을 하면 규모의 경제에 따른 생산비용 절감으로 보다 큰 이윤을 얻을 수 있다.

④ 그러나 자동차를 수출할 때 독일과 소비수준이 비슷한 미국시장에서 저가형 자동차의 수요가 많을 것이다.

⑤ 이러한 원리는 크루그먼(P. Krugman)의 독점적 무역모형에서 보다 일반화 되었다.

7절 불완전경쟁과 무역이론

01 개요

① 비교우위론은 서로 차이점이 있는 국가들의 무역을 잘 설명해준다.
② 그러나 선진국과 후진국 간 무역량보다는 서로 유사한 선진국 간 무역량이 훨씬 많은 것이 현실이다.
③ 서로 유사한 국가들 사이의 무역을 설명하기 위한 이론 중 하나가 산업 내 무역이론이다.
④ 산업 내 무역이론은 비교우위론과 다르게 규모의 경제와 불완전경쟁시장을 가정하고 있다.

02 규모의 경제와 국제무역

1 가정

① A국은 X재에 비교우위를 가지고 있고 B국은 Y재에 비교우위를 가지고 있다.
② 각 나라의 생산함수는 규모의 경제를 가지고 있다. 즉, 기회비용이 체감하므로 생산가능곡선은 원점에 대해 볼록한 모양을 갖는다.

2 설명

〈A국〉

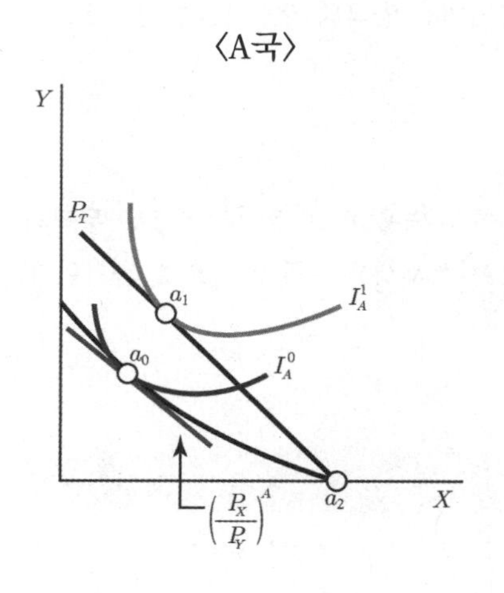

〈B국〉

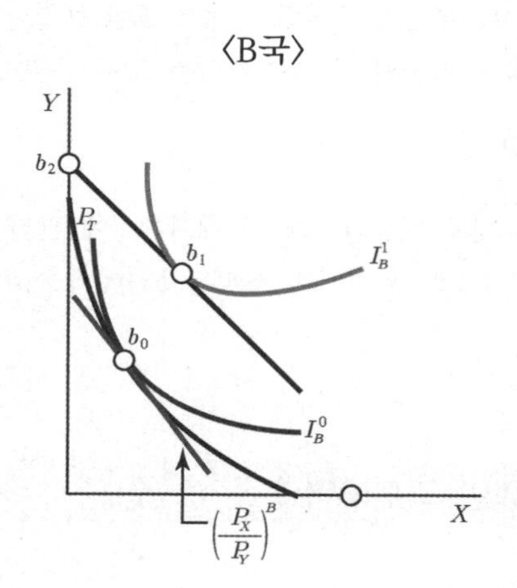

1. 무역이전

① 무역이전 A국과 B국은 생산가능곡선과 사회무차별곡선이 접하는 점에서 재화를 생산·소비한다.
② A국의 생산과 소비는 a_0점에서 이루어지고 I_A^0의 사회후생을 얻는다. B국의 생산과 소비는 b_0점에서 이루어지고 있고 I_B^0의 사회후생을 얻는다.

③ 무역이전에는 A국의 국내가격비가 B국의 국내가격비보다 작으므로[$(\frac{P_X}{P_Y})^A < (\frac{P_X}{P_Y})^B$] A국은 X재 생산에 비교우위가 있고 B국은 Y재 생산에 비교우위가 있다.

2. 무역이후

① A국은 a_2점에서 X재 생산에 완전특화하고 B국은 b_2점에서 Y재 생산에 완전 특화한다.

② 각국은 교역이전 보다 사회후생이 증가하여 각각 I_A^1, I_B^1의 사회후생을 얻게 된다.

③ 양국은 교역을 통하여 교역의 이득 및 생산특화로부터의 이득을 얻는다.

3 규모의 경제와 국제무역 - Kemp

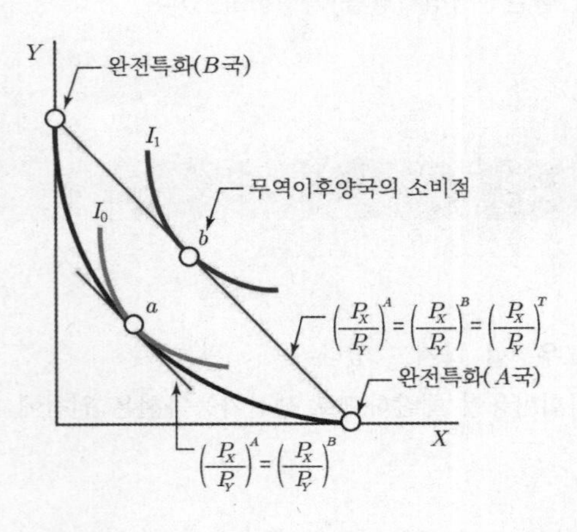

① 규모의 경제가 발생하는 경우에는 생산가능곡선(PPC)이 원점에 대하여 볼록한 형태이다.

② 양국의 생산함수와 요소부존이 동일하고 선호 또한 동일하다면 무역이전 양국의 생산 및 소비는 모두 a점에서 이루어진다. 따라서 양국의 국내 가격비는 모두 동일하다.

→ $(\frac{P_X}{P_Y})^A = (\frac{P_X}{P_Y})^B$

③ 규모의 경제가 있는 경우에는 각국이 한 재화생산에 완전 특화하여 무역을 하면 두 나라 모두 무역의 이익을 얻을 수 있게 된다. 즉, 무역이후 소비는 b점에서 이루어지고 사회후생은 I_0에서 I_1으로 증가한다.

03 외부적 규모의 경제와 국제무역

1 개념

① 외부적 규모의 경제란 개별기업이 아니라 산업 전체적으로 생산량이 증가할수록 생산단가가 하락하는 경우를 말한다.

② 산업의 생산규모가 그 산업에 속한 기업들의 생산단가에 영향을 미치는 경우이다.

2 설명

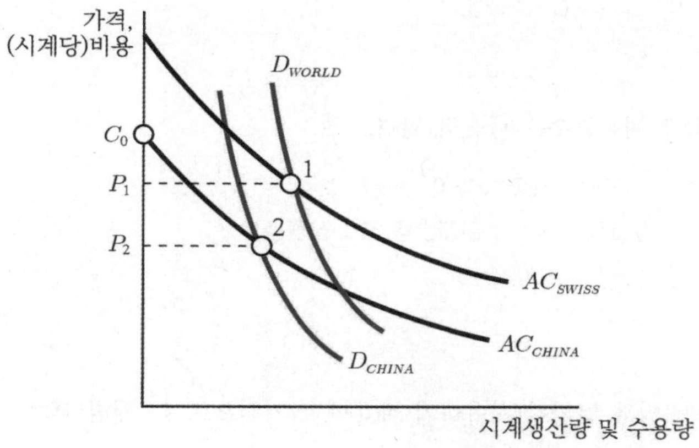

① 이 그래프에서 D_{WORLD}는 세계 전체의 시계에 대한 수요를 의미하며, D_{CHINA}는 중국의 시계에 대한 수요를 의미한다.

② 위 그래프에서 무역이 제한되면 중국의 기업들은 비록 C_0의 높은 비용에 직면하지만 공급을 시작할 것이며 이 경우의 최종 균형은 2점이 된다.

③ 결국 중국은 무역 개시 이전에 비해 더 낮은 가격 P_2로 더 많은 수량을 소비할 수 있게 된다.

④ 외부적 규모의 경제가 존재하는 경우에는 잠재적인 비교우위와 반대되는 특화유형이 결정될 수 있으며 이러한 경우에는 무역의 제한을 통해 자국의 잠재력 있는 산업에 대한 보호가 유익할 수 있다.

04 독점적 경쟁시장과 무역이론

1 개념

① 독점적 경쟁시장이란 완전경쟁 요소와 독점의 요소가 혼합된 시장형태를 의미한다.

② 시장 내에 완전경쟁보다는 적지만 다수의 기업이 존재한다.

③ 독점적 경쟁기업은 품질이나 디자인 등에서 다른 기업들과는 차별화된 제품을 생산하므로 시장지배력을 갖는다.

2 내용

1. 개별기업의 수요곡선

① 개별기업의 수요곡선은 다음과 같다고 하자.

$$Q = S\left[\frac{1}{n} - b(P - \overline{P})\right]$$

(Q : 개별기업의 판매량, S : 산업전체의 판매량, n : 기업 수 b : 가격에 대한 반응도,
P : 독점적 경쟁기업의 가격, $\overline{P}$: 경쟁기업의 평균가격)

② 이 기업의 수요함수에 따를 때 모든 기업의 생산함수가 서로 같고 모두 동일한 가격 $\bar{P}$를 매길 때 어느 한 기업의 판매량 Q는 $\frac{S}{n}$이다.

2. 비용함수

각 제품의 생산에는 규모의 경제가 있고 비용함수는 다음과 같다.

$$\mathrm{TC} = \mathrm{TFC} + \mathrm{cQ},\ \mathrm{c} > 0$$

(TC : 총비용, TFC : 총고정비용, c : 한계비용, Q : 산출량)

3. 독점적 경쟁시장의 균형조건

1) 무이윤 조건(P = AC)

① 독점적 경쟁시장에서는 기업의 진입과 탈퇴가 자유롭기 때문에 장기적으로 각 개별기업의 이윤은 0이다.

② 가격(P)과 평균비용(AC)이 동일할 때 이윤은 0이 된다.

$$\mathrm{P} = \mathrm{TC}/\mathrm{Q} \rightarrow \mathrm{P} = \frac{\mathrm{TFC}}{\mathrm{Q}} + \mathrm{c}$$

③ $Q = \frac{S}{n}$을 대입하면 다음과 같이 정리된다.

$$\mathrm{P} = \frac{\mathrm{nTFC}}{\mathrm{S}} + \mathrm{c}$$

④ 위의 식은 각 기업의 이윤이 0이 되는 기업의 수(n)와 가격의 조합을 나타내며 우상향하는 CC곡선으로 표현된다.

⑤ CC곡선이 우상향 하는 이유는 시장의 크기 S가 주어진 상태에서 이 시장에 진입하는 기업의 수가 많아지면 각 개별기업의 생산량은 줄어들고 생산비가 올라가면서 가격이 상승할 수밖에 없기 때문이다.

2) 이윤극대화 조건(MR = MC)

① 이윤극대화는 한계수입(MR)과 한계비용(MC)이 일치하는 점에서 달성된다.

② 다음과 같이 도출된다.

$$\mathrm{MR} = \frac{\mathrm{dTR}}{\mathrm{dQ}} = \frac{\mathrm{dP(Q)Q}}{\mathrm{dQ}} = \frac{\mathrm{dP(Q)}}{\mathrm{dQ}}\mathrm{Q} + \mathrm{P} = -\frac{1}{bn} + P \rightarrow \mathrm{MR} = \mathrm{MC} \rightarrow -\frac{1}{bn} + P = c \rightarrow P = \frac{1}{bn} + c$$

③ 이 식은 이윤극대화를 만족시키는 기업의 수와 가격의 조합을 나타내며 우하향하는 PP곡선으로 표현된다.

④ PP곡선이 우하향하는 이유는 많은 기업들이 진입하여 경쟁수준이 높아질수록 기업들은 낮은 가격을 책정하지 않을 수 없기 때문이다.

4. 균형

① CC곡선과 PP곡선이 교차하는 점에서 차별적 제품의 가격과 기업의 수가 결정된다.

② 균형상태에서 각 제품의 가격은 P_0, 차별화된 제품을 생산하는 기업의 수는 n_0가 된다.

③ 모든 기업의 생산함수는 서로 같기 때문에 차별적 제품의 가격은 서로 같다.

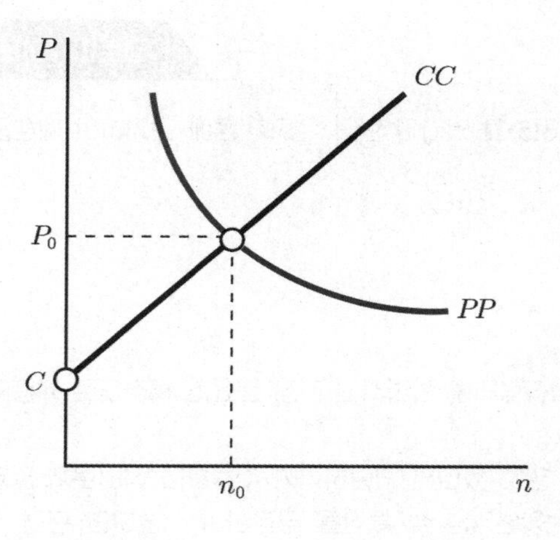

3 무역의 이익

① 무역을 하면 다른 나라에 제품을 판매하게 되므로 시장규모가 확대된다.

② 무역이후 시장규모가 확대되면 CC곡선의 기울기인 $\frac{TFC}{S}$가 완만해져서 CC곡선이 아래로 이동한다.

③ CC곡선의 이동으로 가격은 P_0에서 P_1으로 하락하며 기업의 수는 n_0에서 n_1으로 증가한다. 즉, 무역을 하면 제품 가격이 하락하고 차별적 제품의 수는 증가한다.

④ 무역 이후 차별적 제품 수는 증가하지만 국내에서 생산하는 차별적 제품 수는 무역 이전보다 줄어든다. 이유는 다음과 같다.

⑤ 무역 이후 가격이 하락한 이유는 개별 기업의 생산량이 증가하여 규모의 경제가 작용했음을 말한다.

⑥ 무역 후 자국의 제품 수는 과거보다 줄어들지만 다른 국가의 제품을 수입하므로 소비자들은 과거보다 더 다양한 제품을 소비할 수 있다.

⑦ 이처럼 제품차별과 규모의 경제가 있는 산업에서는 같은 산업 내에서 수출과 수입이 동시에 이루어진다. 이와 같이 동종 산업 내에서 수출과 수입이 동시에 나타나는 무역을 산업 내 무역이라고 한다.

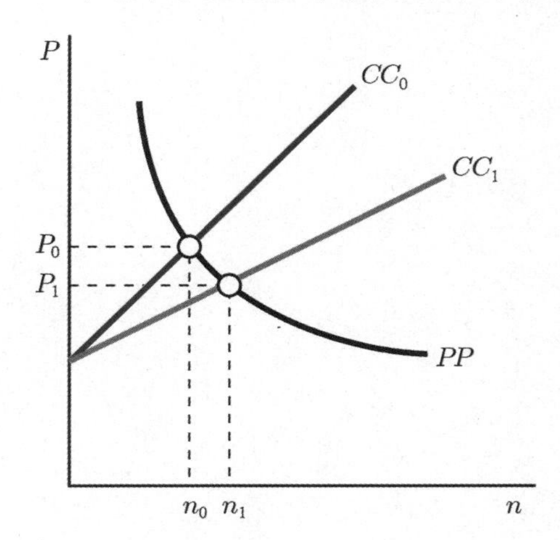

기출문제 점검

코트라 2015년

수출기업이 독점적 경쟁시장구조를 가진 수출시장에 진출을 고려하고 있다고 한다. 경제이론에 근거하여 예상판매량을 결정하는 3가지 요인을 적고 각각 간단히 설명하시오.

논점 및 해법

독점적 경쟁시장이란 완전경쟁 요소와 독점의 요소가 혼합된 시장형태를 의미하고 가장 중요한 특징으로 제품의 차별화가 있다.

독점적 경쟁시장하에서의 무역이론을 묻는 문제로 해당 이론을 알고 있다면 서술하기가 수월하나 접해보지 않은 경우 미시경제학이나 경제학원론에서 배운 독점적 경쟁시장의 기본개념 및 특징을 유추하여 서술하면 된다.

단, 수출기업을 전제로 서술해야 하므로 일반적인 독점적 경쟁기업이 아닌 타국과 무역을 하는 경우를 가정해서 문제를 해결해야 한다.

독점적 경쟁시장과 무역이론

단원 점검 예제문제

예제문제를 통해 이론의 문제 활용 방법과 출제의도를 파악하는 방법을 익혀보세요.

문제

독점적 경쟁모형의 자동차산업을 고려하자. 각 기업은 경쟁기업과 차별화된 상품을 생산하며, 기업들은 장기 균형 하에서 동일한 양의 자동차를 생산한다고 가정하자.
한국과 유럽 간 무역이 이루어지기 이전의 자동차산업 현황은 다음과 같다.
각 기업의 한계비용(MC)은 1,000원이고 고정비용(FC)은 200,000원으로 고정되어 있다. 따라서 양국의 각 기업의 비용은 $C=200,000+1,000Q$이다. 여기서 C는 각 기업의 비용이고 비용의 단위는 원이며, Q는 각 기업의 생산량이다. 자동차의 가격은 $P=MC+(10,000/n)$이다. 여기서 n은 기업들의 수이다. 따라서 자동차의 가격은 기업의 수에 반비례한다. 한국과 유럽의 자동차산업의 시장규모는 각각 5,000,000대로 같다고 가정하자.

1. 무역이 이루어지기 이전의 한국과 유럽의 자동차산업 시장에서의 균형기업 수와 자동차 가격은 얼마인지 수식과 그림으로 설명하시오.
2. 한국과 유럽이 자유무역을 하는 경우 소비자들은 무역으로 후생이 증진되었다고 말할 수 있는지 수식과 그림으로 증명하시오.

해설

1 무역이 이루어지기 이전의 한국과 유럽의 자동차산업 시장에서의 균형기업 수와 자동차 가격은 얼마인지 수식과 그림으로 설명하시오.

1. 모형의 설정 : 독점적 경쟁모형
   ① 독점적 경쟁시장의 장기균형조건은 $MR=MC$ (이윤극대화 조건)와 $P=AC$ (무이윤 조건) 이다.
   ② $MR=MC$ 조건으로부터 (n, P) 평면에서 우하향하는 PP곡선을, $P=AC$ 조건으로부터 (n, P) 평면에서 우상향하는 CC곡선을 도출할 수 있다.
   ③ 두 조건이 동시에 만족되는 교차점에서 균형이 이루어진다.

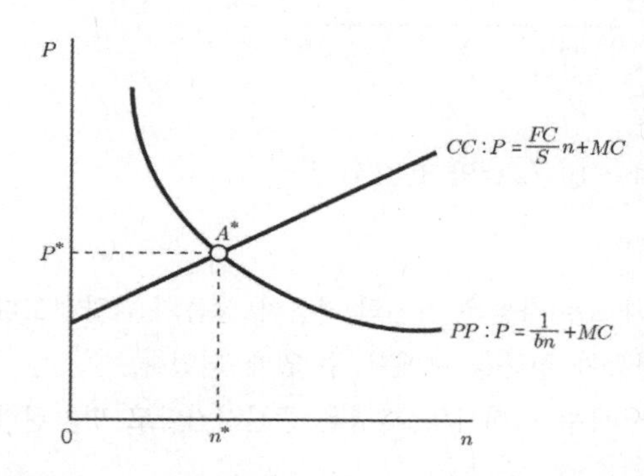

(FC : 고정비용, MC : 한계비용, n : 기업수, S : 시장규모, b : 기업들의 가격에 대한 반응계수)

2. 무역이 이루어지기 전 각국 균형의 도출

$$CC(P=AC) : P=1{,}000+\frac{200{,}000}{5{,}000{,}000}n$$

$$PP(MR=MC) : P=1{,}000+\frac{10{,}000}{n}$$

PP곡선과 CC곡선의 식을 도출하면 위와 같다. 이를 그래프로 나타나면 다음과 같다.

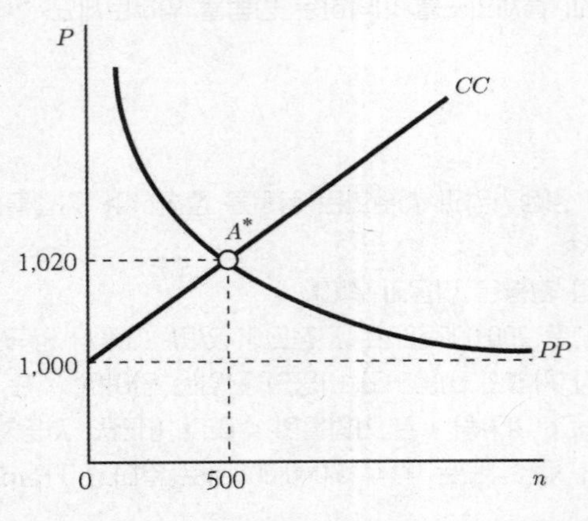

무역 이전 각국의 균형에서 $n^*=500$개, $P^*=1{,}020$원 이다.

2 한국과 유럽이 자유무역을 하는 경우 소비자들은 무역으로 후생이 증진되었다고 말할 수 있는지 수식과 그림으로 증명하시오.

1. 자유무역의 효과

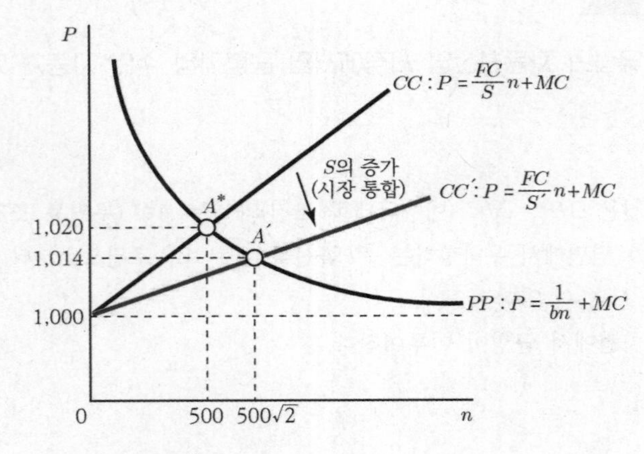

- n : $500 \rightarrow 500\sqrt{2}$
- P: $1{,}020 \rightarrow 1{,}000+10\sqrt{2}$ (=약 1,014)

2. 후생증진의 판단

① 자유무역의 결과 소비자들은 기존의 자동차 상품의 다양성보다 더 높은 수준의 다양성에 직면하고, 더 낮은 가격에 자동차 상품을 구매할 수 있게 되었다.

② 이러한 두 측면 모두 소비자의 후생을 증진시킨다고 평가된다.

8절 독점시장과 국제무역

01 개요

① 국제무역을 실시하면 국내시장과 외국시장이 하나로 통합된다.

② 국내시장이 독점일 경우 완전경쟁인 외국시장에게 시장을 개방하면 어떠한 결과가 발생할지 살펴본다.

③ 또한 국내시장이 독점일 경우 국제무역이 발생할 경우에도 국내시장과 외국시장을 분리시킬 수 있다면 기업은 두 시장을 분리함으로 어떠한 효과가 발생할지 살펴본다.

02 국내시장이 독점일 때 수입이 발생하는 경우

① 국내시장이 독점이라면 독점기업은 한계비용과 한계수입이 같아지는 점에서 Q_0만큼 생산을 하고 P_0의 가격을 설정한다.

② 자유무역이 실시되어 시장이 개방된다면 독점기업은 외국가격 P_f를 받아들일 수 밖에 없다. 왜냐하면 독점기업은 수입품의 가격인 P_f보다 더 높은 가격을 설정할 수 없기 때문이다.

③ 따라서 외국가격 P_f가 국내시장의 가격이 되며 한계수입곡선은 P_f에서 수평선의 형태를 갖는다. 국내기업은 MR_f와 MC가 만나는 점에서 Q_1만큼 생산을 한다.

④ 시장수요곡선에서 국내수요량은 Q_2이므로 수입량은 $(Q_2 - Q_1)$이 된다.

⑤ 소비자잉여와 생산자잉여 그리고 사회적 잉여의 변화는 다음과 같다.

	개방전	개방후	변화
소비자 잉여	A	A+B+D+E	B+D+E
생산자 잉여	B+C	C+F	F−B
사회적 잉여	A+B+C	A+B+C+D+E+F	D+E+F

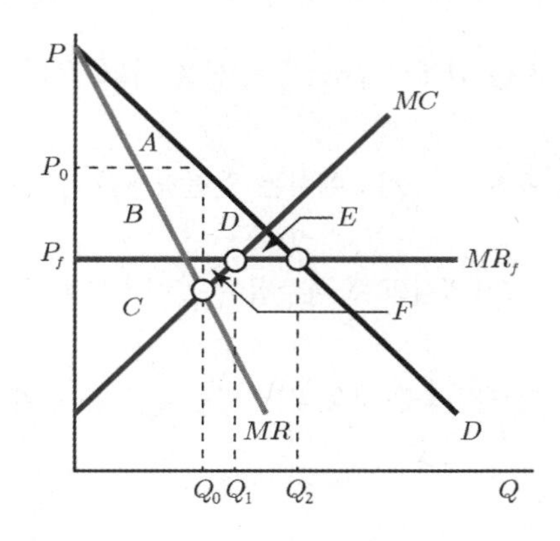

03 국내시장이 독점일 때 수출이 발생하는 경우

① 국내시장이 독점이라면 독점기업은 한계비용과 한계수입이 같아지는 점에서 Q_0만큼 생산을 하고 P_0의 가격을 설정한다.

② 자유무역이 실시되어 시장이 개방된다면 독점기업은 외국가격 P_f를 받아들일 수 밖에 없다. 왜냐하면 독점기업은 수입품의 가격인 P_f보다 더 높은 가격을 설정할 수 없기 때문이다.

③ 따라서 외국가격 P_f가 국내시장의 가격이 되며 한계수입곡선은 P_f에서 수평선의 형태를 갖는다. 국내기업은 MR_f와 MC가 만나는 점에서 Q_1만큼 생산을 한다.

④ 시장수요곡선에서 국내수요량은 Q_2이므로 수출량은 $(Q_1 - Q_2)$이 된다.

⑤ 소비자잉여와 생산자잉여 그리고 사회적 잉여의 변화는 다음과 같다.

	개방전	개방후	변화
소비자 잉여	A	A+B+D	B+D
생산자 잉여	B+C	C+E+F	E+F−B
사회적 잉여	A+B+C	A+B+C+D+E+F	D+E+F

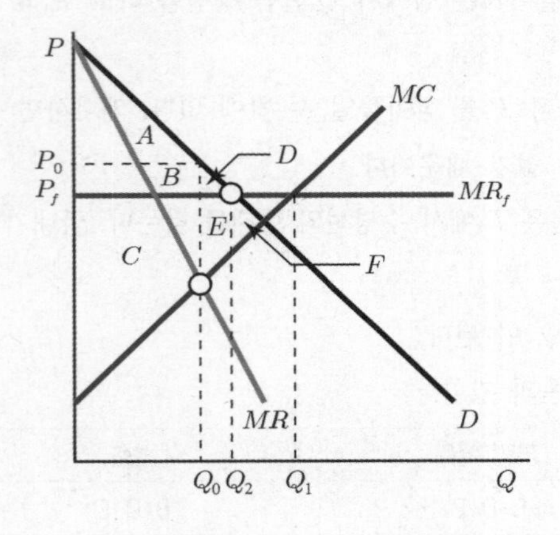

04 국제무역과 가격차별

① 국내시장이 독점이라면 독점기업은 한계비용과 한계수입이 같아지는 점에서 Q_0만큼 생산을 하고 P_0의 가격을 설정한다.

② 국내시장과 외국시장을 완전히 분리할 수 있고 국내시장에서는 독점, 외국시장에서는 완전경쟁인 경우를 검토해보자.

③ 이런 경우 독점기업은 수출을 위한 생산도 하고 한계비용과 각 시장에서의 한계수입이 같아지도록 가격을 설정함으로써 독점이윤을 극대화 하고자 한다.

즉, 국내시장의 한계수입은 MR_d, 외국시장의 한계수입은 MR_f, 한계비용은 MC라면 다음과 같은 관계식이 성립된다.

$$\rightarrow MR_d = MR_f = MC$$

④ 외국가격 P_f는 국내독점기업의 수출량에 영향을 받지 않으므로 외국시장에서의 한계수입곡선은 외국가격 P_f에서 평행인 직선형태가 된다.

⑤ 외국시장에서는 외국시장 한계수입곡선(MR_f)과 한계비용(MC)이 만나는 점에서 판매가 이루어지므로 Q_2만큼 생산되고 국내시장에서는 한계수입곡선(MR_d)과 외국시장 한계수입(MR_f)이 만나는 점에서 생산이 Q_1만큼 이루어진다.

⑥ 따라서 Q_1만큼의 생산량은 국내소비에 충당되고 국내가격은 P_1이 된다. 또한 국제가격 P_f에서 (Q_2-Q_1)만큼을 외국으로 수출하게 된다.

⑦ 기업은 무역전보다 국내시장에서는 높은 가격을, 외국시장에서는 낮은 가격을 설정한다. 이와 같이 국내시장에서보다 외국시장에서 저렴한 가격으로 판매되어 가격차별이 발생할 때 이를 덤핑(dumping)이라고 한다.

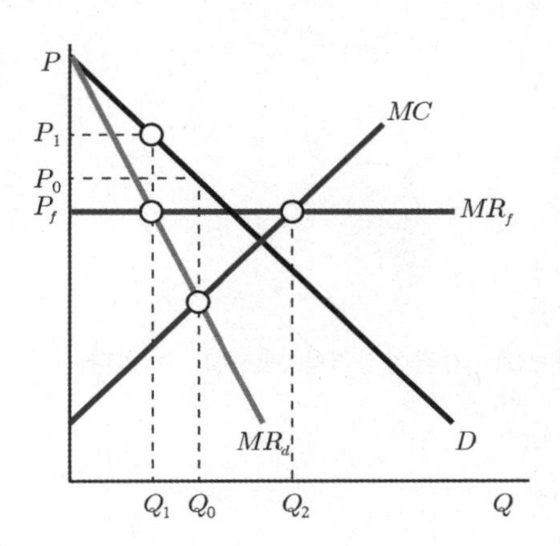

독점시장과 수입 및 수출

단원 점검 예제문제

예제문제를 통해 이론의 문제 활용 방법과 출제의도를 파악하는 방법을 익혀보세요.

문제

한 국가 내에서 독점적 지위에 있는 기업이 해외의 완전 경쟁적 시장에 참여하게 될 때의 균형을 그래프를 이용하여 설명하라.

해설

1 기본가정

① 개방 이후 해외시장은 완전경쟁적이라고 가정한다.

② 따라서 이 기업은 시장개방 후에는 국내 및 해외시장에서 모두 가격설정력을 행사할 수 없다.

2 개방 이후 수입국이 되는 경우

1. 조건

개방 이후 국제가격 수준에서 국내공급보다 국내수요가 많은 경우 수입국이 된다.

2. 시장개방의 경제적 효과

1) 국내 산출량의 변화

① 〈그림 1〉에서 D_d와 MR_d는 각각 자국 내에서의 수요와 한계수입곡선을 의미한다. 그리고 P_i는 개방 이후에 직면하는 국제가격을 의미한다.

② 시장개방 이전에 독점기업은 MR_d와 MC가 만나는 q_1에서 생산을 결정한다.

③ 그러나 시장이 개방되면 국제가격인 P_i를 받아들여야 하므로 $P_i = MR_i = MC$를 만족하는 q_2로 산출량을 증가시킨다.

2) 국내소비량의 변화와 무역량

① 개방으로 인한 가격하락으로 q_1의 소비량이 q_3로 증가하게 된다.

② 따라서 이 국가는 $q_3 - q_2$의 수량을 해외에서 수입하게 된다.

3) 사회 후생의 변화

	변 화
소비자 잉여	$b+c$
생산자 잉여	$-b+e$
사회적 잉여	$c+e$

즉, 사회적 후생은 개선되며 사회후생의 개선 폭은 〈그림1〉의 색칠된 영역에 해당한다.

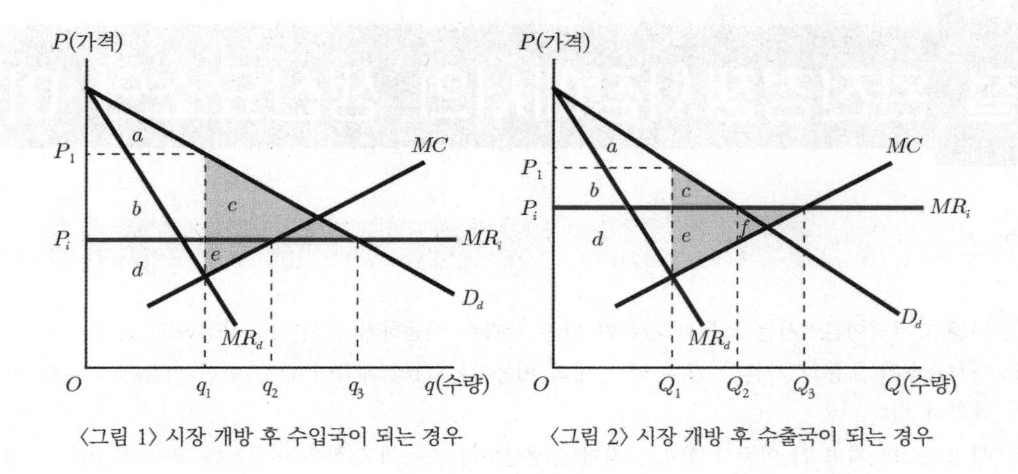

〈그림 1〉 시장 개방 후 수입국이 되는 경우 〈그림 2〉 시장 개방 후 수출국이 되는 경우

3 개방 이후 수출국이 되는 경우

1. 조건

개방이후 국제가격 수준에서 국내수요보다 공급이 많은 경우 수출국이 된다.

2. 시장개방의 경제적 효과

1) 국내산출량의 변화

① 〈그림 2〉에서 시장개방 이전에 독점기업은 MR_d와 MC가 만나는 Q_1에서 생산을 결정한다.

② 그러나 시장이 개방되면 국제가격인 P_i를 받아들여야 하므로 $P_i = MR_i = MC$를 만족하는 Q_3로 산출량을 증가시킨다.

2) 국내소비량의 변화와 무역량

① 개방으로 인한 가격하락으로 Q_1의 소비량이 Q_2로 증가하게 된다.

② 따라서 이 국가는 $Q_3 - Q_2$의 수량을 해외로 수출하게 된다.

3) 사회후생의 변화

	변 화
소비자 잉여	$b+c$
생산자 잉여	$-b+e+f$
사회적 잉여	$c+e+f$

즉, 사회적 후생은 개선되며 사회후생의 개선 폭은 〈그림 2〉의 색칠된 영역에 해당한다.

4 평가

① 독점시장의 개방이 이루어지는 경우(모든 계층의 후생이 증가한다는 보장은 없지만) 그 국가가 수입국이 되는지 수출국이 되는지의 여부와 무관하게 사회적 잉여는 증가한다.

② 이러한 사회후생의 증가는 무역으로 인해 일반적인 무역의 이익에 더하여 독점적 왜곡의 제거라는 새로운 이익을 얻을 수 있기 때문에 실현된 것으로 볼 수 있다.

9절 완전경쟁시장에서의 생산요소의 이동

01 개요

① 기존의 무역이론에서는 노동과 자본이 다른 국가로 이동하지 않는다고 가정하고 있다.

② 생산요소인 노동과 자본의 경우 국가 내의 이동에는 거의 제약이 없는 반면 다른 국가로의 이동에는 많은 제약이 있다.

③ 생산요소의 지역 간 이동성 정도는 지역의 생산이나 소득에 영향을 미치는데 국가 간 이동도 경제에 영향을 미친다.

02 국가간 노동의 이동

1 설명

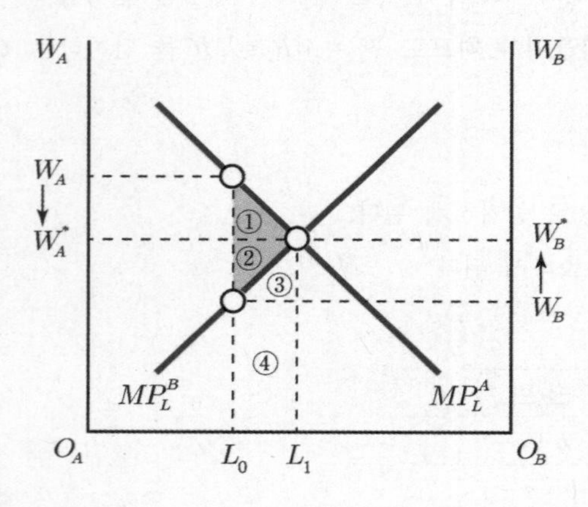

① 수평축은 A국과 B국의 노동량을 합한 세계 전체 노동량이고 A국의 노동량은 축의 왼쪽부터, B국의 노동량은 축의 오른쪽으로부터 측정된다. 수직축은 양국의 실질임금(W)과 노동의 한계생산(MP_L)을 나타낸다.

② 초기에 A국의 노동량은 O_AL_0, B국의 노동량은 O_BL_0이라고 하자. 임금은 노동의 한계생산물에 의해 결정되므로 A국의 실질임금은 W_A, B국의 실질임금은 W_B이다. 즉, A국의 임금은 B국의 임금보다 높다.

③ 양국 간 노동의 이동이 자유롭다면 임금이 낮은 B국에서 임금이 높은 A국으로 노동자도 이동한다.
이러한 노동의 이동은 양국의 임금이 같아질 때까지 계속되고 노동의 이동이 종료된 시점에서 양국의 실질임금은 동일하다. → $W_A^* = W_B^*$

④ 노동의 국가 간 이동으로 A국의 임금은 하락하고 B국의 임금은 상승한다.

2 국가 간 노동의 이동으로 인한 효과

1. 세계 전체 생산량 증가

① 노동의 유입으로 A국의 생산량은 ①+②+③+④만큼 증가하고 노동의 유출로 B국의 생산량은 -(③+④)만큼 감소한다.

② A국에서 증가한 면적이 B국에서 감소한 면적보다 ①+②만큼 더 크다. 이는 세계적 수준에서 자원을 효율적으로 배분하여 세계 전체 생산량이 증가함을 의미한다.

2. 소득재분배효과

① B국으로부터 $\overline{L_0L_1}$의 노동이 A국으로 유입되어 A국의 임금이 하락하면 A국의 노동자들은 손해를 보고 B국의 노동자들은 임금상승으로 이득을 본다.

② A국의 자본가들은 자본의 한계생산이 증가하기 때문에 실질이자가 상승하고 B국의 자본가들은 자본의 한계생산 감소로 실질이자가 하락한다. 따라서 A국의 자본가들은 이득을 보고 B국의 자본가들은 손해를 본다.

03 국가 간 자본의 이동

1 설명

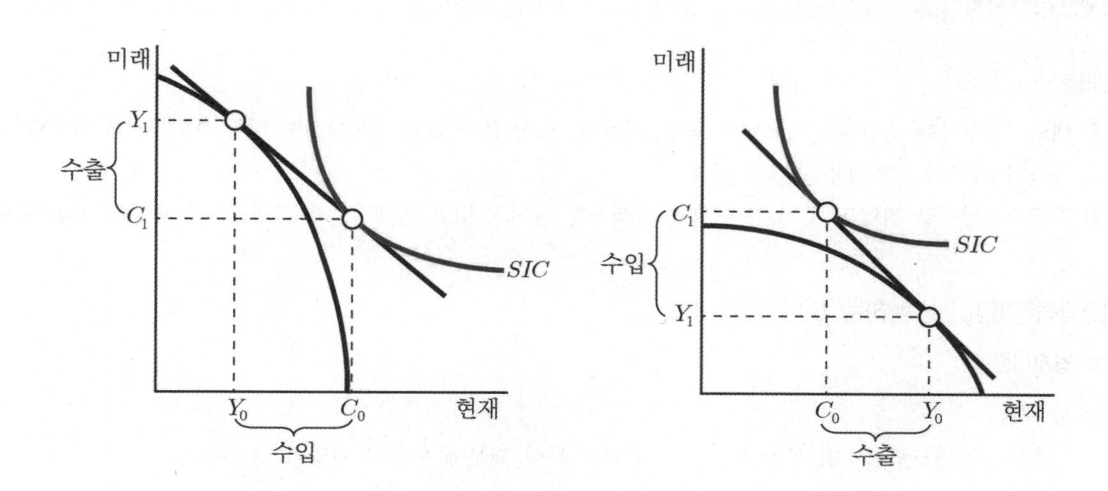

① 시점 간 무역모형에서 자본의 이동은 현재소비와 미래소비의 교환을 의미한다. 이와 같은 국제간의 차입이 이루어지면 각국은 이전보다 사회후생을 더 증가시킬 수 있다.

② 가로축은 현재의 소비와 생산이 표시되고 세로축은 미래의 소비와 생산이 표시된다. 예산제약식은 다음과 같다.

직선의 기울기는 $-(1+r)$이고 Y_0는 현재생산, Y_1은 미래생산, C_0는 현재소비, C_1은 미래소비를 나타낸다.

$$\rightarrow Y_0 + \frac{Y_1}{1+r} = C_0 + \frac{C_1}{1+r}$$

③ 첫 번째 그림의 시점 간 생산가능곡선은 미래 생산이 좀 더 많으므로 개도국을 의미한다. 즉, 자국이 미래 생산에 유리하다는 것은 외국에 비해 상대적으로 투자기회가 많아서 투자수익률이 높음을 의미한다.
두 번째 그림의 시점 간 생산가능곡선은 현재 생산이 좀 더 많으므로 선진국을 의미한다.

④ 자본의 국가 간 이동이 없다면 자국은 시점 간 생산가능곡선의 한 점에서 생산과 소비를 동시에 행하게 될 것이다. 그러나 국가 간 대차가 발생하면 각국은 새로운 예산제약 하에서 사회후생을 극대화할 수 있다.

⑤ 개도국의 경우 현재 $(C_0 - Y_0)$만큼 수입을 하고 미래에 $(Y_1 - C_1)$만큼 수출을 함으로써 시점 간 사회후생을 극대화한다.
선진국의 경우 현재 $(Y_0 - C_0)$만큼 수출을 하고 미래에 $(C_1 - Y_1)$만큼 수입을 함으로써 시점 간 사회후생을 극대화한다.

2 무역이론과의 비교

① 설명원리는 헥셔-올린 모형에서 국제무역을 통해 어떻게 사회후생이 증가하고 교역조건과 교역량이 결정되는가와 동일하다.

② 대신 두 재화 X재와 Y재 대신 현재소비와 미래소비를 사용하고 균형을 이루는 두 재화의 교역조건 대신에 $-(1+r)$을 사용하였다.

04 해외직접투자

1 개념

① 해외직접투자란 경영권을 수반하며 공장, 자본재, 토지 등과 같은 실물자산에 대한 해외투자를 말한다. 주로 다국적 기업의 설립형태를 갖고 있다.

② 다국적기업이란 적어도 두 국가 이상에 자회사를 가지고 있고 국제적으로 경영활동을 하는 기업을 말한다.

2 다국적 기업이 발생하는 이유

1. 입지이론

1) 개념

임금, 무역장벽, 시장, 부존자원 등의 입지적 특성 때문에 다국적 기업이 형성된다.

2) 설명

① 자국보다 외국의 임금수준이 더 낮으면 더 낮은 임금을 이용하기 위해 외국에 기업을 설립한다.
따라서 의류와 같은 노동집약재를 생산하는 기업은 노동력이 풍부한 동남아시아나 중국 같은 지역에 자회사를 운영한다.

② 운송비를 절약하고 관세장벽을 회피하기 위해 다국적 기업이 형성된다.
한국기업이 임금수준이 높은 미국이나 유럽 등에 자회사를 설립하는 것은 운송비와 관세 등 무역장벽을 넘어 그 지역의 넓은 시장을 활용하기 위함이다.

③ 외국의 부존자원을 활용하기 위해 다국적 기업이 형성된다.
철강은 철광석이 풍부하거나 전력 등 에너지 비용이 낮은 곳에서 생산되고 반도체 설계는 고급 인력이 밀집된 캘리포니아 실리콘 밸리 같은 지역에서 이루어진다.

2. 내부화 이론

1) 개념

① 원자재, 중간재, 기술 등을 시장거래에 의존하지 않고 기업 내 거래로 통제하기 위해 외국에 자회사를 설립하는 것을 말한다.
② 내부화에는 기술의 내부화와 수직적 통합에 의한 내부화가 있다.

2) 설명

① 내부화 요인은 원자재, 중간재, 기술 등을 시장거래에 의존하지 않고 기업 내 거래로 통제하기 위해 외국에 자회사를 설립하는 것을 말한다.
② 내부화는 기술의 내부화와 수직통합에 의한 내부화로 나누어진다.
③ 기술의 내부화란 기술을 라이선스(license) 등으로 다른 기업에 이전하지 않고 그 기술을 활용하는 자회사를 다른 국가에 직접 설립하는 것을 말한다.
④ 수직적 통합에 의한 내부화는 원자재나 중간재를 안정적으로 확보하기 위하여 부품기업과 최종재 기업을 하나의 회사로 결합하는 것을 말한다.
현대자동차가 중국과 미국에 완성차 공장을 설립하고 다국적 기업 형태로 운영하는 것도 수직적 통합의 일종이다.
⑤ 의도하지 않은 기술이전의 문제 방지, 시장에서의 외부거래보다 기업내부에서의 이전거래가 가지는 이점이 있다.

기출문제 점검 코트라 2011년

해외직접투자는 개별 기업, 산업, 경제 전체에 어떤 영향을 미치는지를 각각 서술하여 해외직접투자가 왜 필요한지 쓰시오.

논점 및 해법

경영권을 수반하며 공장, 자본재, 토지 등과 같은 실물자산에 대한 해외투자를 해외직접투자라고 한다.
해외직접투자 동기의 기본이론은 입지이론과 내부화이론이다.
입지이론과 내부화이론에 대해 서술하고 해외직접투자로 인해 투자국과 투자대상국에 어떠한 영향이 있을지 기업, 산업, 국가전체에 대해 분석하여 서술하면 된다.

□△○

10절 오퍼곡선과 무역균형

01 개념

① 양국의 수출량과 수입량이 서로 일치하는 상태를 무역균형이라고 한다.

② 교역조건의 변화에 따라 한 국가가 수출하고자 하는 수량과 수입하고자 하는 수량의 조합을 오퍼곡선(offer curve)라고 한다.

02 도출

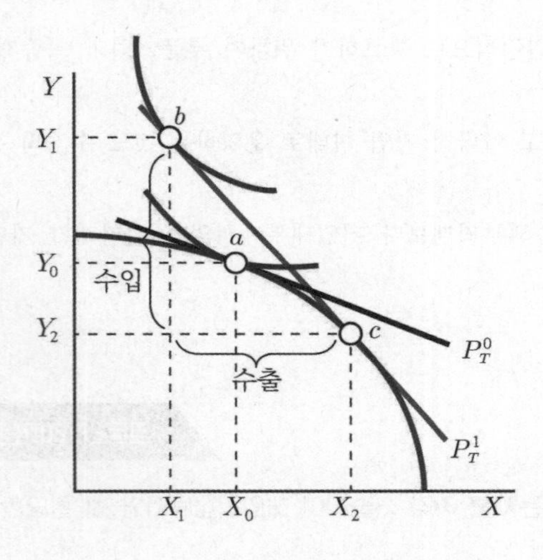

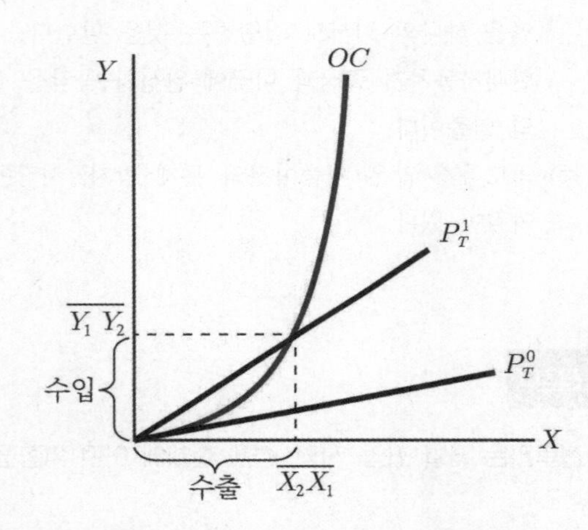

① 국제교역조건이 P_T^0인 경우 a점에서 생산과 소비가 이루어지므로 무역이 발생하지 않는다.

② 국제교역조건이 P_T^1인 경우 생산점은 c이고 소비점은 b이다.

따라서 X재는 $\overline{X_2X_1}$만큼 수출하고 Y재는 $\overline{Y_1Y_2}$만큼 수입한다.

③ 이와 같이 국제교역조건이 P_T^0에서 P_T^1으로 변할 때 수출입하고자 하는 수량을 나타낸 것이 오퍼곡선이 된다.

④ 오퍼곡선 평면에서 원점을 지나는 보조선을 그으면 이 선의 기울기가 재화의 상대가격인 국제교역조건이 되고 이 선과 오퍼곡선이 만나는 점에서 수출량과 수입량이 결정된다.

⑤ 원점은 교역량이 없음을 나타내므로 원점에서 오퍼곡선의 접선의 기울기는 폐쇄경제의 국내가격과 같다.

03 상대국의 오퍼곡선

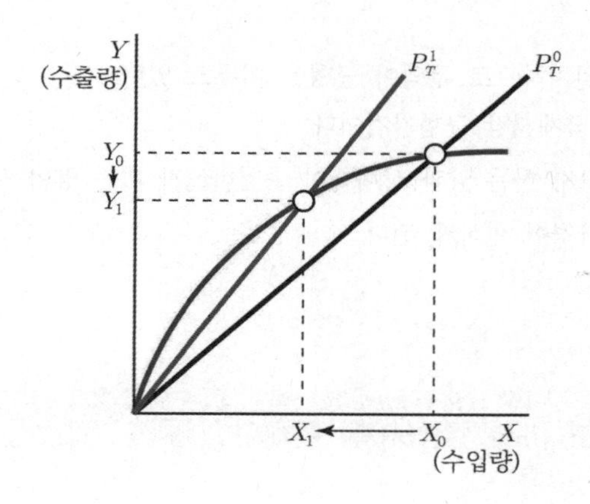

① Y재를 수출하는 국가의 오퍼곡선은 위와 같이 도출된다.
② Y재 수출국의 오퍼곡선은 Y축이 수출재가 되고 X축은 수입재가 된다.
③ X재의 상대가격인 교역조건이 P_T^0에서 P_T^1으로 상승하면 X재 수입량과 Y재 수출량 모두 감소한다.

04 무역균형과 국제균형가격

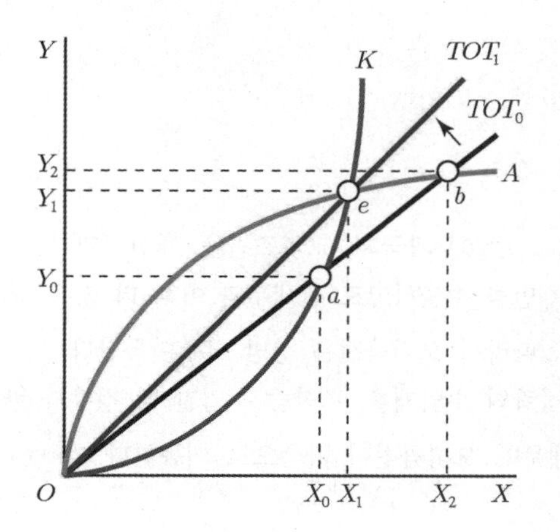

① 현재 K국의 오퍼곡선은 OK이고 A국의 오퍼곡선은 OA라고 하자.
이 때 K국의 수출재는 X재이지만 A국의 수출재는 Y재가 된다.
② K국의 수입재는 Y재이고 A국의 수입재는 X재가 된다.
③ 국제교역조건이 $\mathrm{TOT}_0(\frac{P_X}{P_Y})$라면 K국의 수출량은 OX_0이고 수입량은 OY_0이다.
④ A국의 수입량은 OX_2이고 수출량은 OY_2이므로 X재는 초과수요, Y재는 초과공급이 발생한다.
⑤ 따라서 X재의 가격은 상승하고 Y재의 가격은 하락하므로 국제교역조건은 상승하며 ($\mathrm{TOT}_0 \rightarrow \mathrm{TOT}_1$) 무역상대국의 오퍼곡선이 교차하는 점에서 교역조건과 교역량이 결정된다.

⑥ 양국의 오퍼곡선이 만나는 e점이 무역균형점이다.

균형점 e에서 K국의 수출량 OX_1은 A국의 수입량 OX_1과 서로 같고 또 K국의 Y재 수입량 OY_1도 A국의 수출량 OY_1과 서로 같다.

이처럼 e점에서는 양국의 수출량과 수입량이 서로 일치하므로 무역이 균형을 이루고 있다.

⑦ 원점 O와 e점을 연결하는 직선의 기울기 TOT_1이 국제시장 균형가격이다.

만일 가격이 TOT_1에서 벗어나면 한 나라가 수출하고자 하는 양과 상대국이 수입하고자 하는 양이 서로 달라서 재화시장에 초과공급이나 초과수요가 나타나 가격이 변하게 된다.

05 오퍼곡선의 이동요인

1 국내소비자들이 수입재를 더 선호하게 되는 경우

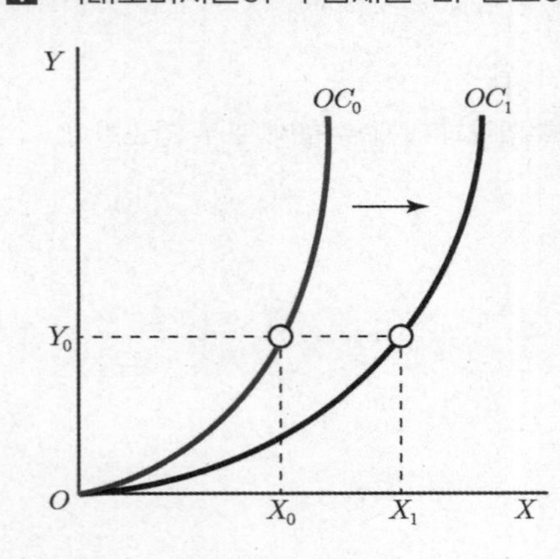

① 국내소비자들이 수입재인 Y재를 더 선호하게 되는 경우 동일한 수입물량 OY_0을 얻기 위하여 더 많은 수출재를 주고자 할 것이다.

② 따라서 국내 오퍼곡선은 OC_0에서 OC_1으로 우측 이동한다.

2 수입관세 부과

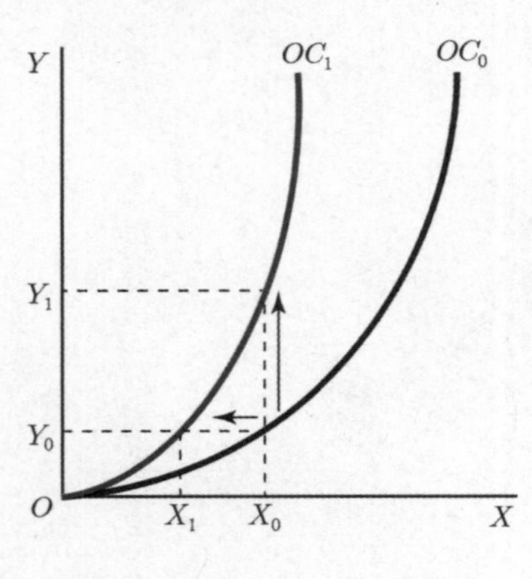

① 관세부과는 일반적으로 관세부과국의 교역조건을 개선시키기 때문에 동일한 양의 X재를 X_0만큼 수출하고도 관세부과 이후 더 많은 양의 Y재를 수입할 수 있다. 따라서 오퍼곡선은 상방으로 이동한다.

② 또는 관세부과 시 일정량의 수입재를 Y_0만큼 수입할 때 정부가 관세로 수출재를 가져가기 때문에 오퍼곡선이 좌측으로 이동한다.

06 교역조건의 변화 - 국내소비자의 소득 증가

① 국내소비자의 소득이 증가하면 수입재인 Y재의 수입이 증가하므로 오퍼곡선이 우측으로 이동한다. 즉, 수입재인 Y재에 대한 수입수요가 증가하기 때문에 오퍼곡선이 OK_0에서 OK_1으로 우측 이동한다.

② 따라서 교역조건은 악화되고 교역량은 수출재, 수입재 모두 증가한다.
즉, 교역조건은 $(\frac{P_X}{P_Y})^0$에서 $(\frac{P_X}{P_Y})^1$으로 악화되고 수출재인 X재는 X_0에서 X_1으로 증가하고 수입재인 Y재도 Y_0에서 Y_1으로 증가한다.

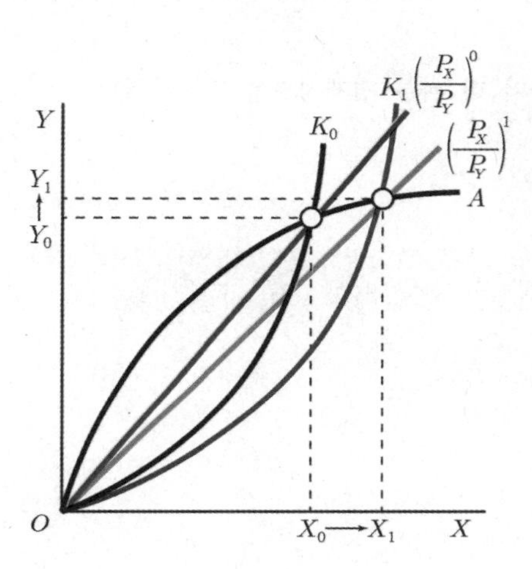

11절 경제성장과 국제무역

01 개요

① 국제무역은 경제발전이나 경제성장과 깊은 관련이 있다.

② 2차 세계대전 이후 등장한 개도국들은 빠른 경제성장을 달성하기 위해 공업화가 필요하고 공업화를 위해서는 자유무역보다는 보호무역이 필요하다고 생각했다.

③ 하지만 보호무역정책보다는 개방적인 정책을 채택한 국가들이 더 빠른 경제성장을 달성하였다.

02 일반적인 경우

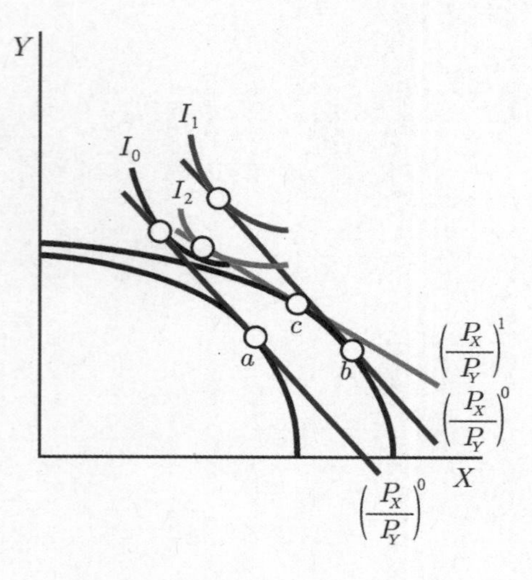

① 국내가격비가 $(\frac{P_X}{P_Y})^0$이므로 경제성장이 이루어지기 전의 생산점은 a이고 사회후생은 I_0이다.

② 경제가 성장하면 생산가능곡선이 우측 이동하면서 생산점과 소비점이 모두 이동한다.

③ 소국의 경우에는 생산증가로 수출재인 X재의 생산 및 수출량이 증가하더라도 교역조건은 $(\frac{P_X}{P_Y})^0$로 변하지 않는다.

따라서 소국은 경제성장 이후 b점에서 생산하고 사회무차별곡선은 I_0에서 I_1으로 우측 이동한다.

③ 그러나 대국의 경우에는 생산증가로 수출재인 X재의 수출량이 증가하면 수출재인 X재의 가격이 하락하며 교역조건은 $(\frac{P_X}{P_Y})^1$으로 악화된다.

따라서 대국은 c점에서 생산을 하며 대국의 사회무차별곡선은 I_0에서 I_2로 우측 이동한다.

④ 일반적으로는 경제가 성장하면 소국과 대국의 사회무차별곡선 모두 우측이동하면서 사회후생이 증가한다.

⑤ 소국의 경우에는 경제가 성장하면 반드시 후생수준이 증가한다.
이는 재화가격은 이전과 같은데 경제성장으로 소득이 늘어서 사람들의 절대 소비량이 증가하기 때문이다.

03 궁핍화성장(Immiserizing Growth) - 바그와티(J. Bhagwati)

1 개념

① 궁핍화성장이란 수출편향적 경제성장이 이루어져 교역조건의 악화가 성장의 직접적인 이익을 압도하여 사회후생이 감소하는 경제성장을 의미한다.

② 대국의 수출재 부문에서 경제성장이 발생했다고 하자. 이 경우 수출 공급량이 증가하므로 수출재의 국제시장가격이 하락한다. 수출재 가격하락은 교역조건을 악화시켜서 후생수준의 하락을 가져온다.
만일 교역조건 악화 정도가 크면 경제성장에도 불구하고 후생수준이 낮아질 수 있는데 이를 바그와티(Bhagwati)는 궁핍화 성장이라고 하였다.

2 설명

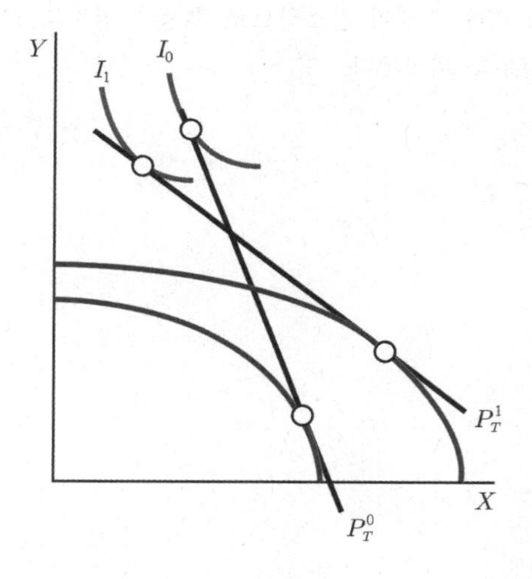

① 노동집약재인 X재를 수출하는 나라에서 노동량의 증가로 생산가능곡선이 우측으로 이동한다.
즉, 한 국가의 경제가 수출편향적으로 성장하면 생산가능곡선이 노동집약재인 X재의 방향으로 더 많이 우측으로 이동한다.

② 생산량 증가로 수출재인 X재의 수출이 증가하면 X재의 상대가격이 하락하게 된다.

③ X재의 상대가격 하락은 교역조건을 악화시킨다. ($P_T^0 \to P_T^1$)

④ 교역조건의 악화로 해당 국가의 사회무차별곡선이 안쪽으로 이동하여($I_0 \to I_1$) 사회후생이 감소한다.

3 발생원인

① 국제시장가격에 영향력을 미칠 만큼 경제규모가 큰 대국에서 경제성장이 발생해야 한다.
대국이란 국가규모를 의미하는 것이 아니라 상품별로 시장점유율이 큰 국가를 말한다.

② 경제성장이 수출재 부문에서 이루어지는 경우이다.
수출재 부문이 성장하면 수출재 가격이 하락하여 교역조건이 악화된다. 수입재 부문이 성장하면 수입재 가격이 하락하여 교역조건이 개선되므로 항상 후생수준이 올라간다.

③ 수요가 비탄력적이어서 공급량 증가 시 가격이 크게 하락해야 한다.
가격 하락정도가 크지 않으면 수출재 가격 하락으로 인한 후생감소효과보다 생산증가에 의한 후생증가효과가 더 커서 교역조건 악화에도 불구하고 후생수준은 올라간다.

4 사례

① 한국은 반도체 대국으로 볼 수 있다.
한국에서 반도체(X재) 생산이 늘어남에 따라 X재 공급이 늘어나 수출공급곡선이 우측으로 이동하게 된다.

② 이러한 결과 X재의 상대가격$\left(p_w = \dfrac{P_X}{P_Y}\right)$이 p_w^0에서 p_w^1으로 하락하고, 이에 따라 교역조건은 악화된다.

③ 생산점은 A_0에서 A_1으로 바뀌고, 소비는 0에서 1로 바뀐다.

④ 생산증가로 인해 상대가격이 P_w^0에서 P_w^1로 감소하면 이는 교역조건을 악화시켜 후생을 감소시킨다.

⑤ 성장에 의한 생산증가로 후생이 증가하고 교역조건 악화에 의해 후생이 감소하므로 후생은 양자의 크기에 따라 증감여부가 불분명하다. 그림에서는 후생이 감소된 경우를 나타냈다.

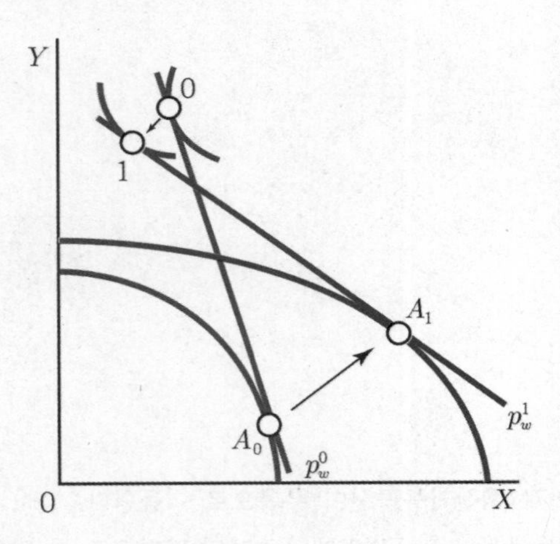

04 교역조건 악화설 - 프레비쉬 - 싱거 가설(Prebisch-Singer hypothesis)

1 개념

① 프레비쉬-싱거 가설이란 개발도상국 1차상품의 교역조건은 장기적으로 악화되는 반면에 선진공업국 공업제품의 교역조건은 개선됨에 따라 양측 간의 교역에서 발생되는 무역이익이 선진공업국 측에 흡수당해 버려 개발도상국의 경제적 후진성이 해소되지 않는다고 주장한 가설을 말한다.

② 이 가설은 개발도상국 1차 상품과 선진공업국 공업제품간의 교역조건이 장기적으로 어떤 추세로 변동되고 있으며 이에 따른 무역이익이 양측에 어떻게 배분되며 그것이 개발도상국의 경제개발에 어떤 영향을 미치고 있는가를 규명하려고 시도한 이론이다.

③ 프레비쉬-싱거 가설은 1950년대부터 프레비쉬(R. Prebisch), 싱거(H. Singer), 미르달(G. Myrdal) 등을 중심으로 한 개발론자들에 의하여 이론적 및 실증적으로 체계화 되었다.

2 개도국의 교역조건이 악화되는 이유

1. 노동시장의 차이

선진국에서는 노동조합이 활성화되어 생산성의 증가가 임금인상 등으로 흡수되어 가격하락이 일어나지 않는 반면 개도국의 경우에는 실업률도 높고 노동조합이 발달되지 않아 생산성 증가가 임금인상에 반영되지 않고 가격하락으로 이어지는 경향이 있다.

2. 개도국 수출품인 농산품에 대한 소득탄력성이 낮음

① 소득이 증가하더라도 소득탄력성이 낮은 농산품에 대한 수요 증가는 별로 크지 않다.

② 경제발전에 따라 소득이 높아지면 농산품에 대한 수요보다는 공산품에 대한 수요가 더 많아지고 그 결과 공산품 가격이 상대적으로 올라간다. 따라서 농산품을 수출하는 개도국의 교역조건은 나빠진다.

MEMO

CHAPTER 01 국제무역이론

단원 점검 기초 문제

01 리카도의 비교생산비설은 어떤 무역의 유리함을 주장한 것인가?

① 자유무역
② 가공무역
③ 보호무역
④ 통제무역

풀이 날짜			
채점 결과			

02 다음 중 비교우위론에 관한 설명으로 옳지 않은 것은?

① 박찬호 선수가 화단에 직접 물을 주지 않고 정원사를 고용하는 것은 비교우위론의 예측과 부합한다.
② 한 국가에서 모든 산업이 비교열위에 있는 경우도 종종 관찰된다.
③ 국가 간의 무역뿐 만 아니라 개인 간의 교역을 설명하는 데에도 응용된다.
④ 비교우위는 국가의 지원이나 민간의 투자에 의해 그 양상이 변할 수 있다.

풀이 날짜			
채점 결과			

03 어떤 변호사가 자신의 업무용 컴퓨터 작업을 위해서 시간당 1만원을 지급하는 조건으로 사무원을 채용하였다. 이 변호사는 변호업무로 시간당 10만원을 번다. 이 변호사는 사무원의 컴퓨터 처리능력이 자신보다 못하다는 것을 발견하고, 사무원을 해고한 후, 그가 하던 컴퓨터 작업도 하고 있다. 이 변호사의 행동을 경제학적으로 가장 옳게 해석한 것은?

① 변호사의 컴퓨터 작업에 대한 기회비용은 자신의 변호 업무의 가치와 같다.
② 변호사의 컴퓨터 작업에 대한 기회비용은 사무원의 컴퓨터 작업에 대한 기회비용보다 작다.
③ 변호사가 사무원이 하던 컴퓨터 작업을 일과 시간 후에 하면 경제적 비용이 발생하지 않는다.
④ 변호사의 사무원 해고는 합리적 행동이었다.

풀이 날짜			
채점 결과			

04 2국가(A, B), 2재화(X, Y) 모형에 있어서 A국은 B국보다 X재의 Y재에 대한 기회비용이 낮다고 하자. 두 나라의 무역에 대한 설명으로 올바른 것은?

① A국은 Y재에 특화를 하여 B국에 수출을 하고, B국은 X재에 특화를 하여 A국에 수출을 하면, 두 국가는 이득을 얻는다.
② A국은 X재에 특화를 하여 B국에 수출을 하고, B국은 Y재에 특화를 하여 A국에 수출을 하면, 두 국가는 이득을 얻는다.
③ 두 국가는 두 재화를 모두 생산하여 각 재화를 반씩 서로 수출과 수입을 하면, 두 국가가 모두 이득을 얻는다.
④ 두 나라가 어떤 재화든 생산을 해서 무역을 하기만 하면, 무역 전에 비해서 두 나라의 후생이 증진된다.

풀이 날짜			
채점 결과			

해설

정답

01 한 나라가 두 재화 생산에 있어서 모두 절대우위, 절대열위에 있더라도 상대적으로 생산비가 낮은 재화 생산에 특화하여 무역할 경우 이익을 얻을 수 있다는 이론을 비교우위(comparative advantage)론이라고 한다.
비교우위론은 각국은 생산비를 비교해 유리한 상품을 생산함으로써 서로 이득을 얻을 수 있다는 학설로 19세기 영국의 자유무역정책의 이론적 뒷받침이 되었다.

①

02 ② 모든 산업이 절대열위에 있다 하더라도 비교열위에 있는 경우는 거의 없다.
③ 비교우위이론은 국가 간 무역이나 개인 간의 교환을 설명하는데 사용된다.
④ 국가의 지원이나 경제성장으로 비교우위산업이 변화할 수 있다.

②

03 변호사가 컴퓨터 작업을 하게 되면 그만큼 변호사 업무를 할 수 없기 때문에 변호사의 컴퓨터 작업에 따른 기회비용은 자신의 변호 업무의 가치와 같다.
즉, 변호사가 자신의 업무용 컴퓨터 작업을 직접 하면 기회비용은 변호업무로 돈을 벌 수 있었던 시간당 10만 원이다.

①

04 A국은 B국보다 X재의 Y재에 대한 기회비용이 낮기 때문에 X재에 비교우위가 있다.
반대로 B국은 Y재에 비교우위가 있다.
따라서 A국은 X재를 특화하여 B국에 수출을 하고 B국은 Y재를 특화하여 A국에 수출을 하면 두 국가 모두 이득을 얻는다.

②

05 아래와 같은 조건에서 양국이 비교우위에 따라 교역을 한다면 A국이 비교우위를 갖는 재화는? (숫자는 신발 1켤레와 자동차 1대를 생산하는데 소요되는 노동량)

국가	신발	자동차
A국	1	4
B국	10	8

① 신발
② 자동차
③ 신발, 자동차
④ 없다.

풀이 날짜			
채점 결과			

06 생산요소로 노동만 존재하는 리카도모형을 가정하자. 쌀과 우유를 모두 소비하는 A국과 B국에서 쌀 1킬로그램과 우유 1리터를 생산하는 데 소요되는 노동량이 아래의 표와 같다고 한다.

	쌀(X)	우유(Y)
A국	2	3
B국	4	5

다음 설명 중 옳지 않은 것은?

① A국에서 우유의 단위로 표시한 쌀 생산의 기회비용은 2/3이다.
② A국은 쌀 생산에 있어 비교우위를 갖는다.
③ B국은 우유 생산에 있어 비교우위를 갖는다.
④ A국은 쌀과 우유 생산 모두에 있어 B국에 대해 비교우위를 갖는다.
⑤ 두 나라는 자유무역을 통하여 무역의 이익을 창출할 수 있다.

풀이 날짜			
채점 결과			

07 A, B 양국에서 의류와 TV가 각각 1단위씩 생산하기 위해 필요한 노동시간이 아래의 표와 같다고 할 때, 다음 설명 중 옳지 않은 것은?

	A국	B국
의류	9	4
TV	12	3

① A국은 의류생산에 있어서 절대우위를 가지고 있다.
② A국은 의류생산에 있어서 비교우위를 가지고 있다.
③ B국은 TV생산에 있어서 비교우위를 가지고 있다.
④ TV 생산에 있어서 절대우위 국가와 비교우위 국가가 동일하다.

풀이 날짜			
채점 결과			

해설

정답

05 A국은 B국보다 신발 생산에 절대우위가 있고 B국은 A국보다 자동차 생산에 절대우위가 있다. ①

A국의 신발 생산에 따른 기회비용은 자동차 1/4대 이고 B국의 신발 생산에 따른 기회비용은 자동차는 10/8 = 5/4 대 이다.

따라서 신발 생산의 기회비용은 B국이 더 크기 때문에 A국이 신발 생산에 비교우위가 있다.

06 A국이 B국보다 쌀과 우유 모두 절대우위에 있다. ④

A국의 X재 생산에 따른 기회비용은 Y재 $\frac{2}{3}$이고 B국의 X재 생산에 따른 기회비용은 Y재 $\frac{4}{5}$이다. 따라서 X(쌀)재 생산의 기회비용은 B국이 더 크기 때문에 A국이 X(쌀)재에 비교우위가 있다.

07 A국은 B국보다 노동시간이 절대적으로 더 투입되기 때문에 의류와 TV 생산 모두 절대열위에 있다. ①

A국의 경우 의류 생산의 기회비용은 TV $\frac{3}{4}$대이고 B국은 TV $\frac{4}{3}$대이다.

따라서 A국은 의류 생산에 비교우위가 있고 B국은 TV 생산에 비교우위가 있다.

08 아래의 표를 이용한 설명 중 옳지 않은 것은?

구분	1단위를 생산하는데 소요되는 시간		40시간 투입할 때의 생산량	
	치즈	빵	치즈	빵
영국	1	2	40	20
스페인	2	8	20	5

① 스페인에서 치즈 1단위에 대한 기회비용은 빵 1/4 단위이다.
② 영국에서의 빵 1단위에 대한 기회비용은 치즈 1/2단위이다.
③ 영국은 빵 생산에 있어서 비교우위가 있고, 스페인은 치즈생산에 있어서 비교우위가 있다.
④ 영국은 빵과 치즈의 생산에 있어서 모두 절대 우위를 가지고 있고, 스페인은 어느 것에도 절대우위를 가지고 있지 않다.

풀이 날짜			
채점 결과			

09 국가 간 무역은 각 나라가 어떤 부존자원을 많이 가지고 있는지에 따라 결정된다는 것을 보여주는 이론을 무엇이라 하는가? (2018년 우리은행)

① 코즈의 정리
③ 리카도의 대등성 정리
④ 헥셔-올린 정리
⑤ 리카도의 비교우위론

풀이 날짜			
채점 결과			

10 미국의 과거 자료를 경험적으로 분석해 본 결과 상대적으로 자본이 풍부하다고 생각되는 미국이 자본집약적 상품을 수입하고 노동집약적 상품을 수출한다는 결과가 나왔다. 이를 무엇이라 부르는가? (2018년 우리은행)

① 헥셔-올린 정리
② 레온티에프 역설
③ 리카도 정리
④ 쿠즈네츠 역설

풀이 날짜			
채점 결과			

11 자원부국이 자원 수출에 따른 외국 자본 유입으로 일시적 호황을 누리지만, 이로 인해 제조업이 제대로 발달하지 못하면서 결국 경기 침체에 빠지는 현상을 뜻하는 용어다. 유가 상승으로 반짝 호황을 누리다 1960~1970년대 급랭한 나라의 실제 사례에서 유래한 이 용어는? (2019년 신한은행)

① 그리스병
② 스웨덴병
③ 벨기에병
④ 뉴질랜드병
⑤ 네덜란드병

풀이 날짜			
채점 결과			

해설

정답

08 영국에서의 빵 1단위에 대한 기회비용은 치즈 2단위이다. ②
스페인에서 치즈 1단위에 대한 기회비용은 빵 1/4 단위이고 영국에서는 빵 1/2이다.
따라서 스페인은 치즈생산에 있어서 비교우위가 있고 영국은 빵 생산에 있어서 비교우위가 있다.
영국이 치즈와 빵 모두 생산량이 많기 때문에 빵과 치즈의 생산에 있어서 모두 절대 우위를 가지고 있고 스페인은 모두 절대 열위를 가지고 있다.

09 ③
① 코즈의 정리 - 물건에 소유권이 분명하게 설정되고 그 소유권 거래에서 비용이 들지 않는다면 그 권리를 누가 가지든 효율적 배분에는 영향을 받지 않는다는 것을 보여주는 이론이다.
② 리카도의 대등성 정리 - 정부 지출 수준이 일정할 때 정부 지출 재원 조달 방법(조세 또는 채권)의 변화는 민간 경제활동에 아무 영향도 미치지 못한다는 것을 보여주는 이론이다.
④ 리카도의 비교우위론 - 각국은 비교우위에 있는 상품을 수출한다는 이론이다.

10 레온티에프 역설이란 헥셔 - 올린 정리를 미국을 대상으로 실증 분석한 것을 말한다. ②
1947년 미국 통계자료를 이용한 레온티에프의 분석결과에 따르면 미국이 노동집약재를 수출하는 것으로 나타났다.
즉, 이론의 예측과 달리 자본풍부국인 미국이 자본집약재를 수출하는 것이 아니라 노동집약재를 수출하고 있었다.
이러한 역설적 결과를 레온티에프의 역설(Leontief paradox)이라고 한다.

11 네덜란드병은 1950년대 말 북해에서 대규모 천연가스 유전을 발견한 네덜란드가 당시에는 에너지가격 상승에 따라 막대한 수입을 올렸지만, 시간이 지나면서 통화가치 급등과 물가 상승, 급격한 임금 상승을 유발하고, 석유제품을 제외한 제조업 경쟁력을 떨어뜨려 극심한 경제적 침체를 맞았던 역사적 경험에서 유래된 용어다. 특정 자원이 풍부한 것이 오히려 경제발전을 저해시킨다는 논리다. '자원의 저주'라고도 한다. ⑤

CHAPTER 01 국제무역론

단원 점검 응용 문제

01 다음은 무역이론에 대한 설명이다. 이 중 가장 옳지 않은 것은?

① 아담 스미스는 양국이 절대우위를 지닌 상품에 특화하는 무역에 종사하였을 때, 상호이익을 볼 수 있는 무역을 할 수 있다고 주장하였다.
② 중상주의자들은 국부를 증진시킬 수 있는 방안으로서 무역의 중요성을 강조하였다.
③ 극히 예외적인 경우를 제외하고, 모든 국가는 비교우위를 지닌 산업을 지니고 있다.
④ 모든 재화의 생산에 있어서 한 나라의 생산기술이 다른 나라의 생산기술에 비해 월등히 낮을 경우, 비교우위는 존재하지 않는다.

풀이 날짜			
채점 결과			

02 1시간 노동으로 한국은 핸드폰 50대 또는 옷 40벌, 중국은 핸드폰 20대 또는 옷 25벌을 생산할 수 있다고 할 때 다음 중 옳은 것은?

① 한국이 두 상품 모두에 비교우위가 있다.
② 한국은 핸드폰 생산에, 중국은 옷 생산에 비교우위가 있다.
③ 한국은 옷 생산에, 중국은 핸드폰 생산에 비교우위가 있다.
④ 중국이 두 상품 모두에 비교우위가 있다.

풀이 날짜			
채점 결과			

03 A국가의 노동 1단위는 옥수수 3kg을 생산할 수도 있고, 모자 4개를 생산할 수도 있다. 한편 B국가의 노동 1단위는 옥수수 1kg을 생산할 수도 있고, 모자 2개를 생산할 수도 있다. A국가의 부존 노동량은 3만 단위이고, B국가의 부존 노동량은 5만 단위이다. 이에 대한 설명으로 옳지 않은 것은?

① A국은 옥수수를 생산하는 데 절대우위를 가지고 있다.
② A국은 모자를 생산하는 데 절대우위를 가지고 있다.
③ A국의 옥수수 1kg 생산의 기회비용은 모자 4/3개이다.
④ A국은 모자를 생산하는 데 비교우위를 가지고 있다.

풀이 날짜			
채점 결과			

해설

정답

01

① 재화 생산에 필요한 노동량 또는 생산비가 다른 국가보다 적을 때 해당 국가는 이 재화 생산에 절대우위(absolute advantage)가 있다고 표현한다.
아담 스미스의 절대우위론은 각국이 절대우위에 있는 재화생산에 특화하여 교환함으로써 상호이익을 얻을 수 있다는 이론이다.

② 중상주의는 상공업을 중시하고 국가의 보호아래 국산품의 수출을 장려하여 국부의 증대를 꾀하려는 정책을 말한다.
중상주의 정책은 무역수지 흑자에 중점을 두었는데 국가가 강력히 시장에 개입하여 국내 산업을 육성하고 대외무역에서는 금이나 은과 같은 귀금속을 얻기 위해 수출을 증대하고 수입을 억제하였다.

③ 한 나라가 두 재화 생산에 있어서 모두 절대우위, 절대열위에 있더라도 상대적으로 생산비가 낮은 재화 생산에 특화하여 무역할 경우 이익을 얻을 수 있다는 것이 비교우위론이다.

④ 한 나라의 생산기술이 다른 나라보다 절대우위 또는 절대우위에 있다 하더라도 비교우위는 존재한다.

④

02

	핸드폰	옷
한국	50대	40벌
중국	20대	25벌

한국의 핸드폰 1대 생산의 기회비용은 옷 0.8벌이다.
중국의 핸드폰 1대 생산의 기회비용은 옷 5/4벌이다.
따라서 한국은 핸드폰 생산에 비교우위가 있고, 중국은 옷 생산에 비교우위가 있다.

②

03

①, ② A국은 B국보다 옥수수, 모자 모두 노동의 생산성이 크기 때문에 절대우위가 있다.

③ A국가의 경우 옥수수 1kg을 생산하기 위해서 모자 $\frac{4}{3}$개를 포기해야 한다.

④ A국가의 경우 모자 1개를 생산하기 위한 기회비용은 옥수수 $\frac{3}{4}$kg이다.
B국가의 경우 모자 1개를 생산하기 위한 기회비용은 옥수수 $\frac{1}{2}$kg이다.
따라서 B국은 모자를 생산하는데 비교우위를 가지고 있다.

④

04 A국과 B국이 노동만을 사용하여 X재와 Y재를 생산하고, 각국의 노동생산성이 다음 표와 같을 때 이와 관련한 서술로 옳은 것은? (다만, 표에서 숫자는 재화 한 단위를 생산하기 위해 필요한 노동시간을 나타낸다.)

	X재	Y재
A국	2	4
B국	2	5

① X재 생산의 기회비용은 A국이 더 작다.
② A국은 X재에, B국은 Y재에 비교우위가 있다.
③ B국에서 X재 1단위를 생산하기 위한 기회비용은 Y재 2단위이다.
④ X재 1단위가 Y재 1/3단위와 교환되는 교역조건이면 두 나라 사이에 무역이 일어나지 않는다.

풀이 날짜			
채점 결과			

05 A국가와 B국가가 무역이전의 X재와 Y재에 대한 단위당 생산비가 다음과 같다면 두 나라가 모두 이익을 얻을 수 있는 교역조건(P_X / P_Y)은?

	X재	Y재
A국	3	9
B국	5	10

① 0.1
② 0.2
③ 0.4
④ 0.6

풀이 날짜			
채점 결과			

06 유일한 생산요소인 노동을 90단위 가지고 있는 국가를 상정해 보자. 이 국가는 치즈와 포도주를 생산할 수 있는데, 1kg의 치즈와 1리터의 포도주를 생산하기 위해 각각 2, 3단위의 노동량이 필요하다. 다음의 설명 중 가장 옳지 않은 것은?

① 치즈로 표시한 포도주의 기회비용은 3/2이다.
② 세계시장에서 치즈로 표시한 포도주의 상대가격이 2/3이라면, 이 국가는 포도주의 생산에 완전 특화한다.
③ 생산가능곡선은 우하향하는 직선의 형태로 나타난다.
④ 노동의 부존량이 변화하더라도 이 국가가 비교우위를 갖는 재화는 바뀌지 않는다.

풀이 날짜			
채점 결과			

해설

정답

04 ①, ②, ③ A국의 X재 생산의 기회비용은 Y재 1/2이고 B국의 X재 생산의 기회비용은 2/5 = 0.4이다. ④

따라서 X재 생산의 기회비용은 B국이 더 작으므로 B국은 X재에, A국은 Y재에 비교우위가 있다.

④ 국제교역조건은 양국의 국내 가격비 사이에서 결정된다.

양국의 국내 가격비는 1/2과 0.4이므로 국제교역조건은 1/2과 0.4사이에서 결정된다.

X재 1단위가 Y재 1/3단위와 교환되는 교역조건($\frac{P_X}{P_Y}=\frac{1}{3}\fallingdotseq 0.33$)이면 1/2과 0.4사이에 있지 않으므로 두 나라 사이에 무역이 일어나지 않는다.

05 A국의 국내 가격비($\frac{P_X}{P_Y}$)는 $\frac{3}{9}=\frac{1}{3}$ 이고 B국의 국내 가격비는 $\frac{5}{10}=\frac{1}{2}$ 이므로 국제교역조건은 1/3과 1/2사이에서 결정되어야 한다. ③

0.4는 1/3과 1/2사이에 들어가므로 정답은 ③번이다.

06 노동 90단위로 치즈만 생산한다면 치즈의 최대생산량은 45kg이다. ②

노동 90단위로 포도주만 생산한다면 포도주의 최대생산량은 30리터이다.

① 치즈로 표시한 포도주의 기회비용은 $\frac{45}{30}=\frac{9}{6}=\frac{3}{2}$ 이다.

② 세계시장에서 치즈로 표시한 포도주의 상대가격은 국제교역조건을 의미한다.

치즈로 표시한 포도주의 상대가격 또는 기회비용이 3/2이므로 세계시장에서 국제교역조건이 2/3이면 이 국가는 치즈 생산에 완전 특화한다.

즉, 포도주 생산의 기회비용보다 국제교역조건이 낮기 때문에 포도주는 수입을 하고 치즈를 수출한다.

③ 노동이 유일한 생산요소이므로 생산가능곡선은 우하향의 직선형태를 갖는다. 즉 기회비용이 일정하다.

④ 노동의 부존량이 변화하더라도 생산가능곡선의 기울기는 변하지 않으므로 비교우위를 갖는 재화는 바뀌지 않는다.

07 영국은 100명의 노동력을 가지고 있고, 포도주 1단위 생산과 직물 1단위 생산에 각각 5명의 노동력이 필요하다. 포르투칼은 100명의 노동력을 가지고 있고, 포도주 1단위 생산에 1명, 직물 1단위 생산에 4명의 노동력이 필요하다. 이 경우 옳게 서술된 것은?

① 교역조건(포도주가격/직물가격)은 2.5가 될 것이다.
② 양국이 비교우위에 특화할 경우, 포도주는 100단위가 생산된다.
③ 포르투칼은 직물생산에 비교우위가 있다.
④ 영국은 두 상품 모두 비교우위가 있다.

풀이 날짜			
채점 결과			

08 교역조건(terms of trade)과 관련된 다음 설명 중 적절하지 못한 것은?

① 자국의 화폐가 평가절하 되면 교역조건은 악화된다.
② 이론적으로 교역조건은 상품의 수출입분 아니라 서비스 거래까지 포함한다.
③ 한 국가의 수출상품 1단위와 교환될 수 있는 수입품의 양이 증가하면 교역조건은 개선된 것이다.
④ 교역조건이 악화되면 반드시 국제수지가 악화된다.

풀이 날짜			
채점 결과			

09 다음 중 교역조건의 악화와 관계가 있는 것은?

① 원유의 국제가격이 하락하는 경우 나타나는 현상이다.
② 명목 GDP 성장률이 실질 GDP 성장률 보다 낮다.
③ 실질 GDP 성장률이 실질 GDI 성장률 보다 높다.
④ 국제무역을 통한 이득이 증가한다.

풀이 날짜			
채점 결과			

10 다음 중 국가간의 무역에서 얻는 이익이 가장 큰 경우는?

① 각국이 아주 상이한 부존자원 및 한계변환율을 가진 경우
② 각국의 한계변환율이 국가무역조건과 일치할 때
③ 각국이 수입정책으로부터 국내산업을 많이 보호할수록
④ 각국이 유사한 부존자원 및 비슷한 한계변환율을 갖는 경우

풀이 날짜			
채점 결과			

해설

정답

07 ②

영국은 포도주(X재)의 최대생산량은 20단위, 직물(Y재)의 최대생산량은 20단위이다.

따라서 영국의 국내 가격비($\frac{P_X}{P_Y}$)는 $\frac{20}{20} = 1$이다.

포르투칼은 포도주의 최대생산량은 100단위, 직물의 최대생산량은 25단위이다.

따라서 포르투칼의 국내 가격비는 $\frac{25}{100} = \frac{1}{4}$이다.

① 국제교역조건은 양국의 국내 가격비 사이에서 결정되므로 1과 1/4 사이의 값을 갖는다.
 2.5는 1과 1/4사이의 값이 아니므로 교역조건이 될 수 없다.

② 포르투칼이 포도주 생산에 비교우위가 있기 때문에 포도주는 100단위가 생산된다.

08 ④

한 나라의 교역조건(Terms of trade)은 수입품에 대한 수출품의 가격비를 말한다.
즉, 수출재의 가격을 수입재의 가격으로 나눈 상대가격을 교역조건이라고 한다.
환율이 상승하면 자국의 화폐가치가 하락하므로(평가절하) 수출재의 가격은 하락한다.
수출재의 가격이 하락하면 교역조건은 악화되지만 이전보다 수출량은 증가한다.
즉, 국제수지가 개선된다.

09 ③

① 한국은 원유를 수입하므로 원유의 국제가격이 하락하면 수입재 가격이 하락한다.
 따라서 교역조건은 개선된다.

③ 환율이 상승하면 교역조건이 악화되므로 실질 GDP의 증가율이 실질 GDI의 증가율보다 높다. 왜냐하면 실질 GDI는 실질 GDP와 교역조건변화에 따른 무역 손익의 합에 의해 측정되기 때문이다.
 → 실질 GDI = 실질 GDP + 교역조건변화에 따른 무역 손익

10 ①

각국이 갖고 있는 부존자원이 상이할수록 비교우위가 있는 재화가 서로 달라지기 때문에 무역에 따른 이득이 커진다.
한계변환율이 서로 다를수록 무역에 따른 소비가능곡선의 영역이 이전보다 커지기 때문에 이득이 커진다.
한계변환율은 자국의 기회비용 또는 국내 가격비를 나타낸다.

11 다음 중 헥셔 - 올린 정리의 가정으로 옳은 것은?

① 2국만이 존재하고 각국은 2종류의 생산요소를 사용하여 1종류의 상품을 생산한다.
② 어느 국가에서도 생산면의 기술적 조건이 동일하며, 수확불변을 가정한다.
③ 생산요소의 집약도는 역전될 수 있다.
④ 양국의 생산요소의 질은 고려하지 않는다.

풀이 날짜			
채점 결과			

12 다음은 헥셔-올린 정리와 관련된 설명이다. 옳지 않은 것은?

① 각국마다 요소의 부존자원이 다르더라도 생산기술과 재화의 가격이 같다면 생산요소의 가격도 균등화된다.
② 헥셔-올린 정리에서는 두 나라의 수요구조는 동일하다고 가정한다.
③ 국가 간 요소의 이동은 자유롭다고 가정한다.
④ 타국과 비교해 자본이 상대적으로 풍부한 국가는 자본집약적인 산업에 비교우위가 있다.

풀이 날짜			
채점 결과			

13 토지(T)와 노동(L)이라는 2개의 생산요소로 2개의 재화 A와 B를 생산하는 헥셔 - 올린(Heckscher - Ohlin)모형내의 한 국가를 상정해 보자. 생산요소 T와 L의 요소가격을 각각 r과 w로 표시할 때 모든 주어진 요소가격비율(w/r)하에서 A재화의 토지 - 노동투입비율이 B재화 보다 높다고 한다. 다음 중 옳은 설명을 모두 고른 것은?

가. A재화는 토지집약적인 재화이다.
나. w/r이 증가하면 B재화의 T/L이 감소한다.
다. 이 국가가 외국에 비해 노동이 상대적으로 풍부하다면 B재화를 수출할 것이다.

① 가
② 가, 나
③ 나, 다
④ 가, 다

풀이 날짜			
채점 결과			

해설

정답

11 헥셔-올린 정리는 자본이 노동에 비하여 풍부한 경제는 자본을 주로 사용해 생산하는 상품인 자본집약재에 비교우위가 있고 그 재화를 수출한다고 주장한다.
반대로 노동이 자본에 비하여 풍부한 경제는 노동을 주로 사용해 생산하는 상품인 노동집약재에 비교우위가 있고 그 재화를 수출한다.
헥셔-올린 정리는 2국가 - 2재화 - 2생산요소가 존재한다고 가정한다.
2국가의 생산면의 기술적 조건이 동일하다.
즉, 두 국가의 생산함수가 동일한데 1차 동차 콥-더글라스 생산함수를 사용한다.
→ 1차 동차이므로 규모수익불변
또한 생산요소의 집약도는 역전될 수 없다고 가정한다.

②

12 ① 자유무역은 국가간 생산요소의 이동이 없더라도 생산요소의 상대가격은 물론 절대가격도 국가간에 같아진다는 것이다. 이것을 요소가격균등화의 정리라고 한다.
② 2국가의 수요구조는 동일하다.
즉, 양국의 후생함수가 같기 때문에 동일한 사회무차별곡선을 갖고 있다.
③ 헥셔 - 올린 정리는 국가간 요소의 이동은 불가능하다고 가정한다.
④ 자본이 노동에 비하여 풍부한 경제는 자본을 주로 사용해 생산하는 상품인 자본집약재에 비교우위가 있고 그 재화를 수출한다.

③

13 가. A재화는 토지 - 노동투입비율이 B재화 보다 높기 때문에 토지집약적인 재화이고 B재화는 노동집약적인 재화이다.
나. w/r이 증가하면 노동의 상대가격이 상승하기 때문에 노동(L) 투입을 줄여야 한다.
따라서 T/L이 증가한다.
다. 이 국가가 외국에 비해 노동이 상대적으로 풍부하다면 노동집약재인 B재화를 수출할 것이다.

④

CHAPTER 01 국제무역론

단원 점검 응용 문제

14 갑국과 을국으로 이루어진 세계경제가 있다. 생산요소는 노동과 자본이 있는데, 갑국은 노동 200단위와 자본 60단위, 을국은 노동 800단위와 자본 140단위를 보유하고 있다. 양국은 두 재화 X와 Y를 생산할 수 있는데, X는 노동집약적 재화이고 Y는 자본집약적 재화이다. 헥셔 - 올린 모형에 따를 때 예상되는 무역 패턴은? (단, 노동과 자본은 양국에서 모두 동질적이다)

① 갑국은 Y를 수출하고 을국은 X를 수출한다.
② 갑국은 X를 수출하고 을국은 Y를 수출한다.
③ 갑국과 을국은 X와 Y를 모두 생산하며, 그중 일부를 무역으로 교환한다.
④ 갑국과 을국은 X와 Y를 모두 생산하며, 각자 자급자족한다.

풀이 날짜			
채점 결과			

15 다음 중 옳은 설명을 모두 고른 것은?

가. 헥셔 - 올린 정리에 따르면 자본이 풍부한 국가는 자본집약적인 재화에 비교우위를 갖는다.
나. 리카르도는 비교우위의 원천을 노동생산성에서 찾는다.
다. 경험적 연구결과 헥셔 - 올린 정리와 반대되는 현상이 발견되었는데 이를 레온티에프 역설이라 부른다.

① 가, 나
② 가, 다
③ 나, 다
④ 가, 나, 다

풀이 날짜			
채점 결과			

16 한국이 미국에 자동차를 수출하고 미국으로부터 농산물을 수입한다고 하자. 다음 중 옳지 않은 것은?

① 미국의 농부들은 무역을 함으로써 이익을 보고 한국의 농부들은 손해를 본다.
② 미국의 자동차 제조업자는 손해를 보나, 미국의 자동차 소비자들은 이익을 본다.
③ 미국의 식료품 구입자들은 이익을 보게 된다.
④ 무역을 통한 한국과 미국의 전체이익이 전체손실보다 클 것이다.

풀이 날짜			
채점 결과			

해설

정답

14

갑국의 노동집약도 $\left(\frac{K}{L}\right)$는 $\frac{K}{L}=\frac{60}{200}=\frac{3}{10}=\frac{12}{40}$이고 을국의 노동집약도는 $\frac{K}{L}=\frac{140}{800}=\frac{7}{40}$이다. ①

갑국은 을국보다 요소집약도가 더 크므로 갑국은 자본풍부국이고 을국은 노동풍부국이다.
따라서 갑국은 자본집약재인 Y재를 수출하고 을국은 노동집약재인 X재를 수출한다.

15

가. 헥셔-올린 정리에 따르면 자본풍부국은 자본집약적인 재화에 비교우위가 있고, 노동풍부국은 노동집약적인 재화에 비교우위가 있다. ④

나. 리카도는 요소생산성 차이 때문에 비교우위가 발생한다고 주장하였다.

다. 1947년 미국 통계자료를 이용한 레온티에프의 분석결과에 따르면 미국이 노동집약재를 수출하는 것으로 나타났다.
즉, 이론의 예측과 달리 자본풍부국인 미국이 자본집약재를 수출하는 것이 아니라 노동집약재를 수출하고 있었다. 이러한 역설적 결과를 레온티에프의 역설(Leontief paradox)이라고 한다.

16

한국은 자동차 수출국이므로 자동차 생산자들은 이익을 보고 자동차 소비자들은 손해를 본다. ③
한국은 농산물 수입국이므로 농산물 생산자인 농부들은 손해를 보고 농산물 소비자들은 이득을 본다.
미국은 농산물 수출국이므로 농산물 생산자인 농부들은 이익을 보고 농산물 소비자들은 손해를 본다.
미국은 자동차 수입국이므로 자동차 생산자들은 손해를 보고 자동차 소비자들은 이득을 본다.
미국이 농산물을 수출하면 농산물 국내가격이 상승하므로 미국의 식료품 구입자들은 손해를 본다.
무역을 하면 두 국가 모두 전체이득이 전체손실보다 크다.

17 교역이 전혀 없던 두 국가 간에 완전한 자유무역이 개시된다고 하자. 다음 중 가장 옳은 것은?

① 어느 한 개인이라도 이전보다 후생수준이 낮아지는 일은 없다.
② 산업 간 무역보다는 산업 내 무역이 더 많이 생길 것이다.
③ 무역의 확대로 양국에서의 실업이 감소한다.
④ 수출재 시장의 생산자잉여와 수입재 시장의 소비자잉여가 모두 증가한다.

풀이 날짜			
채점 결과			

18 국가 간 산업 내 무역에 관한 설명으로 타당하지 않은 것은?

① 생산에 있어서 규모의 경제가 전제된다.
② 국가 간 무역 분쟁의 소지가 산업 간 무역보다 상대적으로 적다.
③ 비교우위가 산업 내 무역의 패턴을 결정한다.
④ ①, ②, ③ 모두

풀이 날짜			
채점 결과			

19 산업 간 무역(inter - industry trade)와 산업 내 무역(intra - industry trade)에 대한 설명으로 옳지 않은 것은?

① 비교우위가 없으면 산업 간 무역과 산업 내 무역 모두 발생하지 않는다.
② 비교우위와 무관하게 산업 내 무역이 발생한다.
③ 산업 간 무역은 비교우위에 의해 결정된다.
④ 산업 간 무역은 무역의 이익을 초래할 수 있다.

풀이 날짜			
채점 결과			

20 비교우위와 무역의 발생원인에 관한 설명 중 옳지 않은 것은?

① 제품이 갖는 수명주기에 따라 그 제품의 비교우위를 갖는 국가가 변할 수 있다.
② 선진국 상호간 무역이 세계무역에서 차지하는 비중이 큰 것은 동일 산업 내에서도 제품차별화에 따른 국가 간 분업에 의해 무역이 이루어지기 때문이다.
③ 비교우위론에 따르면 아무리 산업이 낙후된 나라라도 최소한 하나 이상의 산업에서 비교우위를 가질 수 있다.
④ 헥셔-올린(Heckscher - Ohlin)정리에 따르면 노동이 풍부한 나라가 노동 절약적 상품에, 자본이 풍부한 나라가 자본 절약적 상품에 비교우위를 갖는다.

풀이 날짜			
채점 결과			

해설

정답

17 ① 자유무역을 하면 사회 전체이득은 증가하나 특정계층은 피해가 발생할 수 있다.
② 해당 국가가 선진국이나 개도국이냐에 따라 산업 간 무역이 증가할 수도 있고 산업 내 무역이 증가할 수도 있다.
산업간 무역이란 서로 상이한 상품들이 국가 간에 거래되는 현상을 의미한다.
산업 내 무역이란 동종 및 유사한 상품들이 국가 간에 거래되는 현상을 의미한다.
③ 무역의 확대로 수입이 증가하면 수입재 산업에 종사하는 노동자의 실업이 증가할 수 있다.
④ 일반적으로 수출재 시장은 생산자 잉여가 증가하고 소비자 잉여가 감소한다.
수입재 시장은 소비자 잉여가 증가하고 생산자 잉여가 감소한다.

④

18 산업 내 무역이란 동종 및 유사한 상품들이 국가 간에 거래되는 현상을 의미한다.
산업 내 무역을 설명하는 대표적인 요인이 '규모의 경제'이다.
즉, 규모의 경제가 존재하는 경우에는 비록 양국이 각 산업에 비교우위를 가지지 못하는 경우라 하더라도 무역을 통해 이득을 얻을 수 있다. 이 외에도 '제품차별화' 역시 산업 내 무역이 발생하는 중요한 원인이 될 수 있다.
산업간 무역이 발생하는 원인은 비교우위이다.

③

19 산업간 무역이란 서로 상이한 상품들이 국가 간에 거래되는 현상을 의미한다.
산업간 무역은 비교우위에 의해 발생되는데 이를 설명하는 이론으로 국가 간 노동생산성의 차이를 강조하는 리카도의 무역이론과 국가 간 요소부존의 차이로 인해 무역을 발생하는 무역을 강조하는 헥셔-올린 이론이 있다.
따라서 비교우위가 없으면 산업 간 무역이 발생하지 않는다.

①

20 ① 무역을 시간의 흐름에 따라 동태적으로 파악한 이론으로 시간에 따라 비교우위의 이동이 일어난다고 보았다.
제품수명주기이론은 한 상품의 수명이 개발초기 단계, 성숙단계, 표준화 단계로 나뉜다고 보았다.
② 산업 내 무역이론은 국제무역의 가장 큰 부분을 차지하고 있는 선진국 간에 발생하고 있는 무역을 설명할 수 있다.
④ 노동이 풍부한 나라는 노동집약적 상품 즉, 자본 절약적 상품에 비교우위를 갖고 자본이 풍부한 나라는 자본집약적 상품 즉, 노동절약적 상품에 비교우위를 갖는다.

④

21 국제무역이론에 관한 설명 중 옳은 것은?

풀이 날짜			
채점 결과			

① 헥셔-올린(Heckscher - Ohlin)정리에서 각국은 그 나라에 상대적으로 더 풍부하게 존재하는 생산요소를 집약적으로 사용하는 재화에 대해 비교우위를 가지는 것으로 설명된다.

② 산업간 무역이론은 주로 선진국과 선진국간의 무역을 설명하고 산업 내 무역이론은 선진국과 후진국간에 발생하고 있는 무역을 설명할 수 있다.

③ 린더의 대표적 수요이론에 의하면 공산품간의 무역량은 무역 거래국의 수요패턴이 다를수록 많아진다.

④ 생산기술의 불규칙적인 혁신으로 인한 기술격차가 무역의 원인이라는 것이 시토브스키의 제품사이클 이론이다.

22 아래의 그림은 소규모 개방경제의 어떤 기업이 국내시장에서 독점력을 행사함을 나타낸다. 다음 설명 중 옳은 것은? (단 MR은 한계수입, D는 수요곡선, MC는 한계비용이다.)

풀이 날짜			
채점 결과			

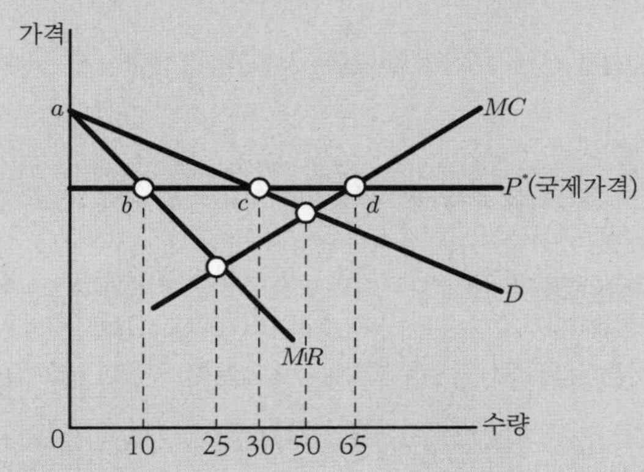

① 국내가격은 국제가격과 동일하다.

② 총생산량은 50이다.

③ 수출량은 40이다.

④ 이 기업의 실효 MR은 점 a, b, c, d를 잇는 선이다.

⑤ 독점이윤을 최대화하는 국내 소비량은 25이다.

해설

정답

21 ①

② 산업간 무역이론은 주로 선진국과 후진국간의 무역을 설명할 수 있다. 즉 경제성장의 단계가 상이해서 산업구조가 상이한 국가들 간의 무역을 설명할 수 있다.
산업 내 무역이론은 국제무역의 가장 큰 부분을 차지하고 있는 선진국 간에 발생하고 있는 무역을 설명할 수 있다.

③ 대표적 수요이론(theory of representative demand)이란 무역패턴과 결정요인을 수요구조에서 규명한 이론을 말한다.
대표적 수요이론은 린더(S. B. Linder)에 의하여 주장되었다.
국내에서 상당한 정도의 수요, 즉 대표수요가 있는 제품이 수출될 수 있다는 주장이다.

④ 사람의 생애처럼 제품에도 생애가 있어 제품이 어느 단계에 있느냐에 따라 비교우위가 변한다는 이론으로 버논(R. Vernon)에 의하여 주장되었다.
무역을 시간의 흐름에 따라 동태적으로 파악한 이론으로 시간에 따라 비교우위의 이동이 일어난다고 보았다.
제품수명주기이론은 한 상품의 수명이 개발초기 단계, 성숙단계, 표준화 단계로 나뉜다고 보았다.
기술격차론(technological gap theory)이란 각국 간 생산기술상의 격차가 무역발생의 원인이 되고 무역패턴 결정에 지배적 작용을 한다는 이론을 말한다.
이 이론은 포스너(D. V. Posner)와 허프보어(G. C. Hufbauer)에 의하여 주장되었다.

22 ④

국내시장과 외국시장을 완전히 분리할 수 있고 국내시장에서는 독점, 외국시장에서는 완전경쟁인 경우를 검토해 보자.
이런 경우 독점기업은 수출을 위한 생산도 하고 한계비용과 각 시장에서의 한계수입이 같아지도록 가격을 설정함으로써 독점이윤을 극대화 하고자 한다.
즉, 국내시장의 한계수입은 MR, 외국시장의 한계수입은 $P^*=MR^*$, 한계비용은 MC라면 다음과 같은 관계식이 성립된다.

$$\rightarrow MR = MR^* = MC$$

외국가격 P^*는 국내독점기업의 수출량에 영향을 받지 않으므로 외국시장에서의 한계수입곡선은 외국가격 P^*에서 평행인 직선형태가 된다.
외국시장에서는 외국시장 한계수입곡선(MR^*)과 한계비용(MC)이 만나는 점에서 판매가 이루어지므로 65만큼 생산되고 국내시장에서는 한계수입곡선(MR)과 국제시장가격(P^*) 또는 외국의 한계수입곡선(MR^*)이 만나는 점에서 생산이 10만큼 이루어진다. 따라서 10만큼의 생산량은 국내소비에 충당되고 국제가격 P^*에서 ($65-10$ = 55)만큼을 외국으로 수출하게 된다.
국내의 독점기업이 주어진 국제가격으로 수출을 할 수 있다면 국내에서 판매할 때의 한계수입이 국제가격보다 낮은 경우 국내에서 판매를 하지 않는다.
따라서 한계수입곡선은 우하향하다 국제가격수준에서 수평선이 된다. 즉 한계수입곡선은 a, b, c, d점을 잇는 선이 된다.

23 다음과 같이 노동과 토지를 투입하여 하나의 재화만 생산하는 자국과 외국으로 이루어진 경제를 상정해 보자. 국가 간 노동이동의 효과에 대한 다음 설명 중 옳지 않은 것은?

풀이 날짜			
채점 결과			

- 두 생산요소 중 노동만 국가 간 이동이 가능하다.
- 수평축은 자국과 외국의 노동량을 합한 세계 총노동량을 나타낸다.
- 자국의 노동량은 왼쪽 축(원점은 O로 표시함)에서부터, 외국의 노동량은 오른쪽 축(원점은 O^*로 표시함)에서부터 측정된다.
- 왼쪽 수직축은 자국의 한계생산물, 오른쪽 수직축은 외국의 한계생산물을 나타낸다.
- 노동의 국가 간 이동이 발생하기 이전의 자국의 노동량은 OL_1, 외국의 노동량은 O^*L_1이다.

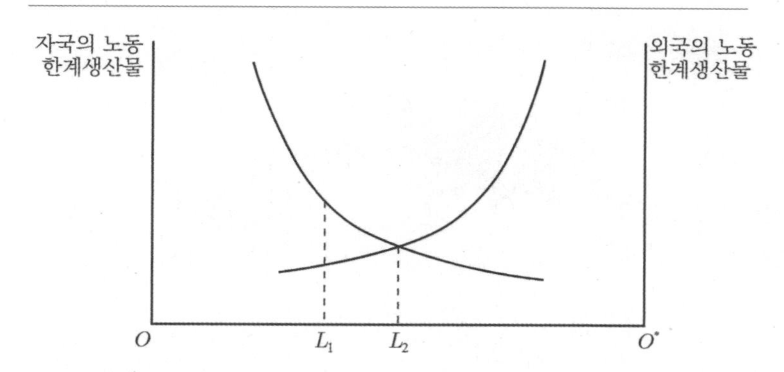

① 자국의 임금은 하락한다.
② 외국의 임금은 상승한다.
③ 재화의 세계 총생산량은 증가한다.
④ 노동은 외국에서 자국으로 이동한다.
⑤ 자국 토지 소유자의 실질소득은 감소한다.

해설

정답

23 자국의 노동부존량이 OL_1, 외국의 노동부존량이 O^*L_1이므로 자국의 노동의 한계생산물이 외국의 노동의 한계생산물보다 높다. ⑤

완전경쟁시장에서는 실질임금과 한계생산물이 일치하므로 자국의 실질임금이 외국의 실질임금보다 높다.

국가간 노동이동이 자유롭다면 외국에서 자국으로 노동이동이 발생한다.

두 나라의 실질임금이 동일할 때까지 노동이동이 발생하므로 두 국가의 한계생산이 교차하는 L_2 에서 균형이 달성된다.

따라서 자국에서는 노동의 한계생산물과 실질임금이 낮아지고 외국에서는 노동의 한계생산물과 실질임금이 상승한다.

외국에서 자국으로 노동이동이 발생하면 자국의 총생산증가가 외국의 총생산보다 커서 세계전체의 총생산량은 증가한다.

외국에서 자국으로 노동이동이 발생하면 자국 토지의 한계생산이 증가하므로 자국에서 토지소유자의 실질소득은 증가하게 된다.

24 다국적 기업과 해외직접투자에 대한 다음 설명 중 옳은 것을 모두 고르면?

가. 다른 조건이 일정할 때, 규모의 경제가 클수록 기업은 수출보다는 해외직접투자를 선호한다.
나. 독립된 기업으로부터 중간재를 조달(outsourcing)할 때 발생하는 거래비용은 기업들로 하여금 해외직접투자를 선호하게 만드는 요인이다.
다. 다른 조건이 일정할 때, 한 국가의 수입관세가 높을수록 그 국가로의 해외직접투자가 일어날 가능성은 커진다.

① 가
② 나
③ 다
④ 가, 나
⑤ 나, 다

풀이 날짜			
채점 결과			

25 바그와티(J. Bagwati)의 궁핍화 성장이 발생할 수 있는 조건이 아닌 것은?

① 불변가격 조건하에서 성장이 수출재 부문에 치중되어 수출이 급격히 증대되는 경우
② 시장점유율을 높이기 위해 수출증대노력이 교역조건을 악화시키는 경우
③ 자국의 수출재에 대한 해외수요의 탄력성이 매우 낮은 경우
④ 수출재가 타국에 비해 노동집약적인 경우

풀이 날짜			
채점 결과			

24 가. 규모의 경제란 생산량이 증가할수록 평균비용이 하락하는 경우를 말한다. ⑤
수출로 시장개방을 하면 시장규모가 커지기 때문에 규모의 경제가 발생할 수 있다. 따라서 규모의 경제가 클수록 해외직접투자보다 수출을 하는 것이 바람직하다.

나. 해외직접투자란 공장, 자본재 등과 실물자산에 대한 해외투자를 말한다.
해외직접투자는 대부분 다국적기업에 의해 이루어진다.
다국적기업이란 적어도 두 국가 이상에 자회사를 가지고 있고 국제적으로 경영활동을 하는 기업을 말한다.
외국의 다른 기업에 위탁 생산하는 것보다 자회사를 설립하여 직접 생산하는 것이 더 이익이라면 다국적 기업이 발생할 수 있다.

다. 자국에서 생산하여 해외로 수출하는 것보다는 해외에서 생산하는 것이 더 이익이라면 다국적 기업이 발생할 수 있다.

25 궁핍화성장이란 수출편향적 경제성장이 이루어져 교역조건의 악화가 성장의 직접적인 이익을 압도하여 사회후생이 감소하는 경제성장을 의미한다. ④
궁핍화성장이 발생하기 위한 조건은 다음과 같다.

- 국제시장가격에 영향력을 미칠 만큼 경제규모가 큰 대국에서 경제성장이 발생해야 한다.
대국이란 국가규모를 의미하는 것이 아니라 상품별로 시장점유율이 큰 국가를 말한다.
- 경제성장이 수출재 부문에서 이루어지는 경우이다.
수출재 부문이 성장하면 수출재 가격이 하락하여 교역조건이 악화된다. 수입재 부문이 성장하면 수입재가격이 하락하여 교역조건이 개선되므로 항상 후생수준이 올라간다.
- 수요가 비탄력적이어서 공급량 증가 시 가격이 크게 하락해야 한다.
가격 하락정도가 크지 않으면 수출재 가격 하락으로 인한 후생감소효과보다 생산증가에 의한 후생증가효과가 더 커서 교역조건 악화에도 불구하고 후생수준은 올라간다.
즉, 바그와티의 궁핍화 성장이론은 수출편향적이고 해외수요의 가격탄력성이 매우 낮은 경우에 발생한다.

CHAPTER 01 국제무역이론

01 객관식 점검

CHAPTER 출제경향

- 비교우위모형의 경우 일반적인 표를 통해 해당국가가 어느 재화에 비교우위가 있는지를 확인해야 하며 표 안에 있는 숫자가 노동부존량인지 아니면 생산량인지를 따져야 한다.
- 헥셔-올린 모형의 경우 기본가정을 검토해야 하며 요소가격균등화의 정리, 스톨퍼-사무엘슨 정리 등의 개념을 정확히 알고 있어야 한다.
- 교역조건의 경우 국제시장에서 수입재 가격과 수출재 가격이 상승 또는 하락함으로 변화가 발생할 수 있다.
- 교역조건의 변화가 자국에 미치는 영향을 살펴보아야 한다.

02 약술 및 논술 점검

CHAPTER 출제경향

- 헥셔-올린 정리의 기본모형을 정리해야 한다.
- 즉, 요소가격균등화의 정리, 스톨퍼-사무엘슨 정리 등의 이론에 어떤 내용이 담겨있는지 살펴보아야 한다.
- 소득분배와 관련된 단기모형인 특정요소모형에 대한 개념도 스톨퍼-사무엘슨 정리와 비교해야 한다.
- 국제시장에서 자본의 이동이 이전보다 자유로워지면서 자본이동에 따른 효과분석은 논술주제로 중요하다.

CHAPTER 01 국제무역론

약술 점검 문제

문제 01 — 수출입은행 2011

헥셔-올린 정리를 설명하고 노동 풍부국에서의 임금과 이자율이 어떻게 되는지 설명하라.

해설

1 무역발생의 원인

헥셔-올린 정리는 비교생산비 차이가 발생하는 이유를 상대적 요소 부존량과 요소가격의 차이에 있다고 한다.

2 주요내용

헥셔-올린 이론은 요소부존량의 정리, 요소가격균등화의 정리, 스톨퍼-사무엘슨 정리, 립친스키 정리등으로 이루어지는데 이 중에서 요소부존량의 정리와 요소가격균등화의 정리가 기본이 된다.

3 요소가격 균등화정리

① 자유무역은 국가 간 생산요소의 이동이 없더라도 생산요소의 상대가격은 물론 절대가격도 국가 간에 같아진다.

② 노동풍부국의 경우 노동수요의 증가로 임금은 상승하고 자본수요의 감소로 이자율은 하락한다.
즉, 무역이전보다 임금은 상승하고 이자율은 하락한다.

문제 02

"규모의 경제가 있는 경우에는 생산량이 많을수록 단위비용이 하락하기 때문에 큰 나라의 가격이 작은 나라의 가격보다 낮아질 수밖에 없다. 따라서 큰 나라가 무역의 이득을 전부 가져가게 될 것이다."에 대해 논평하시오.

해설

① 동질적 재화에서 내부적 규모의 경제가 있는 경우 생산량이 많은 나라의 가격이 낮으므로 그 나라가 생산과 수출을 독점한다.

② 제품차별화가 있고 내부적 규모의 경제가 있는 경우 양국에서 모두 차별적 재화를 생산하여 서로 교환한다. 즉, 산업내 무역이 이루어진다.

③ 외부적 규모의 경제가 있는 경우 생산량이 많은 국가의 가격이 절대적으로 낮기 때문에 그 국가가 생산과 수출을 독점하게 된다.

문제 03

1960년대 이후 한국의 생산구조 변화를 살펴보면, 노동집약적인 섬유산업의 생산량은 상대적으로 감소하고, 반면에 자본집약적이고 기술집약적인 자동차 산업의 생산량은 증가하였다. 이러한 변화가 발생한 이유를 설명하라.

해설

두 가지 요인을 생각해 볼 수 있다.
첫째는 한국의 자본량 증가이고, 둘째는 이자율에 비해 임금이 상승하였다는 점이다.

먼저 한국의 자본 축적으로 립진스키 정리에 따라 자본집약적인 재화의 생산량이 증가하고 노동집약적인 재화의 생산량이 감소하였다.

또 스톨퍼-사무엘슨 정리에 의해 노동집약재의 수출 증가가 임금을 상대적으로 높였고, 그 결과 모든 재화의 생산방법이 자본집약적으로 변해왔다.

CHAPTER 01 국제무역론

논술 점검 문제

문제 01

자본시장의 자유화가 한국경제에 미치는 효과에 대하여 논하시오.

해설

1 먼델 - 플레밍 모형

① 한국이 자본자유화이전에 국내이자율이 해외이자율보다 높다면 자본자유화 조치로 이자율 차이를 노린 해외자본이 국내에 유입하게 된다.

② 이는 환율이 하락하여 수출이 감소하고 IS곡선이 좌측 이동하여 국내이자율이 해외이자율 수준으로 하락하게 된다. 또한 국민소득이 감소한다.

2 긍정적 효과

1. 국내외 금융자원의 효율적 배분

① 금융자원의 대차와 효율적 배분을 통해 사회후생을 극대화할 수 있다.

② 자본유입으로 국내이자율이 하락하면 2기간 모형에서 새로운 예산선의 기울기는 $(1+r)$이 된다.

③ 현재소비는 C_0이고 현재 국민소득은 Y_0이므로 해당 국가는 차입국이면서 이전보다 사회후생은 증가한다.

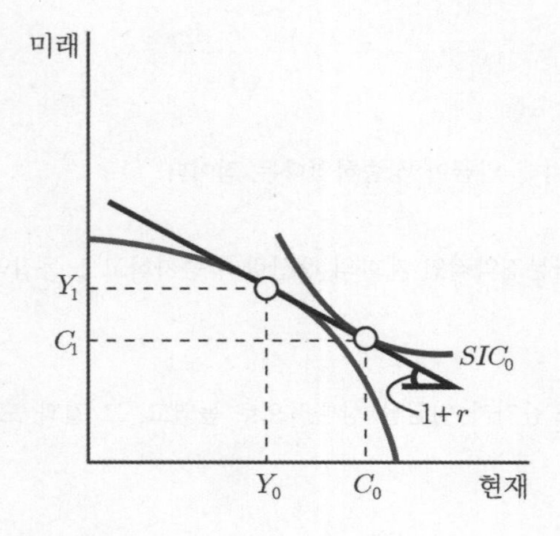

2. 이자율과 물가하락에 의한 경기안정화

① 해외자본의 유입은 국내금리를 하락하고 그로 인해 소비와 투자가 증가하게 되는 긍정적 효과가 있다.

② 또한 수입원자재가격이 하락하여 제품생산비용하락의 효과를 가져 오며, 물가상승압력을 완화할 수 있다.

3. 국가신인도 회복

자본시장을 자유화하면 환율이 하락하여 원화가치가 상승하면서 한국의 대외신인도에 긍정적 효과를 가져올 수 있다.

4. 기업의 자금조달 다양화

주식, 채권시장이 활성화되면서 은행을 통한 대출과 직접금융시장을 통해 자금을 조달할 수 있게 된다.

3 부정적 효과

1. 물가상승에 따른 경상수지의 약화

① 고정환율제도하에서 해외자본유입은 통화량이 증가하고 물가가 상승하면서 부동산 투기 등 많은 부작용이 발생한다.

② 또한 환율하락이 수출 감소와 수입증가로 연결되어 경상수지가 악화될 수 있다.

2. 투기자금유입에 따른 금융시장의 교란

자본시장 개방에 따라 단기자본의 유출입이나 투기적 외국자본의 유입으로 금융시장의 교란을 가져와 불확실성을 증대한다.

3. 환율변화에 따른 불확실성 증대와 금융위기

① 국가 간 자본이동이 활발해지면서 환율의 변동성이 커진다. 이는 불확실성을 증대시켜 무역거래규모를 축소시킬 수 있다.

② 또한 금융위기의 가능성도 있다.

4 자본의 급격한 유출이 가져오는 효과

1. 총체적 생산함수에 영향

① 자본이 급격하게 유출되면 신용경색을 가져온다.

② 실물부문에서 기업의 유동성감소와 자금조달 비용의 증가로 투자가 감소하고 금융부문에서는 유동성 확보노력 등이 나타난다.

③ 자본의 유출로 요소집약도($\frac{K}{L}$)가 감소하며 노동의 한계생산성이 하락할 수 있다.

2. 노동시장에 영향

노동의 한계생산성의 감소는 노동시장에서 노동수요의 감소를 가져오고 이는 노동자의 명목, 실질임금 하락과 고용량 감소로 이어진다.

문제 02

한국기업들이 해외로 진출하는 가운데 세계 각국은 리쇼어링 정책(Reshoring)을 추진하고 있다.

1. 국내 기업들이 해외로 진출한 현실적 이유를 논하시오.
2. 해외로 진출하는 이유를 경제이론으로 분석하시오.
3. 해외로 진출한 기업들이 국내로 유턴하는 경우 효과를 논하시오.

해설

1 국내 기업들이 해외로 진출한 이유를 논하시오.

1. 오프쇼어링

① 오프쇼어링이란 외주 용역업체를 통해 다른 나라에서 서비스분야 인력을 고용하는 경영 기법을 말한다.

② 즉, IT 기업과 금융기업들이 인도, 중국, 러시아, 필리핀 등의 저임금 아시아 국가로 콜센터, 데이터 처리와 소프트웨어 개발 같은 단순 업무를 이전하는 방식이다.

2. 원인

1) 노동, 자본의 높은 조달비용

① 우리나라의 산업용지가격은 m^2당 59만원으로 중국의 2배, 베트남의 4배에 달하며 제조업 시간당 근로자보수는 18.9달러로 대만의 2배 필리핀의 9.4배에 이른다.

② 삼성전자의 경우 베트남 공장 직원에게 주는 평균 임금은 한 달에 350달러 정도로 국내 생산직의 10분의1에 불과하다고 한다.

③ '생산의 3요소' 중 노동과 자본을 적은 비용으로 조달할 수 있기 때문에 해외로 나갈 유인이 큰 것이다.

2) 규제의 비효율성

① 세계경제포럼에 따르면 한국의 규제관련 경쟁력은 141개국중 87위에 머물 정도로 많은 규제를 가지고 있는 국가이다.

② 강도 높은 규제와 정책 불확실성은 결국 신산업 활성화에 걸림돌로 작용하고 있다.

③ 이전 '타다 금지법'에서 보듯, 신산업 활성화에 걸림돌로 작용하는 정책 불확실성이 크며 기존 산업 이해관계자와 신규진입 사업자 간에 발생하는 규제 갈등이 심각하지만, 이를 조정하는 역할은 미흡하다.

④ 2015년부터 시행된 탄소배출권제 또한 기업의 비용을 증가시켜 오프쇼어링 현상을 부추기고 있다.

3) 낮은 노동 생산성

① 우리나라 노동자들의 낮은 생산성 또한 큰 문제로 작용한다.
현대자동차의 한국공장의 HPV(차 한대 만드는데 드는 총시간)은 28.4시간인데 비해 베이징은 17.8시간, 미국은 14.4시간밖에 걸리지 않는다.

② 뿐만 아니라 우리나라의 연간 근로손실은 30.2일로 타국에 비해 매우 높은 편이며 노사협력 순위 또한 매우 낮은 수준에 머물러있다.

4) 선진국- 신 시장개척, 선진 기술 확보

① 선진국으로 진출하는 기업들은 주로 대기업이다. 국내 시장에서 어느 정도 시장점유율을 확보하였

고, 과열된 경쟁으로 인해 신시장 개척의 필요성을 느끼고 해외로 진출하는 것이 일반적이다.

② 미국, 유럽 등의 선진국으로 진출하여 새로운 시장을 확보 할 뿐 아니라, 현지에서 선진 기술을 확보하는데도 해외 진출이 필요하다.

5) 개발도상국- 생산비용 절감

① 국내의 높은 인건비로 인해 생산비용을 절감하고자 중소기업들은 인건비가 싼 중국, 베트남 등 개발 도상국으로 기업을 이전한다.

② 중소기업들은 해외 진출을 통해 생산비용 절감뿐 아니라 해외 기업을 유치하려는 각국 정부의 다양한 세제혜택도 입을 수 있다.

③ 개발도상국 진출의 가장 큰 이유가 인건비와 관련되어 있기 때문에 주로 노동집약적 산업의 중소기업들이 개발도상국으로 많이 진출해있다.

2 해외로 진출하는 이유를 경제이론으로 분석하시오.

1. 입지이론

1) 개념

임금, 무역장벽, 시장, 부존자원 등의 입지적 특성 때문에 다국적 기업이 형성된다.

2) 설명

① 자국보다 외국의 임금수준이 더 낮으면 더 낮은 임금을 이용하기 위해 외국에 기업을 설립한다. 따라서 의류와 같은 노동집약재를 생산하는 기업은 노동력이 풍부한 동남아시아나 중국같은 지역에 자회사를 운영한다.

② 운송비를 절약하고 관세장벽을 회피하기 위해 다국적 기업이 형성된다.
한국기업이 임금수준이 높은 미국이나 유럽 등에 자회사를 설립하는 것은 운송비와 관세 등 무역장벽을 넘어 그 지역의 넓은 시장을 활용하기 위함이다.

③ 외국의 부존자원을 활용하기 위해 다국적 기업이 형성된다.
철강은 철광석이 풍부하거나 전력 등 에너지 비용이 낮은 곳에서 생산되고 반도체 설계는 고급 인력이 밀집된 캘리포니아 실리콘 밸리 같은 지역에서 이루어진다.

2. 내부화 이론

1) 개념

① 원자재, 중간재, 기술 등을 시장거래에 의존하지 않고 기업 내 거래로 통제하기 위해 외국에 자회사를 설립하는 것을 말한다.

② 내부화에는 기술의 내부화와 수직적 통합에 의한 내부화가 있다.

2) 설명

① 기술의 내부화란 기술을 라이센스(license) 등으로 다른 기업에 이전하지 않고 그 기술을 활용하는 자회사를 다른 국가에 직접 설립하는 것을 말한다.

② 수직적 통합에 의한 내부화는 원자재나 중간재를 안정적으로 확보하기 위하여 부품기업과 최종재 기업을 하나의 회사로 결합하는 것을 말한다.
현대자동차가 중국과 미국에 완성차 공장을 설립하고 다국적 기업 형태로 운영하는 것도 수직적 통합의 일종이다.

3 해외로 진출한 기업들이 국내로 유턴하는 경우 효과를 논하시오.

1. 리쇼어링

1) 개념

리쇼어링이란 해외로 생산기지를 옮기는 '오프쇼어링'의 반대 개념으로, 해외에 나가있는 자국기업들을 각종 세제 혜택과 규제 완화 등을 통해 자국으로 불러들이는 정책이 나오고 있다.

2) 원인

첫째, 중국의 경제 성장으로 인해 더 이상 중국의 인건비가 매력적이지 않아서이고, 둘째, 운송비 등 부대비용이 크게 늘어났으며, 마지막으로 자국의 고용 창출 효과를 위해서이다.

2. 유턴 효과

1) 정부- 고용창출, 성장 잠재력 강화

유턴 기업들이 증가하면 세수기반이 확충될 뿐 아니라, 경제 악화로 인해 줄어진 일자리를 당장 늘릴 수 있다. 또한, 제조 기반이 강화되어 자국의 수출이 증가한다. 미국 정부가 브라질 등 남미에 진출해 있는 자국 기업에게 각종 혜택을 부여하면서까지 유턴을 장려하는 것도 계속되는 무역 적자를 해결하기 위함이다

2) 기업- 정부지원, 혁신 역량 강화

해외 진출을 하였지만, 큰 성과를 보지 못한 기업들은 국내 유턴을 통해 많은 이점을 얻을 수 있다. 정부의 정책적인 지원을 통해 각종 세제 혜택을 받을 수 있다. 또한, 한국 고객들의 수요에 이전보다 신속하게 대응하여 매출을 올릴 수 있다.

문제 03

미국은 전 세계에서 숙련노동이 가장 풍부한 국가이다.

숙련노동은 단기적으로 고정된 요소이지만 장기적으로는 부문간 이동이 자유롭다고 하자. 이러한 특징을 고려할 때 숙련노동자들이 자유무역에 대해 취할 것으로 예상되는 단기와 장기의 정치적 입장은 무엇이겠는가?

이들 중 일부는 단기와 장기에 있어서의 이해관계가 상이할 수 있는가?

해설

1 가정

① X재와 Y재의 생산에는 숙련노동(H)과 비숙련노동(L)이 사용되며 X재 산업은 숙련 노동집약적이며 Y재 산업은 비숙련노동 집약적이라 하자.

② 이 경우 헥셔-오린 정리에 따르면 미국은 장기적으로 X재를 수출하고 Y재를 수입하게 된다.

③ 단기적으로 숙련노동은 각 산업에 특화되어 있으며(H_X, H_Y) 비숙련 노동은 두 산업을 자유롭게 이동할 수 있다고 하자.

④ 이 경우 단기적으로도 미국은 X재를 수출하고 Y재를 수입한다고 가정하자.

2 단기의 분배효과 - 특정요소 모형

특정요소 모형에서는 자유무역이 이루어지는 경우 수출재 산업의 특정요소(H_X)는 절대적으로 이익을 보고 다른 산업의 특정요소(H_Y)는 절대적으로 손해를 보게 된다.

3 장기의 분배효과 - 헥셔-오린 모형

헥셔-오린 모형에서는 자유무역이 이루어지는 경우 풍부하게 부존된 요소인 숙련노동(H)에 대한 분배 몫은 어느 산업에 고용되어 있는지와 무관하게 절대적으로 증가하고 희소한 요소인 비숙련노동(L)에 대한 분배 몫은 절대적으로 감소한다.

4 평가

① 자유무역이 개시되는 경우 X재의 숙련노동(H_X)에 대한 분배 몫은 단기적으로나 장기적으로나 증가하기 때문에 이들은 단기와 장기 무관하게 자유무역을 주장할 것이다.

② 그러나 Y재의 숙련노동(H_Y)의 경우에는 장기적으로는 분배 몫이 증가할 것이나 단기적으로 분배 몫이 크게 감소할 것이다.

③ 따라서 이들은 장기적으로는 자유무역에 찬성하겠으나 단기적으로는 자신이 속한 산업에 대해 보호무역 조치를 실시해 줄 것을 요구할 것이다.

CHAPTER 02

무역정책론

단원 학습 목표

- 제2장 무역정책론에서는 무역에 대해 정부개입이 없는 자유무역 하에서 국제가격의 결정, 생산 및 소비량, 그리고 무역거래량 등에 관해 살펴보았다.
- 그러나 모든 나라가 자국의 산업을 보호하기 위하여 직·간접적으로 무역에 개입하고 있다.
- 정부가 무역에 개입하는 수단으로는 가격규제, 수량규제, 까다로운 검역조건, 유통구조 등의 기타 비관세 무역장벽이 있다.

1절 자유무역과 보호무역

01 자유무역의 이득

1 사회적 잉여의 증가

자유무역은 각국이 현재와 같은 생산요소를 가지고도 보다 많은 소비자잉여와 생산자잉여를 누릴 수 있게 한다.

2 규모의 경제

① 무역은 세계시장을 대상으로 대규모 생산을 할 수 있기 때문에 평균비용이 낮아지는 규모의 경제가 발생할 수 있다.

② 평균비용이 낮아지면 저렴하게 생산가능 하므로 가격경쟁력이 발생한다.

③ 특히 국내시장이 협소한 소국의 경우 넓은 세계시장을 겨냥하면 규모의 경제가 존재하는 산업발전도 충분히 가능하다.

3 학습효과

어떤 산업에 특화를 하게 되면 생산의 경험을 축적할 수 있고 그 과정에서 생산비용이 더 낮아지는 학습효과를 가져올 수 있다.

4 다양한 소비기회를 제공

자유무역을 하게 되면 다양한 국가로부터 다양한 재화를 수입할 수 있기 때문에 선택의 폭이 넓어지게 된다.

5 경쟁 촉진

① 보호무역은 국내기업들의 시장지배력을 높이게 되어 시장실패를 가져올 수 있다.

② 따라서 자유무역은 경쟁의 촉진을 가져와 가격기능이 효과적으로 발휘될 수 있도록 한다.

③ 국내시장에서는 수입제품과 경쟁을 벌여야 하고 수출상품은 국제시장에서 다른 나라 상품들과 경쟁해야 한다. 치열한 생존경쟁에서 살아남기 위해서 기업은 상품혁신과 기술개발을 게을리 할 수 없다.

6 긍정적 외부성 발생

자유무역은 국가 간 기술의 전파를 가져와 신기술로 신제품을 생산하도록 도움을 준다.

02 보호무역의 근거

1 실업 방지

① 자유무역은 수입 산업의 생산량을 감소시켜 국내실업을 증가시키는 원인이 된다는 주장이다.
② 그러나 반대로 수출산업의 경우 고용을 창출할 수 있다.
③ 생산성이 낮은 부문을 축소하고 비교우위가 있는 부문으로 재배분하면 사회 전체적으로 효율성이 증진될 수 있다.

2 국가 안보

① 자원민족주의가 등장하는 최근에 자유무역으로 특정재화를 타국에 의존해야 한다면 국가안보에 위협이 될 수 있다.
② 특히, 농산물이나 중공업의 경우 전량을 해외 수입에 의존한다면 유사시 위협이 될 수 있다.
③ 그러나 국가 안보의 이유로 비교우위의 원칙을 무시한다면 이에 따른 비효율성도 만만치 않을 것이다.

3 생산다변화

① 비교우위의 원칙에 따르면 특정 재화에 특화를 하기 때문에 다양한 산업이 균형 있게 발전하기 어렵다.
② 특히 기술진보로 특화되었던 상품이 필요 없게 된다면 그 국가는 예상치 않은 위험에 빠지게 된다.

4 유치산업 보호

① 국내산업이 새로 시작한 산업이라면 경쟁력을 갖추기 까지 외국의 경쟁으로부터 보호해야 한다는 견해이다.
② 정부의 일시적 보호는 해당 산업이 경쟁력 있는 산업으로 전환될 수 있다는 것이다.
③ 그러나 어느 범위의 산업을 언제까지 보호해야 하느냐의 문제가 발생한다.

5 외국의 불공정 정책에 대한 대응

① 자유무역은 모든 국가들이 동일한 규칙 하에 움직여야 하는데 외국 정부가 그 나라 기업들에게 여러모로 혜택을 주기 때문에 공정 경쟁을 하기가 불가능하다는 것이다.
② 그러나 외국 정부가 그 나라 기업들에게 지원을 해준다면 그 나라 국민들의 부담은 증가하고 수입국의 소비자는 저렴한 가격으로 수입을 할 수 있기 때문에 이득을 본다.

□△○

2절 관세정책

01 개요

① 무역에 대한 국가의 개입이 없는 자유무역의 상태에서 무역이 왜 발생하며 무역으로 인한 수혜자와 피해자는 누구인지에 대해 분석하였다.

② 그러나 현실적으로 세계의 모든 나라들은 여러 가지 수단을 동원하여 무역에 개입하고 있다.

③ 정부가 무역에 개입하는 수단으로는 가격규제에 해당하는 관세, 수량규제에 해당하는 수입할당(quota), 수출입보조금, 수출자율규제, 시장질서 유지협정, 반덤핑관세 등이 있다.

02 관세정책

1 관세란?

① 관세란 교역되는 재화가 국경을 넘을 때 부과되는 조세 또는 징수금을 말한다.

② 수입관세는 수입상품에 대하여 부과하는 세금을 말하고 수출관세는 수출품에 부과하는 관세이다.
일반적으로 관세라고 하면 수입관세를 의미한다.

③ 관세는 부과방식에 따라 종가세와 종량세로 구분된다.
종가관세는 수입재 가격의 일정비율을 관세로 부과하는 것이고 종량관세는 수입재 한 단위에 대해 일정액을 관세로 부과하는 것이다.

2 관세의 종류

① 보호관세 : 국내산업을 보호하기 위하여 부과하는 관세

② 재정관세 : 국가의 재정수입을 증대시키기 위하여 부과하는 관세

③ 보복관세 : 상대국의 관세부과에 대항하기 위해 부과하는 관세

④ 반덤핑관세 : 원가이하로 수입되는 덤핑행위에 대하여 부과하는 관세

⑤ 긴급관세 : 국내산업의 보호를 위하여 독점수입품에 대해 부과하는 고율의 관세

⑥ 상계관세 : 수출국에서 수출에 대하여 장려금이나 보조금을 지급하였을 때 이를 상쇄하기 위하여 부과하는 관세

⑦ 특혜관세 : 특정국으로부터 수입되는 상품에 대하여 낮은 관세를 부과하는 것

⑧ 할당관세 : 일정수량 이하는 저율의 관세, 일정수량 초과 시 고율의 관세를 부과

03 관세부과의 경제적 효과

1 소국

1. 부분균형분석

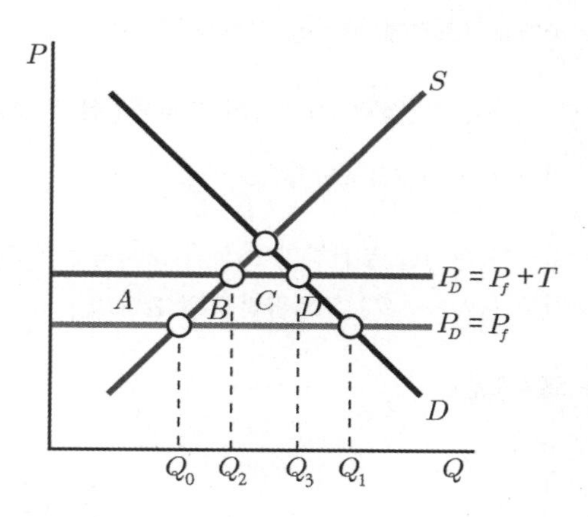

① 수입관세의 경제적 효과를 수입재 시장만을 고려한 부분균형분석을 이용해 알아보자.

② 국제시장가격에 영향을 미치지 못하는 소규모 국가에서 관세를 부과하면 수입재의 국내가격 P_D는 다음과 같이 결정된다.

$$\rightarrow P_D = P_f + T$$

P_f는 국제가격이고 T는 관세율이다.

③ 따라서 $P_D = P_f + T$는 종량관세를 나타낸다.

④ 자유무역에서 국제시장가격이 P_f라고 하면 국내생산량은 Q_0, 국내소비량은 Q_1 이 되고 생산과 소비의 차이인 $(Q_1 - Q_0)$만큼을 수입한다.

⑤ 수입재 한 단위에 대해 T만큼의 종량관세를 부과하면 수입재의 국내가격이 $P_D = P_f + T$로 상승한다.

⑥ 수입재 가격이 상승하면 국내생산량은 Q_2로 증가하고 국내소비량은 Q_3로 감소하며 그 차이인 수입량은 $(Q_3 - Q_2)$로 감소한다.

⑦ 이와 같이 관세를 부과하면 국내생산은 증가하고 국내소비는 감소하며 수입은 줄어든다.

⑧ 관세를 부과하면 수입재 가격이 올라가서 소비자잉여는 (A+B+C+D)만큼 감소한다. 그런데 수입재 가격 상승으로 생산자잉여는 A만큼 증가하고 정부는 수입량에 관세를 곱한 C만큼의 관세수입을 얻는다. 따라서 관세 부과로 인해 (B+D)만큼의 후생이 감소하는데 이를 사회적 순손실이라고 한다.

	소국
소비자 잉여의 변화	-(A+B+C+D)
생산자 잉여의 변화	A
정부의 관세수입	C
총잉여의 변화	-(B+D)

⑨ 사회적 순손실 (B+D) 중 B를 생산왜곡으로 인한 손실, D를 소비왜곡으로 인한 손실이라고 한다.

⑩ 따라서 소국에서 관세를 부과하면 반드시 후생수준은 감소한다.

2. 일반균형분석

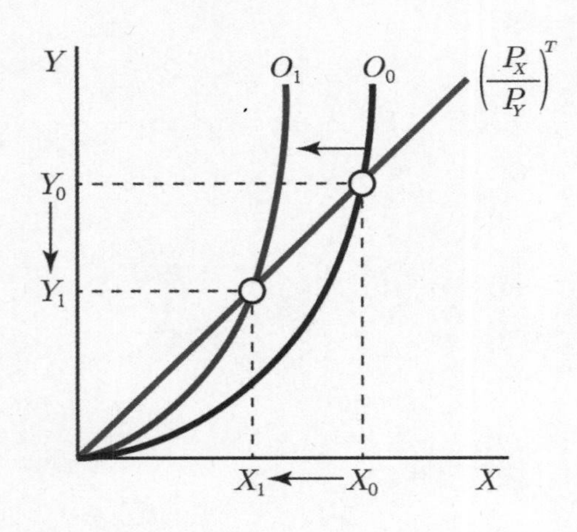

① 소국이 관세를 부과하면 세계시장에서 차지하는 비중이 작으므로 국제교역조건에 아무런 영향을 줄 수 없다.

② 그러므로 소국이 직면하는 상대국의 오퍼곡선은 원점을 통과하는 직선인 국제교역조건 $(\frac{P_X}{P_Y})^T$로 주어진다.

③ 따라서 소국이 관세를 부과하면 소국의 오퍼곡선만 좌측으로 이동하고 (O_0 → O_1) 교역량만 감소한다.

④ 그러나 교역조건은 $(\frac{P_X}{P_Y})^T$로 변하지 않는다.

2 대국

1. 국제시장

① 자국의 국내가격과 외국의 국내가격이 서로 다른 경우 한 국가는 수출국이 되고 다른 국가는 수입국이 된다.

② 자국의 국내가격이 외국의 국내가격보다 높다면 자국은 무역개시 이후 수입국이 되고 외국은 수출국이 될 것이다.

③ 이 때 자국의 수입수요가 국제시장의 수입수요곡선(*IMD*)이 되며 자국의 수요곡선에서 공급곡선을 차감하여 구한다. 마찬가지로 외국의 수출 공급이 국제시장의 수출공급곡선(*EXS*)이 되며 외국의 공급곡선에서 수요곡선을 차감하여 구한다.

2. 관세부과

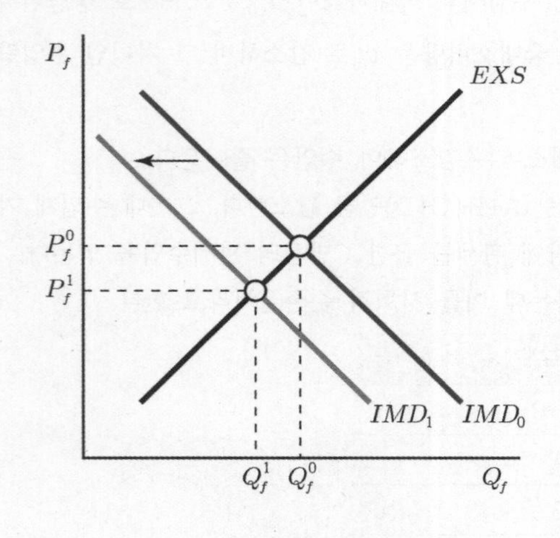

① 소국의 관세는 국제시장가격에 영향을 미치지 못하지만 대국의 관세는 국제시장가격을 변화시킨다.

② 대국은 국제시장에서 차지하는 비중이 크므로 대국의 수요가 감소하면 세계시장수요를 감소시켜 국제시장가격이 하락한다.

즉 수입수요곡선이 IMD_0에서 IMD_1으로 좌측이동하면 국제시장에서의 수입재 가격은 P_f^0에서 P_f^1으로 하락한다.

3. 부분균형분석

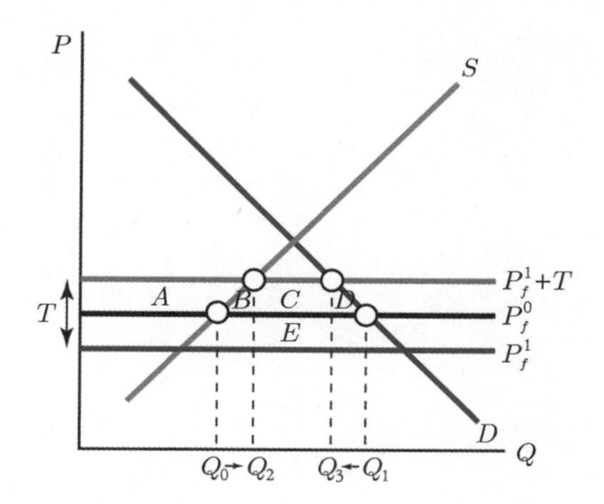

① 대국의 경우 수입재에 관세가 부과되면 국제시장가격은 P_f^0에서 P_f^1으로 하락한다.
국제시장가격은 하락하지만 여기에 관세를 더한 국내가격은 과거 P_f^0보다 높은 P_f^1+T가 된다.

② 그 결과 국내생산은 Q_0에서 Q_2로 증가하고 국내소비는 Q_1에서 Q_3로 감소한다.

③ 관세부과 이후 국내가격이 올라감에 따라 소비자잉여는 (A+B+C+D)만큼 감소하고 생산자잉여는 A만큼 증가하며 정부는 수입량에 관세를 곱한 (C+E)만큼의 관세수입을 얻는다.
따라서 관세 부과로 인한 후생효과는 E - (B+D)이다.

	소국
소비자 잉여의 변화	-(A+B+C+D)
생산자 잉여의 변화	A
정부의 관세수입	C+E
총잉여의 변화	E-(B+D)

④ (B+D)는 사회적인 손실이고 E는 교역조건 개선으로 인한 이득을 나타낸다.

4. 메츨러의 역설(Metzler's effect)

① 대국에서 관세를 부과하면 수입재의 국제시장가격이 하락하지만 여기에 관세를 더한 국내가격은 관세부과전보다 상승하는 것이 일반적이다.

② 그런데 관세 부과 후 수입재의 국제시장가격이 크게 떨어져서 관세를 더한 국내가격이 자유무역의 국제시장가격보다 오히려 낮아질 수 있다. 이러한 경우를 메츨러의 역설(Metzler effect)이라고 한다.

③ 예를 들어 자유무역에서 100원인 상품에 10%의 관세를 부과했더니 이 상품의 국제시장가격이 90원으로 떨어져서 여기에 10%의 관세를 더한 국내가격이 99원이 되는 경우가 이에 해당한다.

④ 메츨러의 역설이 존재하면 관세를 부과하더라도 수입재의 국내가격이 오히려 하락하므로 관세정책으로 국내 산업을 보호할 수 없게 된다.

⑤ 메츨러의 역설이 성립하기 위해서는 대국이어야 하고 해당 상품의 수요와 공급이 매우 비탄력적이어야 한다. 즉, 그 나라의 수요가 세계시장수요에서 차지하는 비중이 매우 크고 또 그 상품의 수요와 공급이 매우 비탄력적이어서 수요 감소가 가격을 크게 하락시킬 때 나타난다.

5. 일반균형분석

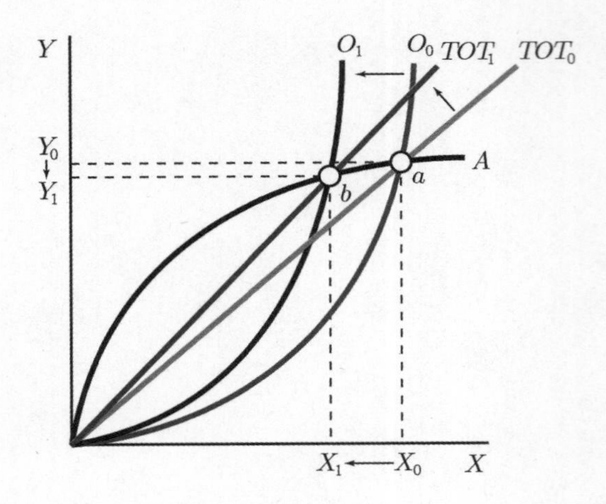

① 최초 a점에서 균형이 이루어지고 있다면 X재와 Y재의 교역량은 X_0, Y_0이고 교역조건은 TOT_0이다.

② 대국이 수입재인 Y재에 관세를 부과하면 대국의 오퍼곡선은 O_0에서 O_1으로 좌측 이동하고 새로운 균형점은 b점이 된다.

③ 이 때 국제교역조건은 TOT_0에서 TOT_1으로 개선되나 수출량과 수입량은 각각 X_1, Y_1이 되므로 교역량은 감소한다.

④ 대국의 사회후생은 국제교역조건의 개선효과와 자원배분의 왜곡효과를 비교하여 결정된다.

기출문제 점검 코트라 2018년

미국이 한국산 자동차에 관세를 부과 한다고 할 때 미국 내 자동차 가격변화를 설명하시오.

논점 및 해법

미국이 관세부과국인 경우 소국인지 대국인지를 가정하고 분석해야 한다. 소국이라면 미국 내 자동차가격은 상승하나 국제가격에는 영향을 주지 못한다. 반면 미국이 대국의 위치에 있다면 미국 내 자동차가격 상승은 소국보다 적을 것이며 국제가격은 하락할 수 있다. 대국의 경우 '메츨러의 역설'을 활용해서 추가적인 내용 서술도 가능하다.

04 최적관세와 관세보복

1 최적관세

1. 의의

① 관세율을 점차 높여가면 자국의 오퍼곡선이 좌측으로 계속 이동한다.

② 관세율이 높을수록 교역조건이 더 많이 개선되어 가지만 관세율이 너무 높으면 교역조건 개선으로 인한 이익보다 소비왜곡과 생산왜곡의 비용이 더 커서 후생수준이 오히려 감소할 수 있다.

2. 개념

① 관세율이 높을수록 교역조건이 개선되는 반면 소비왜곡과 생산왜곡이 발생한다.

② 한 국가의 후생수준이 극대화되는 관세율을 최적관세율이라 하며 최적관세율은 다음과 같이 계산된다.

$$\rightarrow \text{최적관세율} = \frac{1}{(\text{외국의 수입수요탄력성} - 1)}$$

$$\rightarrow \text{최적관세율} = \frac{1}{\text{외국의 수출공급탄력성}}$$

외국의 수입수요탄력성 또는 외국의 수출 공급 탄력성이 클수록 최적관세율은 낮아진다.

③ 소국의 경우 주어진 국제가격에서 무한대의 공급이 주어지므로 외국의 수출 공급 탄력성이 무한대가 되고 최적관세율은 0이 된다.

④ 대국의 경우에는 관세를 부과하면 수입수요가 감소하여 가격이 하락하는데 외국의 수출 공급곡선이 비탄력적일수록 가격이 더 많이 하락한다. 즉, 관세부과 시 가격하락의 이익이 더 커진다. 따라서 외국의 수출 공급 탄력성이 작을수록 최적관세율은 높아진다.

2 보복관세

1. 의의

① 최적관세 부과로 자국은 이익을 얻지만 상대국은 교역조건이 악화되어 손해를 볼 수 있기 때문에 상대국으로부터 관세보복의 가능성이 있다.

② 만일 상대국이 보복관세를 부과하면 무역량이 감소하고 두 국가의 후생수준 모두 하락한다. 특히 두 국가 간에 관세보복이 계속되는 악순환이 발생하면 두 나라의 후생수준은 더욱 낮아진다.

2. 설명

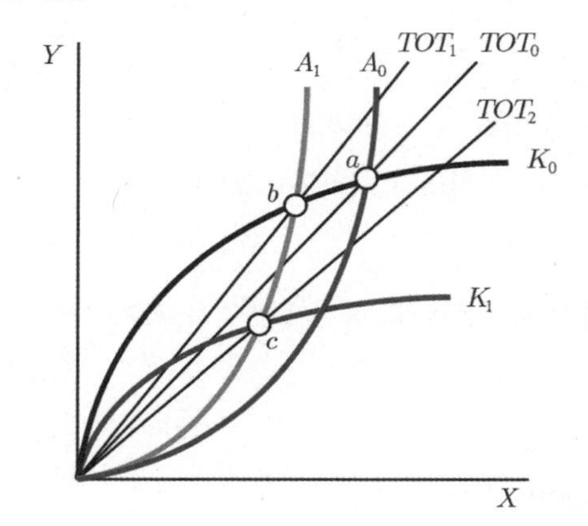

① 자국이 관세를 부과하면 오퍼곡선은 A_0에서 A_1으로 좌측이동하고 균형점은 a에서 b로 이동한다.

② 교역조건은 TOT_0에서 TOT_1으로 개선되나 무역량은 감소한다.

③ 자국이 관세를 부과할 때 상대국도 보복관세를 부과하면 상대국의 오퍼곡선은 K_0에서 K_1으로 우측이동하고 균형점은 b에서 c로 이동한다.

④ 교역조건은 TOT_1에서 TOT_2로 변하고 무역량은 이전보다 감소한다.

⑤ 따라서 양국 간의 무역은 축소되어 결국에는 교역이 단절되게 된다.

05 실효보호관세율

1 의의

① 관세는 수입재의 국내가격을 인상하여 국내 생산자를 보호하는데 목적이 있다.

② 국내 생산자에 대한 보호 정도는 관세율의 크기로 평가할 수 있으나 관세율의 크기로만 보호의 정도를 평가하는 것은 타당하지 않다.

③ 어떤 산업의 실질적인 보호정도는 그 산업의 부가가치가 얼마 정도 증가하는가에 달려 있다.
왜냐하면 관세부과로 부가가치가 증가하지 않으면 그 재화의 생산은 증가하지 않을 것이기 때문이다.

2 실효보호관세율이란?

① 산업의 실질적인 보호정도는 산업의 부가가치가 얼마정도에 달려 있기 때문에 부가가치의 보호정도를 실효보호 관세율이라고 한다.

② 즉, 관세 부과 후 부가가치의 변화율을 실효보호관세율이라고 하며 부가가치 증가여부는 최종재 관세율과 중간재 관세율의 크기에 의해 결정된다.

→ 실효보호관세율 = $\frac{V' - V}{V}$ (V' : 관세부과 후의 부가가치, V : 관세부과 전의 부가가치)

③ 중간재 관세율이 최종재 관세율보다 낮을수록 실효보호관세율은 높아지고 중간재 관세율이 최종재 관세율보다 높으면 실효보호 관세율은 오히려 음(-)이 될 수 있다.

④ 어떤 산업의 실질적인 보호 정도를 높이기 위해서는 중간재 관세율을 최종재의 관세율보다 낮추어야 한다.

3 사례

① 최종재 가격이 100이고 중간재 가격이 60이면 부가가치는 100-60 = 40이다.

② 최종재 관세율만 20%라면 최종재 가격은 120이 되므로 부가가치는 120-60 = 60이 된다.
따라서 실효보호관세율은 $\frac{60-40}{40} \times 100 = 50\%$이다.

③ 만약 최종재 관세율과 중간재 관세율 모두 20%라면 최종재 가격은 120, 중간재 가격은 72가 되어 부가가치는 120-72= 48이다.
따라서 실효보호관세율은 $\frac{48-40}{40} \times 100 = 20\%$이다.

④ 즉, 중간재 관세율이 높아질수록 실효보호 관세율은 하락한다.

3절 비관세정책

01 개요

① 비관세정책이란 관세이외의 보호무역 정책들을 말한다.

② 수입을 양적으로 제한하여 수입량을 억제하거나 또는 국내의 수입업자와 외국의 수출업자에 대하여 수출입 거래의 비용과 위험의 부담을 증가시켜 수입가격을 인상시킴으로써 수입량을 억제하는 관세 이외의 모든 무역정책수단을 의미한다.

02 종류

① 수입할당제 : 정부가 결정하는 일정수준 이상의 수입을 허용하지 않는 비 가격적 수입제한정책

② 수출입보조금 : 수출 또는 수입에 대하여 정부가 보조금을 지급

③ 수출자율규제(VER) : 수출국이 수입국의 국내시장교란을 방지하기 위해 자율적으로 수출수량을 일정하게 제한하는 조치이다

④ 수입허가제 : 수입품목에 대하여 정부가 허가

⑤ 시장질서 유지협정 : 수출자율규제의 경우는 정부와 정부 간에 이루어지는 반면 시장질서 유지협정은 일반적으로 기업과 기업 간에 이루어진다.

⑥ 긴급수입제한조치(safeguard, GATT19조) : 수입급증으로 해당 국내산업이 중대 위협을 받는 경우 수입국은 수입량을 규제하거나 특별 관세를 모든 수입국에 무차별하게 적용할 수 있는 조치

03 수입할당제 (import quota system)

1 개념

① 외국으로부터 상품수입은 원칙적으로 허용하지만 이를 수량 또는 금액으로 할당하고 이 할당범위를 초과하는 수입은 허용하지 않는 제한조치를 말한다.

② 특정 상품의 수입을 수량적(금액 또는 수입량)으로 규제하는 무역정책 수단으로서, GATT/WTO에서는 공식적으로 사용을 금지하고 있음에도 불구하고 비관세장벽 중 가장 널리 활용하고 있다.

③ 수입할당제는 수량을 제한하는 정책으로 관세부과와 비교된다.
관세는 수입재의 국내가격을 높여 수입량을 제한하는 반면에 수입할당제는 직접적으로 수량을 제한하는 정책이다.

2 특징

입법조치 없이도 행정당국이 국내외 경제여건을 고려하여 재량적으로 시행할 수 있고 수입억제효과가 확실한 무역정책수단이다.

3 관세와의 비교

관세는 국내가격 인상을 통하여 수입량을 간접적으로 통제하는 정책수단인 반면 수입수량할당제는 직접적으로 수입량을 통제하는 정책수단이다.

4 효과

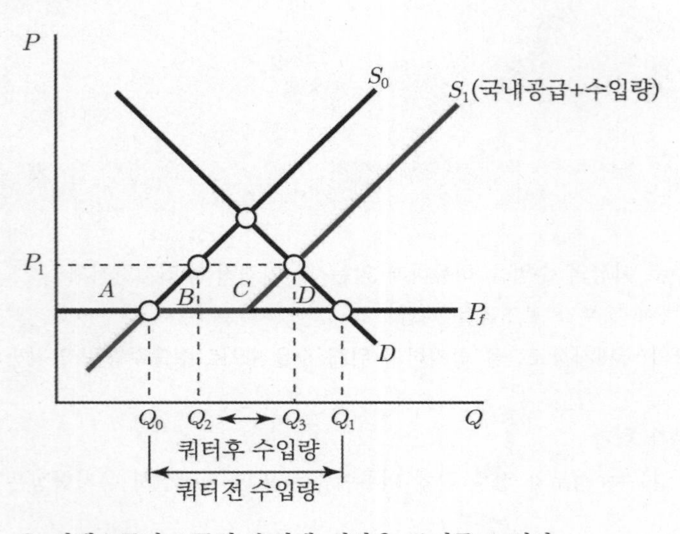

① 경제소국인 A국의 수입재 시장을 보여주고 있다.
이 그림에서 D는 수요곡선, S는 공급곡선, P_f는 수입재의 국제가격을 나타낸다. 또한 그림에서 A, B, C, D는 각각 그 문자가 속해있는 삼각형 또는 사각형의 면적을 나타낸다.

② 수입할당제 전의 국내가격 (P_D)은 국제가격(P_f)과 동일하다. → $P_D = P_f$

③ 수입할당의 경우, $\overline{Q_2 Q_3}$로 수입량을 할당하게 된다면 공급곡선은 $\overline{Q_2 Q_3}$의 크기만큼 우측으로 이동한다.
왜냐하면 국제가격 P_f이하인 경우는 국내생산량이 공급을 결정하지만 국제가격 P_f에서 $\overline{Q_2 Q_3}$만큼 수입이 늘어나면 국내생산량과 수입량의 합에 의해 국내공급이 결정되기 때문이다.

④ 따라서 수입할당의 경우에도 관세부과 시와 마찬가지로 국내가격은 P_1으로 상승하고 국내생산량은 Q_2로 증가하고 국내소비량은 Q_3로 감소하고 수입은 줄어든다.

⑤ 관세부과와 수입할당제 모두 동일하게 수입량을 감소시키고 국내 수입재 생산자의 생산을 증가시킴으로서 자국 산업을 보호하는 효과를 가진다.

5 관세와 수입할당의 차이점 분석

① 관세의 경우 A만큼 생산자 잉여의 증가, $A+B+C+D$만큼의 소비자 잉여의 감소, C만큼의 조세수입이 나타나게 된다. 따라서 $B+D$의 후생손실이 나타나게 된다.

② 수입할당의 경우도 같은 크기의 후생손실이 나타나게 되지만 C영역에 있어서는 그 귀착의 여부가 달라질 수 있다.

③ 관세의 경우에는 그 크기가 완전히 정부의 관세수입이 되지만 수입할당의 경우에는 그렇다는 보장이 없다.

④ 정부의 직접무역이나 수입권 경매의 경우에는 소득을 마찬가지로 정부가 갖게 되지만, 수입업자에게 수입허가권을 무상으로 준다면 이는 수입업자에게 그만큼의 보조금을 주게 된다.
즉, 관세는 정부의 조세수입을 증가시키지만 수입할당제는 수입면허를 획득한 수입업자들의 수입을 증가시킨다.

04 수출자율규제(voluntary export restraints)

1 개념

수입국이 수입증가로 인한 시장교란 등을 방지하기 위하여 수출국과 쌍무적 또는 다수간 협정을 체결하여 수출국으로 하여금 특정상품의 수출을 자율적으로 제한하도록 하는 무역제한조치를 말한다.

2 특징

수입국이 수입을 직접규제하기 보다는 수출국이 자발적으로 수출을 제한하는 형식을 취함으로써 그 동안 GATT체제 하에서 선진국들이 표면적으로나마 유지해온 무역자유화를 저해하지 않는다는 인상을 줄 수 있다.

3 경제적 효과

① 수출국이 수출물량을 자율적으로 규제한다면 수입국의 수입재 가격은 상승하므로 관세부과나 수량할당제의 효과와 동일하게 된다.
대신 소득재분배 측면에서 이전의 관세에서 정부수입으로 귀속된 부분이 또는 수입할당제에서 수입업자에게 귀속된 부분이 수출업자에게 귀속된다.

② 따라서 수출자율규제는 국부가 해외로 유출되므로 사회후생적 측면에서 볼 때 수입국에게 불리한 무역정책 수단이다.
즉, 수입할당제에서의 그림을 통해 소비자잉여, 생산자잉여 등의 변화를 확인해보면 다음과 같다.

	대국
소비자 잉여의 변화	-(A+B+C+D)
생산자 잉여의 변화	A
수출업자의 이득	C
국내 총잉여의 변화	-(A+B+C+D) + A = -(B+C+D)

③ 그리고 수출국의 합의를 기초로 이루어지기 때문에 수입국에서 일방적으로 시행하는 수입쿼터의 경우에 발생할 수 있는 통상마찰을 사전에 방지할 수 있다. 특히 수출자율규제 하에서는 쿼터지대를 모두 수출국이 갖게 됨에 따라 수입쿼터에 비하여 수출국의 반발이 작아진다.

05 수출보조금(export subsidy)

1 수출보조금이란?

① 수출보조금은 수출을 촉진시키기 위하여 정부가 수출에 대해 보조금을 지급하는 제도이다.
즉, 국가 또는 공공단체가 국내생산물의 수출을 증가시키기 위하여 국내 수출산업이나 수출업자에게 제공하는 재정적 또는 금융적 지원조치를 말한다.

② 이 경우 국내가격이 외국가격보다 비싸더라도 보조금을 받기 때문에 수출이 가능해진다.

③ 수출보조금은 기업들에게 국내 판매보다는 수출을 하도록 유도한다.

④ GATT는 수출보조금을 불공정경쟁 수단으로 생각하여 금지하였으며 수입국에게 이에 대한 상계관세의 보복을 허용하였다.

⑤ 수출보조금의 형태로는 우리나라의 수출입은행이 취급했던 저리융자, 수출업자를 위한 홍보비 지출, 조세감면 등이 포함된다.

2 장점 및 단점

① 수출촉진은 국내고용을 증가시키고 나아가 경제성장을 촉진시킨다.

② 수출보조금은 국내산업의 경쟁력을 약화시키고 자원을 과도하게 수출재 산업으로 이동시켜 자원의 비효율적 배분을 초래함으로써 사회후생을 하락시킨다.

3 소국

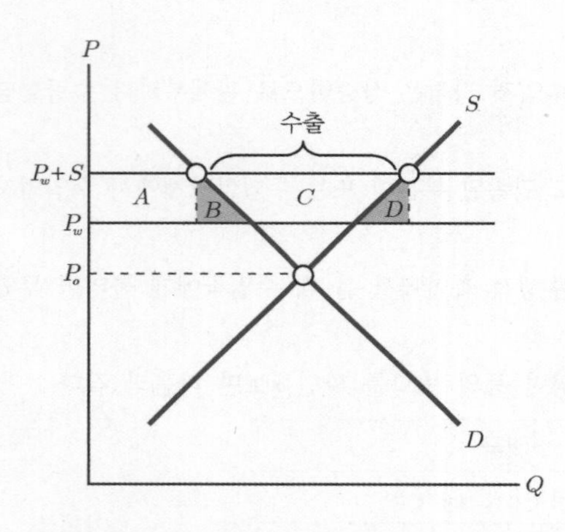

① 수출재 한 단위에 대해 S만큼의 보조금을 지급한다면 수출 가격은 국내가격에서 수출보조금 S를 뺀 가격이 되므로 국내가격이 국제시장가격보다 S만큼 높아진다.
즉, 국제가격이 P_w일 때 수출가격 P_w는 국내가격인 P_D에서 수출보조금 S를 차감하므로 $P_w = P_D - S$가 되고, 국내가격 P_D는 $P_D = P_w + S$가 된다.

② 국내가격이 높아지므로 국내생산은 증가하고 국내소비는 감소하며 수출은 증가한다.

③ 국내생산자의 생산자잉여는 (A+B+C)만큼 증가하고 국내소비자의 소비자잉여는 (A+B)만큼 감소하며 정부의 수출보조금 지급액은 (B+C+D)가 된다.
따라서 수출보조금의 사회적 후생효과는 -(B+D)가 되어 후생손실이 발생한다.

	소국
소비자 잉여의 변화	-(A+B)
생산자 잉여의 변화	A+B+C
정부의 수출보조금	-(B+C+D)
총잉여의 변화	-(B+D)

4 대국

① 대국인 경우 수출보조금을 지급하면 국제시장에서 수출 공급이 증가해 국제시장가격이 P_w^0에서 P_w^1으로 하락한다.

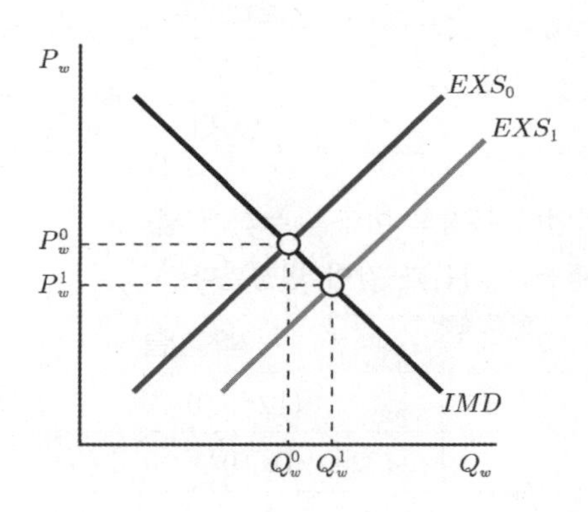

② 수출재 가격이 하락하면 수출보조금의 후생손실은 소국의 후생손실 (B+D)보다 더 커진다.

③ 대국의 관세정책에서는 수입재 가격이 하락하여 교역조건이 개선되므로 후생이 증가할 수 있는 반면 수출보조금 정책에서는 수출재 가격이 하락하여 교역조건이 하락되므로 후생손실이 발생한다.

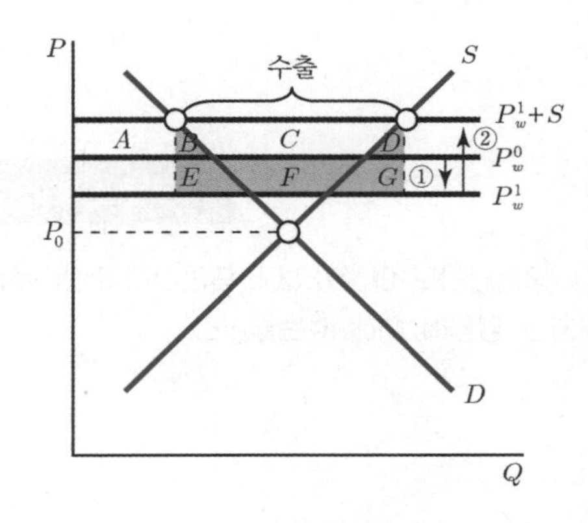

	대국
소비자 잉여의 변화	-(A+B)
생산자 잉여의 변화	A+B+C
정부의 수출보조금	-(B+C+D+E+F+G)
총잉여의 변화	-(B+D+E+F+G)

06 전략적 무역정책

1 개념

① 일반적 무역정책은 주로 수입을 제한하여 자국의 수입대체산업을 보호하는 소극적 무역정책이나 전략적 무역정책은 세계시장의 전략적 상황을 자국 수출기업에게 유리하도록 구성하여 자국의 후생을 증가시키려는 적극적 무역정책을 말한다.

② 즉, 과점경쟁의 시장에서 자국의 이익을 위해 자국 기업을 지원하는 정책을 말한다.

2 설명

[A기업 / B기업]	생산	생산않음
생산	(-5, -5)	(100, 0)
생산않음	(0, 100)	(0, 0)

① 내쉬균형은 (100, 0), (0, 100)이므로 먼저 시장을 점유한 기업이 독점적 이익을 누리게 된다.

② 자국이 A기업에 생산시 25의 보조금을 지급하게 되면 보수행렬은 다음과 같이 변경된다.

[A기업 / B기업]	생산	생산않음
생산	(20, -5)	(125, 0)
생산않음	(0, 100)	(0, 0)

③ 내쉬균형은 (125, 0)이 되므로 B기업은 생산을 중단하고 A기업은 시장을 독점함으로 125의 이윤을 얻는다.

④ 자국은 보조금 25를 회수하고 A기업은 보조금을 지급하고도 이윤 100을 얻을 수 있다.

⑤ 이와 같이 정부 보조금의 혜택으로 국제시장에서 전략적 우위를 확보할 수 있다는 점에서 이를 전략적 무역정책이라고 한다.

기출문제 점검

코트라 2003년

세계 각 국은 보호무역 조치로써 관세 외에도 비관세 장벽을 만든다. 우리나라도 마찬가지다. 우리나라가 외국상품에 대해서 이러한 비관세 장벽을 만들 때 이것이 한국경제에 미치는 영향에 대해서 논술하라.

논점 및 해법

비관세장벽 또는 비관세정책이란 관세 이외의 방법으로 수입을 제한하는 것으로 수량할당제, 수출보조금, 수출자율규제 등이 있다. 이외에도 긴급수입제한조치, 반덤핑, 각종 인증제도 등이 있는데 다양한 비관세정책의 개념 및 종류를 정리해야 한다. 특히, 수량할당제, 수출보조금, 수출자율규제의 특징 및 장단점은 매우 중요하며 여러 시험에서 출제되므로 정확하게 내용을 숙지해야 한다.

4절 독점시장에서의 무역정책

01 국내시장이 독점일 때 수입이 발생하는 경우

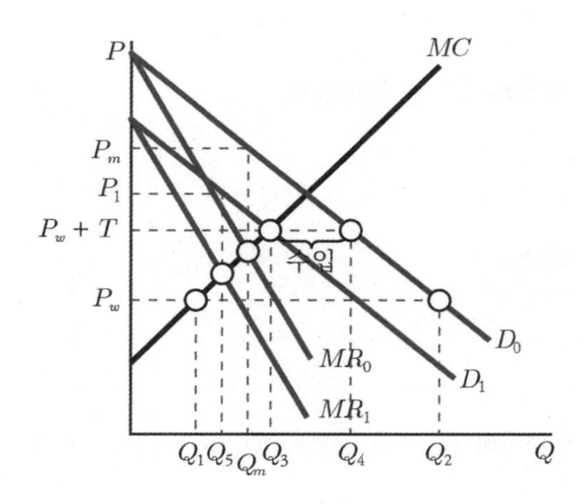

① 무역이 이루어지지 않는 경우라면 독점기업은 MR_0 = MC에서 생산하기 때문에 이윤극대화 생산량은 Q_m, 이윤극대화 가격은 P_m이 된다.

② 만약 국제가격이 P_w라면 국제가격 P_w에서 독점기업은 가격수용자가 되어 $P_w = MR$이 된다.

③ 따라서 독점기업의 생산량은 Q_1이 되고 수요량은 Q_2가 되어 $(Q_2 - Q_1)$만큼의 수입이 이루어진다.

02 관세부과와 수입할당제

① 수입재에 관세가 부과되면 국내가격이 $P_w + T$로 상승하여 독점기업의 생산량은 Q_3로 증가하고 국내수요량이 Q_4가 되므로 수입량은 $(Q_4 - Q_3)$만큼 감소한다.

② 관세부과시의 수입량과 동일한 양의 재화만 수입할 수 있도록 수입할당제가 설정되면 독점기업의 수요는 D_1으로 감소하고 한계수입곡선도 MR_1으로 좌측 이동한다.

③ 따라서 독점기업의 생산량은 Q_5가 되고 독점기업의 가격은 P_1으로 크게 상승한다.

즉, 관세부과시의 동일한 양의 재화가 수입되도록 하는 수입할당제가 설정되더라도 관세부과보다 국내가격이 더 큰 폭으로 상승하게 된다.

ㅁ△ㅇ

5절 국제기구

01 국제협력의 이익

1 의의

죄수의 딜레마로 알려진 게임이론을 통해 국가간 협력이 필요한 이유를 살펴보자.

2 설명

자국 / 타국	자유무역	보호무역
자유무역	(20,20)	(5,25)
보호무역	(25,5)	(10,10)

① 타국이 자유무역을 실시하는 경우 자국이 자유무역을 채택하면 20, 보호무역을 채택하면 25의 이익을 얻으므로 자국은 보호무역을 선택한다.
② 타국이 보호무역을 실시하는 경우 자국이 자유무역을 실시하면 5, 보호무역을 실시하면 10의 이익을 얻으므로 자국은 역시 보호무역을 선택한다.
③ 결국 타국이 자유무역을 하던 보호무역을 하던 자국은 보호무역을 선택하는 것이 최선이다.
④ 마찬가지로 타국도 자국이 자유무역을 실시하든 보호무역을 실시하든 보호무역을 채택하는 것이 최선이다.
⑤ 이처럼 두 나라가 각자 독립적으로 최선의 정책을 선택하면 두 나라 모두 최선의 정책은 보호무역이 된다.
⑥ 그런데 두 나라가 모두 보호무역을 하면 각각 10의 이익을 얻음에 비해 두 나라 모두 자유무역을 하면 각각 20의 이익을 얻는다.
⑦ 이처럼 보호무역보다는 자유무역에서 두 나라 모두 더 많은 이익을 얻는다.

3 시사점

① 두 나라 모두 더 많은 이익을 얻는 자유무역을 선택하기 위해서는 상호 대화의 협력이 필요하다.
② 그러므로 자유무역을 확대하기 위해서는 국제기구가 필요하다.
③ 국제협력을 위반하면 위반한 국가들은 이익을 얻을 수 있기 때문에 비협조적 행위로부터 야기되는 시장의 불안정성을 제거하고 국제협력의 위반을 제재하기 위해서도 국제기구가 필요하다.

02 GATT(General Agreement on Tariffs and Trade)

1 성립배경

① 1930년대의 대공황과 제2차 세계대전을 거치면서 보호무역주의가 나타나게 되자 미국과 영국을 비롯한 연합국들은 전후 세계경제질서의 재편을 위한 방법을 모색하게 되었고, 그 결과로 나타나게 된 것이 1944년에 설립된 국제금융측면의 IMF(국제통화기금)와 1948년에 발효된 국제무역 측면의 GATT(관세와 무역에 관한 일반협정)이다.

② IMF(국제통화기금)는 국제금융정책을 조정하는 역할을 하였고 1946년에 설립된 IBRD(국제부흥개발은행)는 개도국의 경제발전을 지원하기 위한 자본 대여 기능을 하였다.
IBRD는 세계은행이라고 부르기도 한다.

③ 국제무역기구로는 ITO를 만들고자 하였으나 미국 의회의 반대로 실패하였고 GATT(관세 및 무역에 관한 일반협정)가 이를 대신하였다.

④ GATT는 조직체가 아니고 협정이었지만 사무국을 유지하고 있었고 1995년 WTO가 창설되기까지 국제무역기구의 역할을 담당하였다.

⑤ GATT의 설립목적으로 관세인하와 수량제한의 철폐, 비관세장벽의 규제등을 통한 세계자유무역 실현, 세계무역환경에 있어 확실성과 명료성의 최대화 등이 있다.

2 기본규칙

1. 최혜국대우(Most Favored Nations : MFN)

GATT 가맹국 중 어떠한 국가에게 관세인하조치를 하려 한다면 여타 가맹국들에게도 동일한 조치를 해야 한다는 것으로, 2국 간의 배타적인 특혜조치는 원칙적으로 인정되지 않음을 뜻한다.

2. 내국민대우(National Treatment)

국내의 조세정책과 규제조치를 적용함에 있어서 수입품(또는 외국기업활동)과 국내상품(또는 국내기업활동) 간에 차별을 두지 않고 동등한 대우를 해야 함을 의미한다.

3. 상호주의(Reciprocity)

한 가맹국이 관세를 인하하는 경우 상대국도 그에 상응하는 관세인하가 있어야 한다는 것이다.

3 협상의 역사적 추이

명칭(round)	시기(년)	참가국 수	평균관세인하율(%)
Geneva	1947	23	35
Annecy	1949	33	
Torquay	1950	34	
Geneva	1956	21	
Dillon	1960~61	45	
Kennedy	1962~67	48	35
Tokyo	1973~79	99	34
Uruguay	1986~94	125	

4 GATT의 한계점

① 미국의 경상수지적자를 중심으로 세계경제의 불균형이 심화되었다.
② 농산물 부문과 섬유부문 등 GATT 체계 밖에서의 무역조치가 확대되었다.
③ 관세와 비관세 장벽 등을 수입제한 목적으로 남용하는 문제 등 신보호주의 경향이 심화되었다.

02 우루과이 라운드(UR)와 세계무역기구(WTO)

1 등장배경

① 서비스 무역이 과거보다 훨씬 중요해졌음에도 서비스무역을 다룰 국제적인 다자간 규범이 부재하였다.
② GATT를 실질적으로 주도해 온 미국의 제조업이 비교우위를 잃어 상대적으로 비교 우위를 확보하고 있는 서비스 무역의 확대를 통해 만성적인 무역적자를 보전하고자 의도하였다.
③ 이에 따라 새로운 국제무역질서를 정립하기 위한 본격적인 협상이 개시되었으며 이때부터 시작된 제 8차 GATT 다자간 협상을 우루과이 라운드라 부르게 되었다.

2 특징

① 우루과이 라운드는 세계경제가 다극화되는 과정에서 개최되었다.
② 변화하는 국제경제현실을 반영하여 새로운 분야를 포함하였다.
③ 과거의 다자간 무역협상은 세계무역이 빠르고 안정적으로 확대되는 가운데 개최되었던 반면 우루과이 라운드는 세계경제가 저성장기로 접어들면서 보호주의의 만연으로 세계무역환경이 악화일로에 있는 시점에서 출범하였다.
④ WTO 체제에서 모든 분쟁은 분쟁해결기구를 통해 해결하도록 규정되어 있다.
만약 양국 간에 분쟁이 발생할 경우에는 반드시 분쟁해결기구의 패널에 의해 조정되어야 한다.
어느 국가도 분쟁해결기구에 의하지 않고는 협정위반에 대한 판결을 내릴 수 없으며 일방적인 무역보복조치는 더욱 용납되지 않는다.

3 기본적인 원칙

1. 무차별원칙

① 무차별원칙에는 최혜국 대우와 내국민대우 원칙이 있다.
② 최혜국 대우 원칙은 어떤 국가에 특별한 혜택을 주는 것이 아니라 모든 국가를 동등하게 대우한다는 것이고 내국민대우 원칙은 자국 상품과 외국 상품 간에 차별을 두지 않는 다는 것이다.
③ 다만 자유무역협정을 체결한 국가들의 경우에만 역외국가와 역내국가의 제품에 대한 차별을 인정하여 최혜국 대우 원칙의 예외를 인정하였다.

2. 무역장벽완화

① WTO는 협상에 의해 무역장벽완화를 추진하고 개별국가가 임의로 무역장벽을 높이지 못하도록 하고 있다.
② 다만 국가마다 경제상황에 차이가 있음을 인정하여 WTO협정은 개도국들에게는 점진적 개방을 허용하고 있다.

3. 경쟁촉진

① WTO는 보다 공정한 경쟁을 촉진하고 무역 분쟁을 해결하기 위한 중재역할을 한다.

② 수출보조금이나 덤핑과 같은 비관세 무역정책 수단을 금지하고 일반적 무역정책 수단으로는 관세를 이용하도록 하고 있다.

4. 경제발전 촉진

① WTO는 제도개선과 경제발전을 촉진하는 역할을 한다.

② 저개발국에게 조정시간이나 특혜와 같은 혜택을 인정하고 있다.

3 WTO의 성립

세계무역기구(World Trade Organization : WTO)는 GATT의 제 8차 협정인 우루과이 라운드의 결과 마라케쉬 각료회의에서 의결된 WTO협정에 의해 1995년 1월에 설립되었다.

03 WTO하에서의 뉴라운드(New Round)

1 그린라운드

① 환경과 무역을 연결시켜 새로운 국제무역질서를 수립하려는 협상을 말한다.

② 환경오염발생상품에 대하여 수출입을 규제하려는 것으로 환경기술수준이 낮은 후진국들에게 불리하다.

2 블루라운드

① 근로자들의 노동환경과 국제무역을 연결하려는 협상을 말한다.

② 근로조건이 열악한 국가에서 생산된 재화를 규제하므로 후진국들에게 불리하다.

3 기술라운드

① 각국의 기술정책과 국제무역을 연결하려는 협상을 말한다.

② 정부의 직접적인 보조금 지급을 금지하기 때문에 후진국들에게 불리하다.

4 경쟁라운드

① 각국의 경쟁조건과 국제무역을 연결하려는 협상을 말한다.

② 폐쇄적인 시장구조를 가진 국가들에게 불리하다.

04 GATT와 WTO의 차이

1 성격

① 법적인 측면에서 GATT는 회원국 의회의 비준을 받지 않은 임시적 협정이었으나 WTO는 항구적인 국제조직이다.

② 각 회원국들이 국제기구로 비준하였으므로 WTO는 법률적 힘과 구속력이 있다.

2 목표

GATT체제가 '자유로운 무역'을 추구하였던 반면 WTO는 '더욱 자유롭고 보다 공정한 무역'을 목표로 하고 있다.

3 규율범위

GATT는 상품교역의 확대에 초점을 두었으나 WTO는 개방의 대상으로 상품교역 이외에도 서비스교역, 지적재산권, 투자 등 GATT에서 다루지 않았던 새로운 분야들을 포괄하고 있다.

4 분쟁해결

① GATT에도 국가 간 무역 분쟁을 해결하는 국제심판소가 있었지만 소송기간이 수년 또는 수십 년을 끄는 경우가 많았고 판결이 나도 강력하게 집행하는 방법이 없었다.

② WTO는 훨씬 더 공식적이고 효과적인 절차를 가지고 있다.
소송이 제기되면 전문가 패널을 구성하고 최종판결을 최소한 1년 이내에 종결하고 상고절차도 15개월 이내에 끝내게 되어 있다. WTO 에서도 어떤 국가가 WTO의 판결을 준수하지 않은 경우 이를 강제로 집행할 권한은 없다. 그러나 심판결과를 불복한 국가에 대해서는 상대국가가 그 국가의 수출상품 중 어느 상품이든지 보복관세를 부과할 수 있는 권한을 부여하였다.

05 최근 무역통합의 경향 - 다자주의와 지역주의의 공존

① 많은 국가들은 세계 자유무역인 다자주의를 우선하면서도 지역무역협정에도 적극적으로 참여하고 있다.

② 즉, WTO 등을 중심으로 한 전세계적인 무역통합의 노력과 함께 지역을 중심으로 한 각국의 지역적 협력노력이 다양한 FTA형태로 나타나고 있다.

기출문제 점검 코트라 2017년

최혜국 대우(Most Favored Nation)에 대하여 설명하시오.

논점 및 해법

GATT의 기본규칙에는 최혜국대우, 내국민대우, 상호주의가 있다. 각 규칙의 내용을 암기해서 서술해야 하며 특히, GATT와 WTO의 비교 및 WTO의 분쟁해결절차 등을 정리할 줄 알아야 한다.

6절 지역 경제 통합

01 지역 경제 통합의 형태

① 경제통합은 몇몇 국가들이 상호 협의하여 서로 간에 자유무역을 확대하는 것을 말한다.
② 가맹국 상호간의 밀착정도에 따라 통상적으로 자유무역지역, 관세동맹, 공동시장, 경제동맹, 완전경제통합의 5가지 형태로 분류한다.

02 유형

1 자유무역지역

① 가맹국간에는 관세 및 여타 양적규제를 철폐하여 역내무역을 자유화하지만 비 가맹국에 대해서는 각 가맹국이 종전대로 독립적인 관세 및 비관세 장벽을 유지하는 경제통합이다.
대표적인 예로 60년대 유럽자유무역지역(EFTA)과 최근의 북미자유무역지역(NAFTA)를 들 수 있다.
② 이렇게 역내에는 자유무역을 보장하지만 역외국가에 대해서는 독립적인 정책을 취하는 경우 무역의 굴절현상이 나타난다.
③ 이는 높은 관세부과국으로 수출하는 국가가 낮은 관세무역국을 거쳐 거래함으로써 높은 관세를 회피하는 방법인데 이를 해결하기 위하여 원산지 규정이란 것을 사용하기도 하였다.
→ 원산지 규정이란 상품의 경제적 국적인 원산지를 결정하는 기준을 말한다.

2 관세동맹

① 가맹국간 관세 및 여타 양적 규제를 철폐함은 물론 비 가맹국에 대해 공동관세를 부과하는 형태의 경제통합이다.
② 역사적으로 가장 많이 찾아볼 수 있는 형태의 경제통합이다.

3 공동시장

공동시장이란 관세동맹의 요건에 더하여 가맹국간 생산요소의 자유로운 이동을 보장하는 형태의 경제통합이다.

4 경제동맹

① 가맹국간 관세의 철폐와 비 가맹국에 대한 공동관세 및 생산요소의 자유로운 이동은 물론 가맹국간의 대내적인 재정 : 금융정책에 있어서도 상호협조가 이루어지는 형태의 경제통합이다.
② 베네룩스 3국의 경우가 이에 해당한다.

5 완전경제통합

① 경제통합의 최종단계로 단일한 중앙은행, 단일한 화폐를 사용하며 경제적으로뿐만 아니라 정치적으로 통합된 형태를 말한다.

② EU의 최종 목표는 완전경제통합이다.

* 자유무역 협정의 종류와 포괄 범위

역내 관세철폐	역외 공동 관세부과	역내 생산요소 자유이동 보장	역내 공동 경제 정책 수행	초국가적 기구 설치・운영
1. 자유무역협정(FTA) 역내 관세철폐				
2. 관세동맹(Customs Union) 공동관세 부과				
3. 공동시장 (Common Market) 생산요소 이동 자유화				
4. 경제동맹(Economic Union) 재정・금융정책 상호조정				
5. 완전경제통합(Complete Economic Union) 경제주권 포기, 경제정책 통합				

(B.Balassa의 분류에 의한 발전단계별 경제 통합)

통 합 형 태	가 맹 국	비 가 맹 국
자유무역지역	관세철폐	독자관세
관세동맹	관세철폐	공동관세
공동시장	관세철폐 + 생산요소이동	공동관세
경제동맹	관세철폐 + 생산요소이동 + 정책협조	공동관세
완전경제통합	경제측면에서 한 국가	공동관세

03 현황

1 의의

① WTO 출범 후 DDA협상이 지체되자 다자간 협상을 통한 자유무역 확대가 한계에 부딪혔다.

② DDA협상은 GATT의 마지막 다자간 협상인 우루과이라운드 협상을 이어받은 아홉 번째 다자간 협상이고 WTO 출범 이후 최초의 다자간 무역협상이다.

③ 대부분의 FTA는 두 국가간에 체결되지만, TPP와 같이 여러 국가가 함께 참여하는 경우도 있다.

④ 이처럼 여러 국가가 하나의 FTA에 참여하면 스파게티 그릇효과가 완화되는 측면이 있다.

→ 스파게티 그릇효과란 여러 국가와 각각의 FTA를 체결하면 무역규칙이 복잡해지는 것을 말한다.

⑤ 주요 경제통합체들을 살펴보면 다음과 같다.

2 유럽연합(EU)

① 유럽의 여러 나라로 구성된 국가들의 연합으로 1993년 11월1일에 창립됐다.

② EU는 초기 EEC에서 EC로, 그리고 다시 EU로 발전하였으며 1999년에는 공동화폐인 유로(Euro)통화를 출범시켜 거의 최종적인 경제통합체를 구성하였다.

③ 현재 27개국의 가맹국이 있으며 (28개국에서 영국탈퇴), 2001년 1월 1일 그리스의 유로-존 가입을 시작으로 현재 19개 국가가 유로-존에 포함된다.

④ EU는 경제동맹의 형태로 볼 수 있다.

3 북미자유무역협정(NAFTA)

① 미국・캐나다・멕시코 등 북미 3개국 간의 자유무역을 추진하기 위해 체결된 협정으로서 1994년 1월 1일 공식 발효되었다.

② NAFTA라고도 불리는 북미 자유 무역 협정은 북미의 캐나다, 미국, 멕시코 3국이 관세와 무역 장벽을 없애고 자유 무역권을 형성한 것을 말한다.

③ 미국・멕시코・캐나다협정(USMCA)은 북미 3국이 북미자유무역협정(NAFTA)을 개정해 새롭게 추진하는 다자무역협정이다.

4 아시아・태평양 경제협력(APEC)

① APEC이라고도 불리는 아시아 태평양 경제 협력체는 아시아 태평양 지역의 경제적인 협력을 증대시키기 위한 각 국가 대표들의 협의 기구로 1989년 11월에 설립되었다.

② 다른 어떤 경제 블록보다 훨씬 큰 규모이나 환태평양 지역 국가라는 공통점을 제외하고는 문화와 경제 수준 등에서 많은 차이가 있어 상호 협력이 쉽지 않다.

5 남미공동시장(MERCOSUR)

① 브라질, 아르헨티나, 우루과이, 파라과이 등 남미 4개국에 의해 1995년 1월에 발족한 유럽연합(EU)형의 공동시장이다.

② 메르코수르는 물류・인력・자본을 자유롭게 교환하도록 촉구하며 회원국과 준 회원국 사이의 정치와 경제를 통합・증진시키는 것을 목적으로 한다.

04 평가

① 현실의 경제통합은 복수의 경제통합형태의 중간적 또는 복합적인 성격을 갖고 있는 경우가 많다.

② 현재 대표적인 경제통합체라고 이야기되는 유럽연합은 공동시장을 지나 거의 경제동맹이 완성되어가는 단계라 평가할 수 있을 것이다.

기출문제 점검 코트라 2008년

지역통합의 단계를 서술하고 지역통합의 경제적 영향에 대해 쓰시오.

논점 및 해법

지역통합의 단계는 자유무역지역, 관세동맹, 공동시장, 경제동맹으로 구분되며 단계별 특징을 서술해야 한다. 지역통합의 영향은 크게 정태적 효과와 동태적 효과로 나눌 수 있으며 무역창출효과와 무역전환효과의 개념을 반드시 넣어 경제적 영향에 대한 분석을 해야 한다.

□△○

7절 경제통합의 후생효과

01 개요

① 경제통합 또는 관세동맹은 보호무역으로부터 자유무역으로 전향하는 한 단계로 생각되어 관세동맹의 결성이 가맹국의 후생을 증가시킬 것이라는 견해가 과거에 지배적이었다.

② 그러나 바이너(J. Viner)에 의해서 관세동맹이 가맹국의 후생수준을 반드시 증가시키지는 않는다는 사실이 증명되었다.
즉, 경제통합으로 가맹국의 후생수준은 증가할 수도 있고 감소할 수도 있다.

③ 무역창출이란 관세동맹에 의해서 효율적인 재화의 공급원으로 대체됨을 의미하는데 무역창출이 일어나는 경우에는 후생증가가 일어난다.

④ 무역전환이란 관세동맹에 의해서 효율적인 재화의 공급원이 비효율적인 공급원으로 대체됨을 의미하는데 무역전환이 일어나는 경우에는 후생감소가 나타난다고 주장하였다.

⑤ 경제통합의 후생효과를 생산측면과 소비측면으로 구분하여 살펴보자.

02 생산측면

1 무역창출효과

관세동맹에 의하여 비효율적인 재화의 공급원이 효율적인 공급원으로 대체되는 효과를 말한다.

2 무역전환효과

효율적인 재화의 공급원이 비효율적인 공급원으로 대체되는 효과를 말한다.

3 무역창출과 무역전환의 예

1. 기본구조

국　　가	A	B	C
생 산 비	50원	40원	30원

2. 무역창출의 예

관세동맹이 결성되기 전에 A국은 100%의 무차별 관세를 부과하였으나 후에 B국과 관세동맹이 결성된다고 가정하자.

① 관세동맹이 결성되기 전

국　　가	A	B	C
생 산 비	50원	80원	60원

A국은 X재를 수입하지 않고 자국에서 생산하게 된다.

② 관세동맹 형성 후

국　　가	A	B	C
생 산 비	50원	40원	60원

A국과 B국간에 관세동맹이 형성된다면 B국으로부터 수입한 X재 가격은 40원인 반면 C국으로부터 수입한 X재 가격은 60원 그대로이다. 이 경우 A국은 B국으로부터 X재를 수입하게 되며 더 싼 가격으로 재화를 구입하므로 무역창출이 발생한다.

3. 무역전환의 예

A국이 최초에 모든 수입재에 대하여 50% 관세를 부과했으나 B국과 관세동맹을 결성한 경우를 가정하자.

① 관세동맹이 결성되기 전

국　　가	A	B	C
생 산 비	50원	60원	45원

A국은 C국에서 X재를 수입하여 소비한다.

② 관세동맹 형성 후

국　　가	A	B	C
생 산 비	50원	40원	45원

B국과 관세동맹이 형성되면 B국에서 40원의 가격으로 X재를 수입할 수 있게 되므로 A국은 X재를 B국에서 수입하여 소비하게 된다. 이 경우 효율적인 공급원 C국이 비효율적인 공급원 B국으로 대체되므로 무역전환이 발생된다.

03 소비측면

1 의의

① 무역창출효과와 무역전환효과에 근거한 후생수준 변화는 생산측면만을 고려하고 있다.

② 립시(Lipsey)는 소비효과를 포함하여 관세동맹의 후생효과를 판단해야 한다고 말한다.

2 무역전환효과가 있는 경우 관세동맹의 후생효과

1. 설명

① P^M은 가맹국(member)의 가격, P^{NM}은 비 가맹국(non-member)의 가격이다.

② 비 가맹국(NM)이 보다 효율적이어서 그 가격이 가맹국(M) 가격보다 낮다고 하자.

③ 관세동맹 이전에는 두 나라 제품 모두에 관세(t)가 부과되므로 더 효율적인 비 가맹국 제품이 $(P^{NM}+t)$의 가격으로 수입된다.

④ 그런데 관세동맹 이후에는 가맹국 제품 가격이 P^M이 되어 비 가맹국 제품 가격 $(P^{NM}+t)$보다 낮아지므로, 소비자들은 가맹국 제품으로 소비를 전환한다.
즉, 무역전환효과가 나타난다.

⑤ 소비자 가격은 하락하였으므로 소비자잉여는 $(a+b+c+d)$만큼 늘어난다. 그리고 생산자잉여는 a만큼 줄어들고, 또 비 가맹국 제품을 수입할 때 얻었던 관세 수입 $(c+e)$가 없어진다. 따라서 무역전환으로 인한 후생효과는 다음과 같이 정리된다.

$$\text{무역전환에서 후생효과} = (a+b+c+d)-(a)-(c+e) = (b+d)-e$$

⑥ $(b+d)$는 가격 하락으로 인한 후생증가효과이고, e는 효율적인 제3국 제품에서 비효율적인 가맹국 제품으로 수입이 바뀜에 따른 후생손실을 나타낸다.

⑦ 만일 $(b+d)$가 e보다 크면 무역 전환이 발생하더라도 후생수준은 높아진다.
즉, 무역전환효과가 있더라도 소비측면의 이익이 더 크면 후생수준이 증가할 수 있다.

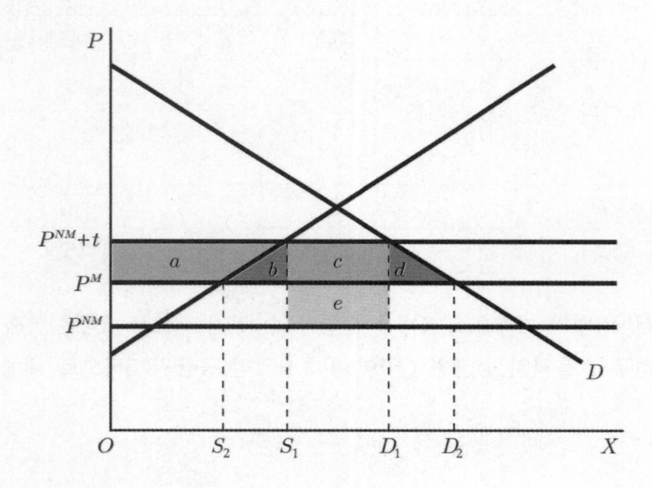

04 경제통합의 동태적 효과

① 시간의 흐름에 따라 나타나는 동태적 효과는 다음과 같다.

첫째, 경제통합은 수출시장을 확대하므로 규모의 경제의 이익을 준다.

경제통합으로 시장규모가 확대되면 시장규모가 작은 국가도 규모의 경제가 있는 산업을 육성할 수 있게 된다.

둘째, 경제통합은 기업들의 경쟁을 촉진시켜 경쟁력을 높인다.

경제통합으로 자유무역이 확대되면 보호를 받던 기업이 가맹국의 다른 기업들과 경쟁을 하게 되므로 기업들은 기술개발과 기술도입 등을 통한 비용절감 노력을 하게 된다.

② 발라사의 경우 경제통합의 동태적 효과가 정태적 효과보다 크다고 주장한다.

즉, 가맹국간의 역내무역의 자유화내지는 시장 확대에 따른 기업 간의 경쟁촉진과 이로 인한 효율성의 제고 및 기술개발, 규모의 경제효과 등 동태적 효율성효과도 포함되어야만 경제통합의 진정한 효과를 분석할 수 있다고 설명한다.

CHAPTER 02 무역정책론

단원 점검 기초 문제

01 다음 그림에서 S와 D는 국내 공급과 수요곡선을, P와 Q는 제품의 가격과 수량, 그리고 P_W는 국제균형가격, t는 무역관세를 각각 나타내고 있다. 자유무역 상태와 수입에 무역관세가 부과된 후의 상태를 비교할 때에 옳지 않은 것은?

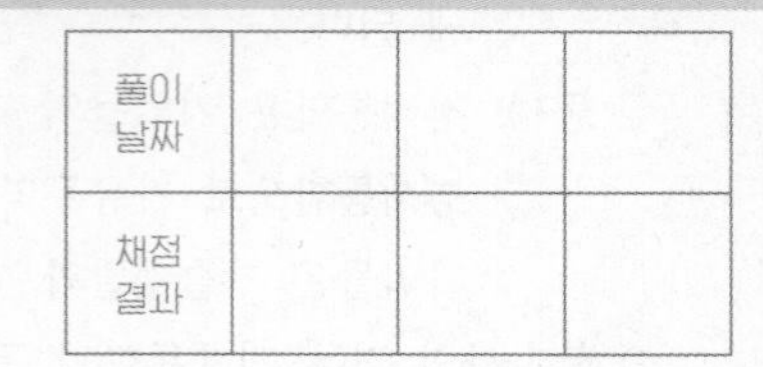

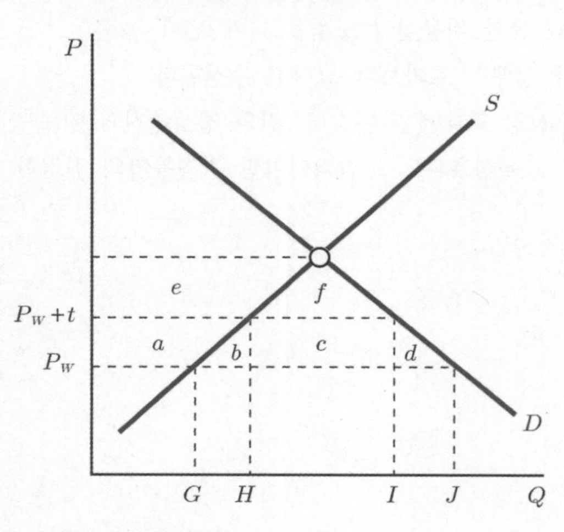

① $b+d$만큼의 순후생손실이 발생한다.
② IJ만큼의 수입이 감소한다.
③ c만큼의 정부의 관세수입(tariff revenue)이 발생한다.
④ 소비자잉여는 $a+b+c+d$만큼 감소한다.
⑤ 생산자잉여는 a만큼 증가한다.

02 다음 중 수입관세의 효과로 옳지 않게 기술한 것은?

풀이 날짜			
채점 결과			

① 수입물량이 감소한다.
② 수입품의 소비자가격이 상승한다.
③ 소비자잉여와 생산자잉여의 합계가 감소한다.
④ 국내 생산자의 판매가격이 상승한다.
⑤ 교역조건이 반드시 개선된다.

03 소국인 A국의 B재화에 대한 수요함수와 공급함수는 다음과 같다.

풀이 날짜			
채점 결과			

수요함수 : $Q_D = 20 - 4P$

공급함수 : $Q_S = 8 + 2P$

국제시장가격이 1.5라고 가정하자. A국이 B재화의 수입에 대해 1만큼의 관세(종량세)를 부과하였을 경우 A국의 B재화의 수입량은 얼마인가?

① 0
② 6
③ 10
④ 12

해설

정답

01 수입재 한 단위에 대해 t만큼의 종량관세를 부과하면 수입재의 국내가격이 $P_D = P_W + t$로 상승한다. ②
관세를 부과하면 수입재 가격이 올라가서 소비자잉여는 (a+b+c+d)만큼 감소한다. 그런데 수입재 가격상승으로 생산자잉여는 a만큼 증가하고 정부는 수입량에 관세를 곱한 c만큼의 관세수입을 얻는다.
따라서 관세 부과로 인해 (b+d)만큼의 후생이 감소하는데 이를 사회적 순손실이라고 한다.
수입재 가격이 상승하면 국내생산량은 G에서 H로 증가하고 국내소비량은 J에서 I로 감소하며 그 차이인 수입량은 GJ에서 HI로 감소한다.

02 수입재 한 단위에 종량관세를 부과하면 수입재의 국내가격이 상승한다. ⑤
수입재 가격이 상승하면 국내생산량은 증가하고 국내소비량은 감소하며 그 차이인 수입량은 감소한다.
관세를 부과하면 소비자잉여는 감소하고 수입재 가격상승으로 생산자잉여는 증가한다.
정부는 수입량에 관세를 곱한만큼의 관세수입을 얻는다.
관세부과로 후생이 감소하는데 이를 사회적 순손실이라고 한다.
수입관세를 부과하는 경우 해당국가가 대국이면 교역조건이 개선되지만 소국이면 교역조건에 아무런 영향을 주지 않는다.

03 수요함수와 공급함수를 연립하면 국내가격을 알 수 있다. ①
$Q_D = Q_S \rightarrow 20 - 4P = 8 + 2P \rightarrow 6P = 12 \rightarrow P = 2$
현재 국내가격이 2이기 때문에 국제시장가격이 1.5라면 소국인 A국은 수입국의 위치를 갖는다.
A국이 B재화의 수입에 대해 1만큼의 관세(종량세)를 부과하였을 경우 수입재의 국내가격은 2.5가 된다.
수입재의 국내가격이 시장균형가격보다 비싸기 때문에 수입이 발생하지 않는다.

04 수입 의료기기에 대한 관세철폐가 국내경제에 미치는 효과로 옳지 않은 것은?

① 생산자잉여의 증가
② 소비자잉여의 증가
③ 의료기기 수입량 증가
④ 정부의 관세수입 감소
⑤ 국내 사회후생의 증가

풀이 날짜			
채점 결과			

05 1948년에 발효된 GATT와 1995년 출범한 WTO에 관한 다음 설명 중 사실과 가장 거리가 먼 것은?

① WTO는 GATT주관 하에 진행된 제8차 다자간 무역협상인 UR의 결과 탄생하였다.
② GATT는 주로 공산품에 대한 세계무역을 관할해 왔으나 WTO에서는 공산품뿐만 아니라 서비스와 지적재산권 같은 새로운 분야도 관할하게 되었다.
③ GATT와 비교할 때 WTO의 분쟁해결절차는 negative consensus를 도입하는 등 그 기능이 약화되었다.
④ 2002년 3월부터 시작된 도하개발의제는 WTO주관하에 이루어지는 첫 번째의 다자간 무역협상이다.

풀이 날짜			
채점 결과			

06 GATT의 기본 규칙 중 하나인 최혜국대우에 대한 설명 중 가장 옳은 것은?

① GATT 가맹국 중 어떤 한 국가에게 관세인하조치를 하려고 한다면 여타가맹국들에게도 동일한 조치를 취해야 한다.
② 국내의 조세정책과 규제조치를 적용함에 있어서 수입품과 국내상품간에 차별을 두지 않고 동등한 대우를 해야 한다.
③ 한 가맹국이 관세를 인하하는 경우 상대국도 그에 상응하는 관세인하를 해야 한다.
④ 일괄적인 비관세 장벽의 폐지를 세계 자유무역을 실현하여야 한다.

풀이 날짜			
채점 결과			

해설

정답

04 관세철폐로 수입재 가격이 하락하면 국내생산량은 감소하고 국내소비량은 증가하며 그 차이인 수입량은 증가한다. ①
수입재가격이 하락하면 소비자 잉여는 증가하고 생산자 잉여는 감소한다.
또한 관세철폐로 정부의 관세수입은 사라진다.
따라서 관세철폐로 관세부과로 인한 생산왜곡과 소비왜곡이 없어지기 때문에 사회적 잉여는 증가한다.

05 WTO 체제에서 모든 분쟁은 분쟁해결기구를 통해 해결하도록 규정되어 있다. ③
만약 양국간에 분쟁이 발생할 경우에는 반드시 분쟁해결기구의 패널에 의해 조정되어야 한다.
어느 국가도 분쟁해결기구에 의하지 않고는 협정위반에 대한 판결을 내릴 수 없으며 일방적인 무역보복조치는 더욱 용납되지 않는다.
GATT에도 국가간 무역분쟁을 해결하는 국제심판소가 있었지만 소송기간이 수년 또는 수십 년을 끄는 경우가 많았고 판결이 나도 강력하게 집행하는 방법이 없었다.
③ WTO는 훨씬 더 공식적이고 효과적인 절차를 가지고 있다.
소송이 제기되면 전문가 패널을 구성하고 최종판결을 최소한 1년 이내에 종결하고 상고절차도 15개월 이내에 끝내게 되어 있다. WTO 에서도 어떤 국가가 WTO의 판결을 준수하지 않은 경우 이를 강제로 집행할 권한은 없다. 그러나 심판 결과를 불복한 국가에 대해서는 상대국가가 그 국가의 수출상품 중 어느 상품이든지 보복관세를 부과할 수 있는 권한을 부여하였다.

06 최혜국대우(Most Favored Nations : MFN)란 GATT 가맹국 중 어떠한 국가에게 관세인하조치를 하려 한다면 여타 가맹국들에게도 동일한 조치를 해야 한다는 것으로, 2국 간의 배타적인 특혜조치는 원칙적으로 인정되지 않음을 뜻한다. ①
② 내국민대우
③ 상호주의

07 관세동맹(customs union)의 체결에 따른 효과에 대한 설명으로 옳지 않은 것은?

풀이 날짜			
채점 결과			

① 가장 효율적으로 생산하는 비동맹국으로부터의 수입이 비효율적으로 생산하는 동맹국으로부터의 수입으로 대체되는 무역전환효과가 나타날 수 있다.
② 재화의 공급원이 비효율적인 국가에서 효율적인 국가로 이동하는 무역창출효과가 나타날 수 있다.
③ 무역전환효과가 무역창출효과보다 충분히 크면 관세동맹의 체결로 인하여 사회적 후생이 감소할 수 있다.
④ 무역전환효과는 항상 무역창출효과보다 크다.
⑤ 무역전환효과와 무역창출효과는 동시에 나타날 수 있다.

08 지역경제통합의 여러 형태에 대한 다음 설명 중 가장 적절한 것은?

풀이 날짜			
채점 결과			

① 관세동맹으로 인한 무역창출효과는 무역전환효과보다 크다.
② 현재 유럽연합은 공동시장의 단계에 있으며 유로라는 단일 화폐를 사용하고 있음에도 불구하고 경제연합의 단계에 접어들지는 않았다.
③ 자유무역협정은 지리적 근접성을 이유로 형성되기는 하나 지리적으로 멀리 떨어져 있는 나라들 사이에서 체결되기도 한다.
④ 특혜무역협정에서는 생산요소의 자유로운 이동이 이루어진다.

해설

정답

07 관세동맹이란 가맹국간 관세 및 여타 양적 규제를 철폐함은 물론 비가맹국에 대해 공동관세를 부과하는 형태의 경제통합이다. ④

무역창출효과란 관세동맹에 의하여 비효율적인 재화의 공급원이 효율적인 공급원으로 대체되는 효과를 말한다.
무역전환효과란 효율적인 재화의 공급원이 비효율적인 공급원으로 대체되는 효과를 말한다.
무역전환효과가 무역창출효과보다 클지 작을지 알 수 없다.

08 ② 현재 유럽연합은 경제연합의 단계에 접어들었다. ③
③ 한미 FTA처럼 지리적으로 멀리 떨어져 있는 국가들 사이에서도 자유무역협정이 체결되기도 한다.
④ 무역특혜협정은 WTO 체제하에서 선진국이 개발도상국에 일방적으로 양허할 경우 무역특혜가 허용되는 것을 말하며, 지역무역협정 가운데 가장 초기단계이다.
특혜무역협정에서는 생산요소의 자유로운 이동이 발생하지 않는다.

CHAPTER 02 무역정책론

단원 점검 응용 문제

01 소국인 A 국은 쌀 시장이 전면 개방되었으나 국내 생산자를 보호하기 위해 관세를 부과하기로 하였다. 관세 부과의 경제적 효과로 옳지 않은 것은? (단, 국내수요곡선은 우하향하고 국내공급곡선은 우상향하며, 부분균형분석을 가정한다)

① 국내소비량은 감소하며, 수요가 가격탄력적일수록 감소 효과가 커진다.
② 국내생산과 생산자잉여가 증가한다.
③ 사회후생의 손실이 발생한다.
④ 수입의 감소로 국제가격이 하락하므로 국내가격은 단위당 관세보다 더 적게 상승한다.

풀이 날짜			
채점 결과			

02 수입관세부과의 효과에 대한 부분균형분석을 고려해 보자. 소국의 수입관세부과는 X재의 국제가격에 영향을 주지 않으나, 대국의 수입관세부과는 X재의 국제가격을 하락시킨다. 수입관세부과의 효과에 대한 다음 설명 중 옳지 않은 것은?

① 소국의 수입관세부과는 소국의 소비자 잉여를 감소시킨다.
② 소국의 수입관세부과는 소국의 생산자 잉여를 증가시킨다.
③ 소국의 수입관세부과는 소국의 사회후생을 감소시킨다.
④ 대국의 수입관세부과가 대국의 사회후생에 미치는 효과는 일률적이지 않다.
⑤ 대국의 수입관세부과는 대국의 교역조건을 악화시킨다.

풀이 날짜			
채점 결과			

해설

정답

01 ① 관세를 부과하면 수입재의 국내가격은 종량관세만큼 상승한다.
국내가격이 상승하면 국내소비량은 감소하며 수요곡선의 형태가 완만할수록 소비량 감소효과는 커진다.
② 수입재 가격상승으로 국내생산량과 생산자잉여 모두 증가한다.
③ 관세부과로 인해 사회후생이 감소하는데 이를 사회적 순손실이라고 한다.
④ 수입재 가격이 상승하면 국내생산량은 증가하고 국내소비량은 감소하며 그 차이인 수입량은 감소한다.
수입량이 감소하나 소국은 국제시장에 영향을 주지 못하기 때문에 국제가격 변화가 발생하지 않는다.
대국이 관세를 부과하면 수입의 감소로 국제가격이 하락하며 교역조건이 개선된다. 국제가격이 하락하기 때문에 국내가격은 단위당 관세보다 더 적게 상승한다.

④

02 소국의 경우 수입관세부과는 소비자 잉여를 감소시키고 생산자 잉여를 증가시킨다.
소국의 수입관세부과는 교역조건의 변화가 발생하지 않고 사회후생은 감소한다.
대국의 경우 수입관세부과는 수입재 국제가격을 하락시키므로 교역조건 개선이 발생한다.
대국의 경우 수입관세를 부과하면 교역조건 개선, 생산왜곡, 소비왜곡 등이 발생하므로 사회후생의 손실이 발생할 수도 있고 개선이 발생할 수도 있다.

⑤

03 대국(large country)경제의 정부가, 수입하고 있던 한 재화에 대하여 단위당 t만큼의 관세를 부과하여 국제시장가격이 관세부과 이전의 P^W에서 P^{W*}로 하락하였을 경우, 대국경제의 변화에 대한 다음 설명 중 옳은 것을 모두 고르면? (단, 국내기업의 수는 많아서 전략적으로 행동하지 않는다고 가정한다.)

풀이 날짜			
채점 결과			

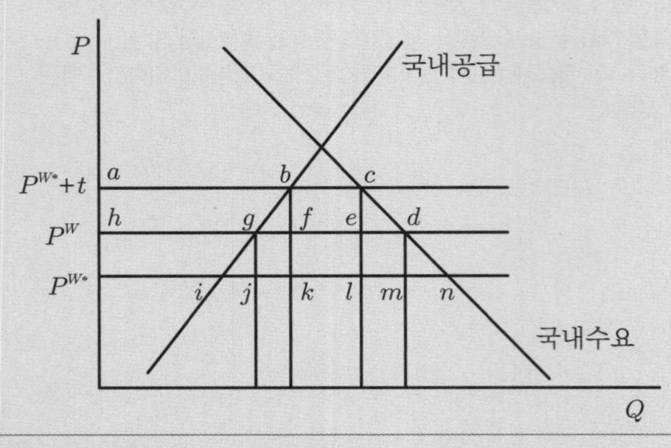

(가) 소비자잉여는 사각형 $acdh$의 면적만큼 감소한다.
(나) 생산자잉여는 사각형 $abgh$의 면적만큼 증가한다
(다) 정부의 관세수입은 사각형 $bcef$의 면적과 같다.
(라) 경제적 순손실은 삼각형 bfg와 삼각형 cde의 면적의 합에서 사각형 $bclk$의 면적을 뺀 것이다.

① (가), (나)
② (나), (다)
③ (나), (라)
④ (가), (나), (라)
⑤ (가), (다), (라)

04 소규모 개방경제에서 관세부과와 수입할당(import quota) 정책이 동일한 수입량을 발생시킨다고 할 때, 이에 대한 설명으로 옳은 것은? (단, 국내 공급곡선은 우상향, 국내 수요곡선은 우하향)

풀이 날짜			
채점 결과			

① 수입할당으로 인한 경제적 순손실(deadweight loss)은 관세부과로 인한 경제적 순손실보다 작다.
② 관세부과의 경우에 비해 수입할당은 수입재 국내가격을 덜 인상시킨다.
③ 관세부과로 인한 소비자잉여 감소는 수입할당으로 인한 소비자잉여 감소보다 더 크다.
④ 관세부과로 인한 정부의 관세수입과 수입할당으로 인한 수입업자의 이익은 동일하다.

해설

정답

03 대국에서 관세를 부과하면 수입의 감소로 국제가격이 P^W에서 P^{W^*}로 하락하며 국내가격은 $P^{W^*}+t$ 로 상승한다. ①
소비자잉여는 $acdh$의 면적만큼 감소하고 생산자잉여는 사각형 $abgh$의 면적만큼 증가한다.
관세부과후의 수입량은 선분bc의 길이만큼이므로 정부의 관세수입은 사각형$bclk$의 면적이다.
관세부과로 인한 소비자잉여의 감소분 중 생산자가 정부로 이전되지 않은 부분은 삼각형bfg와 삼각형ced의 면적이고 수입재가격 하락으로 인한 교역조건의 개선에 따른 이득은 사각형$felk$의 면적이다.
따라서 경제적 순손실은 삼각형bfg와 삼각형ced의 면적의 합에서 사각형$felk$의 면적을 뺀 크기이다.

04 관세를 부과할 때 수입량과 동일하게 수입할당을 한다면 국내가격은 동일하게 상승한다. ④
따라서 관세부과와 수입할당의 소비자잉여 감소분과 생산자잉여 증가분 및 경제적 순손실의 크기도 같다.
관세는 정부의 조세수입을 증가시키지만 수입할당제는 수입면허를 획득한 수입업자들의 수입을 증가시킨다.

05 소규모 개방 경제 모형에서 수입 관세 부과와 수출 보조금 지원의 무역정책 효과에 관한 설명으로 옳지 않은 것은? (단, 수요곡선은 우하향, 공급곡선은 우상향한다.)

① 수입 관세 부과는 국내 생산량을 증가시킨다.
② 수입 관세 부과와 수출 보조금 지원 모두 국내 생산자 잉여를 증가시킨다.
③ 수입 관세 부과와 수출 보조금 지원 모두 국내 소비자 잉여를 감소시킨다.
④ 수입 관세 부과와 수출 보조금 지원 모두 정부수입을 증가시킨다.

풀이 날짜			
채점 결과			

06 소국 개방 경제인 A국 정부는 자국 산업을 보호하기 위해 X재와 Y재에 각각 40%와 50%의 종가관세를 부과한다. X재의 세계시장 가격은 150이고 X재의 생산에 투입되는 유일한 부품인 Y재의 세계 시장가격은 100이다. 관세가 국내 산업을 얼마나 보호하는지 파악하기 위해 관세 부과에 따른 부가가치의 상승 정도를 나타내는 실효보호율에 관심 있다면, A국이 X재에 대해 부과한 관세의 실효보호율은?

① 10%
② 20%
③ 30%
④ 40%
⑤ 50%

풀이 날짜			
채점 결과			

해설

정답

05 수입관세가 부과되거나 수출보조금이 지급되면 국내 가격이 상승하므로 국내생산량은 증가하고 국내소비량은 감소한다. ④

수입관세나 수출보조금 지급으로 국내가격이 상승하면 소비자잉여는 감소하고 생산자잉여는 증가한다.
수입관세를 부과하면 정부는 관세수입을 얻지만 수출보조금을 지급하면 정부의 정부지출은 증가한다.
두 제도 모두 사회적 후생손실을 유발한다.

06 실효보호율이란 관세 부과 후 부가가치의 변화율을 말한다. ②

X재는 최종재이고 Y재는 중간재이다.
종가관세 부과전의 부가가치는 150 - 100 = 50이다.
최종재인 X재에 40%의 종가관세를 부과하면 X재의 시장가격은 210이 된다.
중간재인 Y재에 50%의 종가관세를 부과하면 Y재의 시장가격은 150이 된다.
종가관세 부과후의 부가가치는 210 - 150 = 60이다.
따라서 관세의 실효보호율은 $\frac{10}{50} = 20\%$이다.

CHAPTER 02 무역정책론

01 객관식 점검

CHAPTER 출제경향

- 관세정책의 일반적인 효과와 계산문제에 대한 문제가 자주 출제된다.
- 또한 실효보호율에 대한 계산문제도 최근에 들어와 자주 출제되고 있다.

02 약술 및 논술 점검

CHAPTER 출제경향

- 관세정책과 비관세정책 중 수입쿼터제, 수출자율규제, 수출보조금 등에 대해 정리를 해야 하며 각 정책간 중요논점 및 차이점을 확인하자.
- GATT와 WTO에 대한 중요 특징을 물어볼 수도 있으므로 해당 내용에 대해 암기하자.

문제 01

수출입은행 2011

미국정부가 중국산 농산물, 첨단제품에 관세를 부과하였다. 이 결과 실질환율, 수출입과 경상수지에 미치는 효과는?

해설

① 관세를 부과하면 수입감소로 순수출 증가를 가져온다.
② 순수출(NX)곡선은 우측으로 이동하게 된다.
③ ($NS-I$)곡선은 이동하지 않으므로 실질환율은 e_0에서 e_1으로 하락하게 되며, 순수출은 그대로 유지하게 된다.
④ 따라서 수입감소와 수출감소가 동시에 발생하면서 순수출은 변함이 없고 교역량만 감소한다.

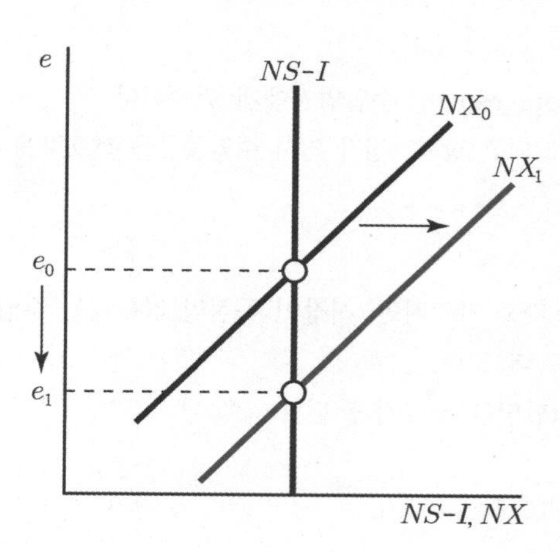

문제 02

현실적으로 관세보다 수입할당이 선호되는 이유는 무엇인지 논하시오.

해설

1 확실한 보호효과

① 관세의 효과는 크게 교역조건 개선으로 인한 후생효과(대국인 경우)와 국내가격 상승으로 인한 보호효과로 구분할 수 있다.

② 이때 외국의 수출공급탄력성이 낮으면 즉, 국제시장에서 수출공급곡선의 기울기가 크다면 관세부과는 교역조건을 크게 개선시킬 수 있으나 국내시장가격상승을 통한 수입재산업 보호효과를 거두기는 힘들다. 예외적으로 외국의 수출공급탄력성이 매우 낮은 경우 관세부과에도 불구하고 국내가격이 하락하는 메츨러의 역설(Metzler's paradox)이 발생할 수도 있다.

③ 이와는 반대로 수입할당시에는 반드시 수입재 상대가격이 상승하게 되므로 확실한 보호효과를 기대할 수 있다.

2 수입업자들의 로비

① 관세의 경우와 달리 수입할당의 경우에는 할당지대(quota rent)가 수입업자에게 귀속된다.

② 따라서 수입업자들은 독점수입권을 얻기 위해 로비를 하게 되고 정책결정자 역시 수입할당을 선호하게 된다.

3 국내 산업이 독점인 경우

① 시장이 경쟁적인 경우에는 관세와 수입할당이 동일한 효과를 가지지만, 시장이 독점인 경우에는 수입할당의 경우에 국내기업이 설정하는 가격이 더 높고 이윤도 더 크다.

② 따라서 해당산업 생산자들의 입장에서도 관세보다 수입할당을 선호하게 된다.

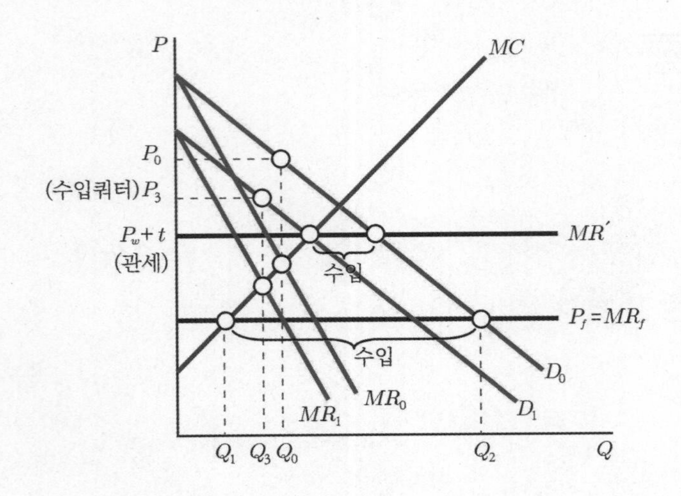

CHAPTER 02 무역정책론

논술 점검 문제

문제 01

정부가 수입할당이나 관세부과 등과 같은 수입규제정책을 펼친다고 하자.

IS-LM모형을 환율과 소득평면에 도해하고, 정책효과를 변동환율제도와 고정환율제도로 나누어 분석하시오.

해설

1 변동환율제도의 경우 수입규제정책의 분석

① 정부가 수입할당이나 관세부과 등 수입규제 정책을 사용하면 주어진 환율에서 수입이 감소하므로 순수출은 증가하게 되고 순수출이 증가하면 IS^*곡선은 오른쪽으로 이동한다.

② IS^*곡선이 오른쪽으로 이동하면 환율이 하락하여 순수출이 감소하고 국민소득은 변하지 않는다.

③ 결과적으로 순수출은 수입규제정책으로 인해 처음에는 증가하지만 환율이 하락함에 따라 원래의 상태로 돌아오게 된다.

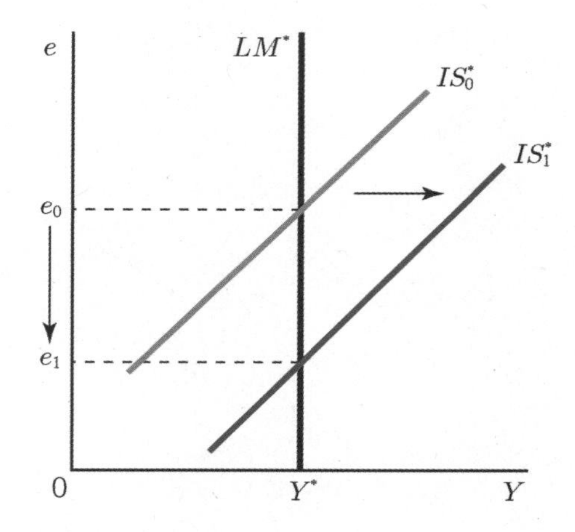

2 고정환율제도의 경우

① 정부가 수입할당이나 관세부과 등 수입규제 정책을 사용하면 순수출이 증가하여 IS^*곡선이 우측으로 이동하게 될 것이다.

② IS^*곡선이 우측으로 이동하면 환율하락 압력이 존재하게 되고 환율절상 또는 하락 압력은 차익거래과정을 통해 화폐공급을 증가시키게 된다.

③ 그 결과 LM^*곡선이 오른쪽으로 이동하게 되면 화폐시장의 균형을 유지하기 위해 소득은 증가하게 된다. 소득이 증가하면 수입이 증가하게 되므로 결과적으로 순수출이 증가하게 될지는 애매해 보인다.

④ 그러나 순수출은 국민저축-국내총투자 라는 사실을 기억하면 소득의 증가가 저축은 증가시키지만 투자에는 영향을 미치지 않으므로 순수출은 결국 증가함을 알 수 있다.

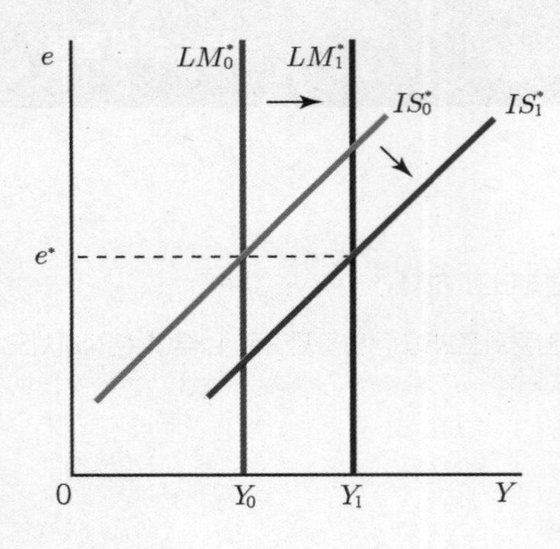

문제 02

미국과 중국 모두 수입품에 대하여 관세를 25%로 인상하였다.

1. 중국은 미국의 농수산물 위주로 관세를 부과하고 있다. 이에 대한 효과를 논하시오.
2. 미국은 중국의 중간재 위주로 관세를 부과하고 있다. 이에 대한 효과를 논하시오.

해설

1 중국은 미국의 농수산물 위주로 관세를 부과하고 있다. 이에 대한 효과를 논하시오.

1. 관세부과의 이유 - 국내생산 증가

① 중국정부가 판단하기에 장기적으로 일정의 식량자급자족이 자유무역을 통해 수입하는 것보다 더 바람직하다고 결론지었을 경우 농수산물의 국내생산을 자유무역상태의 수준보다 증가시키고자 할 것이다.

② 또는 특정 수입재 생산에서의 외부경제효과가 커서 장기적으로 경제성장을 하는 데 수입재의 국내생산을 자유무역시의 생산량보다 더 늘리는 것이 바람직하다고 결론지었다면 이러한 경우에도 생산을 늘리고자 할 것이다.

2. 소국의 경우 관세부과 효과

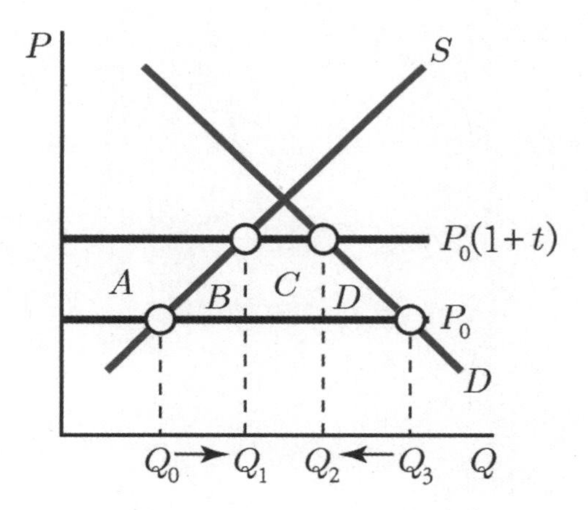

① 소국의 경우 수입재에 대한 관세의 부과는 세계가격에 영향을 주지 않는다.

② 따라서 수입관세가 부과되면 국내에서의 수입재 가격만 상승하게 된다. 결국 수입관세로 인한 조세의 부담은 모두 국내 수입재를 구입하는 소비자에게 귀착된다.

→ 생산목표달성을 위해 관세를 사용하면 생산보조금을 지급할 경우보다 후생수준이 감소하므로 관세는 생산목표달성을 위한 최선책이 아닌 차선책이 될 수 있다.

그 이유는 관세는 생산목표달성을 위한 생산측면의 왜곡 외에 소비측면의 왜곡까지 가져오는 반면, 생산보조금의 경우 소비측면에는 왜곡을 가져오지 않기 때문이다.

2 미국은 중국의 중간재 위주로 관세를 부과하고 있다. 이에 대한 효과를 논하시오.

1. 개요

① 수입재가 최종재라는 가정하에서 관세를 부과하면 그만큼 가격이 영향을 받고 국내생산업자가 보호받을 수 있다.

② 그러나 원자재가 부족한 다수의 공업국들에 있어서는 원자재나 중간재가 수입에서 차지하는 비중이 상당히 큰 것이 일반적이고 따라서 생산자에게 실제로 제공되는 보호효과가 다르게 나타날 수 있다.

2. 부가가치의 변화로 인한 산업보호효과 – 실효보호관세율

① 국내생산자는 자기 산업의 부가가치(value-added), 즉 총수입에서 총비용을 뺀 값이 관세부과 후에 증가되어야만 보호를 받았다고 느낄 것이다.

② 그런데 수입경쟁재부문의 부가가치는 최종재수입에 관세를 부과할 때 증가되고 중간재수입에 관세를 부과할 때 감소된다.

③ 따라서 최종재와 중간재에 동시에 관세가 부과될 때 국내 수입경쟁재부문에 대한 순보호효과를 측정하는 개념이 필요해지는데 이것이 바로 실효보호관세율이다.

즉, 실효보호관세율이란 관세부과에 의한 부가가치의 증가율을 말한다.

→ 실효보호관세율은 $t_E = (V' - V)/V$

(V : 자유무역 시 부가가치, V' : 관세부과 후 부가가치)

문제 03

미국의 보호무역주의로 한국 수입품 쿼터제가 문제가 되고 있다. 쿼터제 실시로 인한 미국의 경제효과를 각 경제 주체의 후생의 관점에서 서술하고 관세부과와 비교하여 장단점을 쓰시오.

해설

1 개념

관세란 해외로부터 수입하는 재화에 대한 조세부과를 의미하며, 수입할당제란 정부가 결정하는 일정수준 이상의 수입을 허용하지 않는 비가격적 수입제한정책이다.

2 관세와 수입할당제 실시 효과 (소국의 경우)

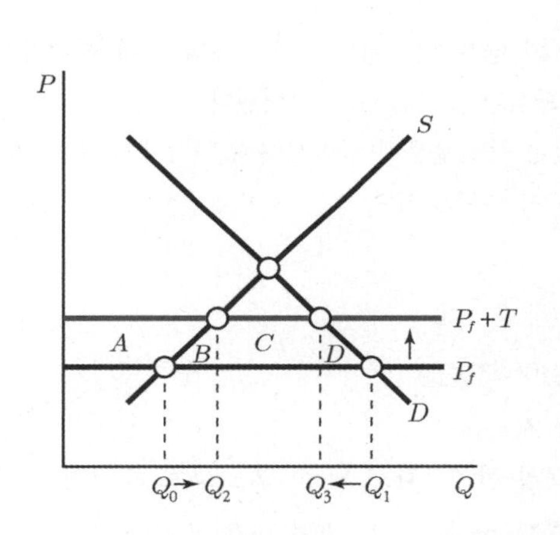

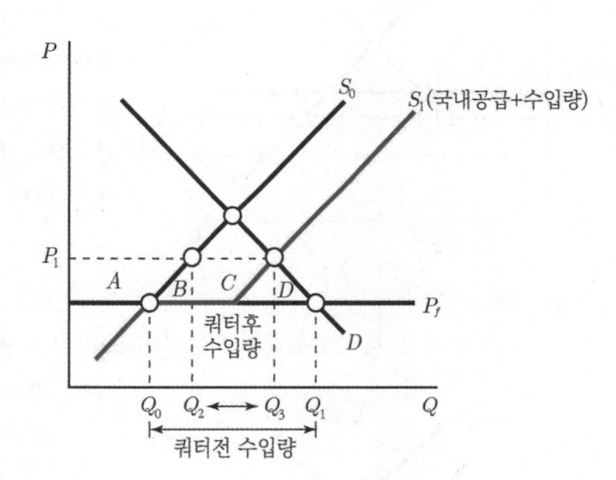

① 관세를 부과하는 경우에는 수입재의 가격이 상승하여 수입의 크기가 Q_2, Q_3로 감소하게 된다.

② 마찬가지로 수입할당의 경우, $\overline{Q_2 Q_3}$로 수입량을 할당하게 된다면 초과수요가 발생하여 관세를 부과하는 경우의 크기와 같은 가격의 상승이 나타나게 되는 것이다.

③ 즉, 이 두 가지 정책 모두 동일하게 수입량을 감소시키고 국내 수입재 생산자의 생산을 증가시킴으로서 자국산업을 보호하는 효과를 가지는 것이다.

3 관세와 수입할당의 차이점 분석

① 관세의 경우 A의 생산자 잉여의 증가, $A+B+C+D$만큼의 소비자 잉여의 감소, C만큼의 조세수입이 나타나게 된다.
따라서 $B+D$의 후생손실이 나타나게 된다.

② 수입할당의 경우도 같은 크기의 후생손실이 나타나게 되지만 C영역에 있어서는 그 귀착의 여부가 달라질 수 있다.

③ 관세의 경우에는 그 크기가 완전히 정부의 관세수입이 되지만 수입할당의 경우에는 그렇다는 보장이 없다.

④ 정부의 직접무역이나 수입권 경매의 경우에는 소득을 마찬가지로 정부가 갖게 되지만, 수입업자에게 수입허가권을 무상으로 준다면 이는 수입업자에게 그만큼의 보조금을 주게 된다.

4 수입할당의 장단점

1. 장점 - 수입할당제의 보호효과가 확실

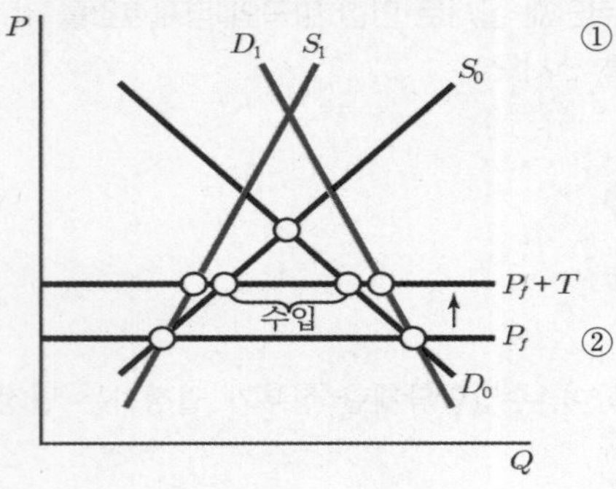

① 정책당국이 생각한 것과 달리 수요와 공급이 비탄력적일 경우에는, 적용한 관세율로는 목표하는 수입량을 달성하기 어렵다.

즉, 관세를 부과한다고 하더라도 수요와 공급의 기울기의 차이에 따라 실현되는 수입량은 달라질 수 있어서 관세의 효과는 불확실하다고 볼 수 있다.

② 또한, 메츨러 역설이 만약 발생하게 된다면 관세부과 전보다 국내가격이 오히려 하락하게 되어 국내수입재산업의 보호효과는 전혀 기대할 수가 없게 된다.

→ 메츨러의 역설이란 관세부과후 수입재의 국제시장가격이 크게 떨어져서 관세를 더한 국내가격이 국제시장가격보다 오히려 낮아지는 것을 말한다.

③ 반면 수량할당제의 경우에는 반드시 수입재의 국내 상대가격이 상승하게 되므로 확실한 보호효과가 기대된다.

④ 공급탄력성이 낮은 농업부문에 있어서 수량할당제가 주로 사용되는 것도 이와 같은 이유 때문이다.

2. 단점

1) 수요 증가 시 수입할당제가 관세부과보다 사회후생손실이 더 큼

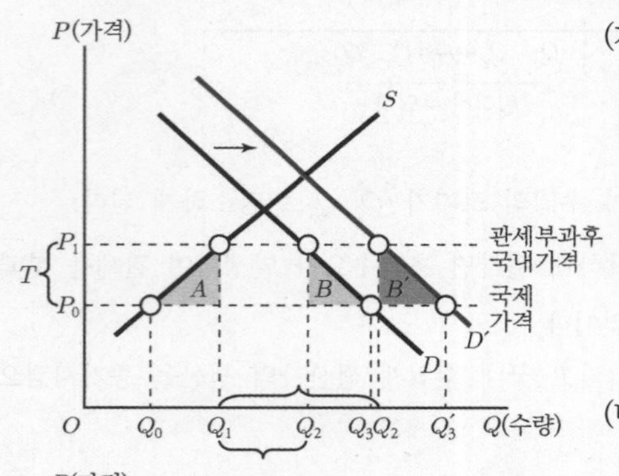

(가) 관세 부과 시

① 우선 T의 관세부과로 인해 Q_2-Q_1로 수입이 제한된 경우에 후생상실분은 $A+B$의 면적이 된다.

② 관세는 가격에 대한 규제이므로 이때 수요가 증가하더라도 가격은 상승하지 않고 수요량과 수입량만 증가한다. 이때 후생상실분은 $A+B'$가 되는데 이는 원래의 후생상실분과 동일하다.

(나) 수입 할당 시

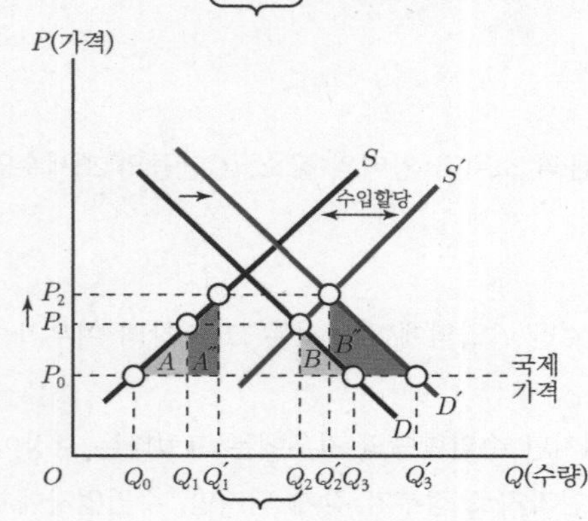

① 이제 관세와 동일한 Q_2-Q_1의 수입물량을 수량할당으로 설정한 경우를 고려해 보자. 이때도 수요증가 이전의 후생상실분은 $A+B$의 면적이 되며 이는 관세의 경우와 동일하다.

② 그러나 수량할당의 경우에는 수요가 증가하더라도 수입량은 증가하지 않고 가격이 상승한다. 그 결과 후생상실분은 $A''+B''$가 되는데 이는 원래의 후생상실분보다 증가한 크기이다.

2) 수입쿼터의 경우 가격상승폭 예측이 어려움

국제시장가격과 국내가격의 차이로 보호의 정도를 측정하는데 관세와 달리 수입쿼터는 가격 상승폭의 예측이 어렵기 때문에 보호의 정도를 측정하기가 쉽지 않다.

3) 수입면허권의 배분문제

① 수입면허를 받은 사람은 수입가격과 국내가격의 차익을 얻기 때문에 누구나 수입면허권을 받고자 한다.

② 이러한 이득을 누구에게 배분할 것인가를 결정하기는 쉽지 않다.

문제 04

관세와 수출자율규제의 차이점을 설명하고 수출자율규제가 관세나 수입할당제보다 선호되는 이유를 논하시오.

해설

1 관세와 수출자율규제의 차이점

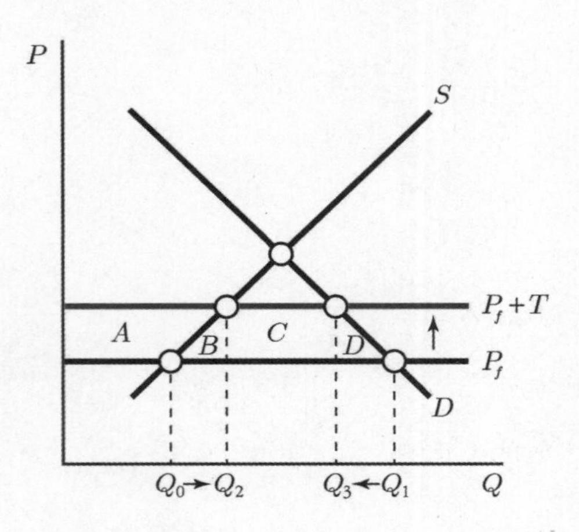

① C의 영역이 관세의 경우에는 정부의 관세수입이 되지만 수출자율규제의 경우에는 이 영역이 외국수출업자에게 귀속되는 차이점이 있다

② 즉, 이 부분이 수출국에게 귀속되는 이유 때문에 수출국이 스스로 이 지대를 얻기 위해서 수출자율규제가 나타날 수 있는 것이다.

2 수출자율규제의 선호이유

① 세계무역기구(WTO)가 추진하는 무역자유화의 내용은 주로 관세장벽의 완화 및 제거이며, 수출자율규제(VER) 또는 시장질서유지협정(OMA) 등 비관세 무역장벽의 제한은 상대적으로 소홀한 측면이 있었다.

→ 시장질서유지협정이란 1974년 제정된 미통상법 201조에 의거, 미국이 수출 상대국과 체결하는 수입수량의 규제에 관한 협정으로 미국 내의 시장질서를 유지하기 위해 질서있게 수입을 결정하는 것이 목적이다.

② 수출업자에게 지대가 발생하기 때문에 무역마찰이 나타날 가능성이 관세나 수량할당에 비해서 적다는 측면을 지적할 수도 있을 것이다.

③ 수입국이 일방적으로 수입을 제한하려 할 때 수출국이 스스로 수출량을 감축함으로써 수출국은 자신의 교역조건 악화를 방지할 수 있다.

문제 05

보복관세 부과에 의한 관세전쟁을 설명하고 자유무역 활성화를 위한 국제무역기구의 필요성을 논하시오.

해설

1 보복관세란?

보복관세란 한 국가의 최적관세 부과에 대해 상대국가도 최적관세를 부과하여 각자 자국의 사회후생을 극대화하려는 경우를 나타낸다.

2 관세전쟁 분석

1. 오퍼곡선으로 설명

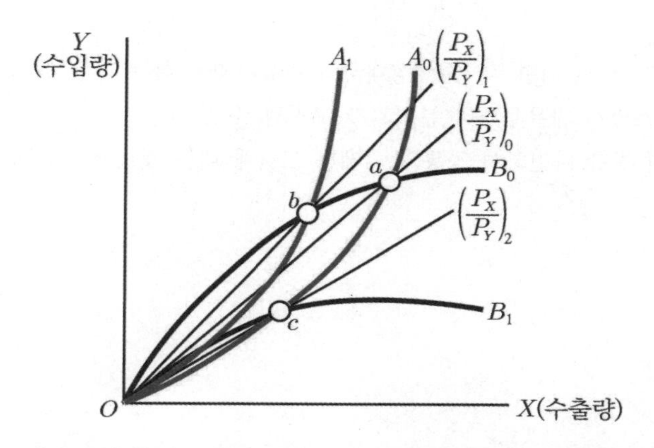

① 자유무역이 이루어지고 있다가, 본국이 최적관세를 부과하는 경우 오퍼곡선이 OA_0에서 OA_1으로 이동한다.

② 타국은 자국의 후생극대화를 위하여 마찬가지로 최적관세를 부과한다면 양국간의 무역량이 감소하게 되고, 또한 사회후생도 점차 악화되는 양상을 보이게 된다.

③ 양국이 이와 같이 계속해서 관세보복을 되풀이 한다면 마지막에는 양국 모두 무역을 행하지 않는 폐쇄경제상태가 될 것이며 결국 양국의 사회후생도 악화될 것이다.

2. 게임이론으로 분석

① 관세전쟁을 게임이론으로 나타내 보면 다음과 같다.

(숫자 : 양국의 이득)

본국 \ 타국	관세	비관세
관세	5, 5	20, 2
비관세	2, 20	15, 15

② 보수행렬에서 내쉬균형은 (관세, 관세)가 되어 서로 비관세를 부과하는 경우보다 국제후생이 낮아지는 결과가 나타난다.

3 국제무역기구의 필요성

1. 국제무역재판과 벌칙 부과

① 만약 WTO와 같은 국제무역기구가 관세를 부과하는 국가에게 10만큼의 벌금을 부과한다면 위의 보수 행렬은 아래와 같이 변화하게 된다.

	관세	비관세
관세	-5, -5	10, 2
비관세	2, 10	15, 15

② 이 경우에는 (비관세, 비관세)가 게임의 내쉬균형이 되어 자연스럽게 국제후생이 증가하는 결과를 가져오는 것이다.

③ 이는 국제무역기구의 실질적 제재조치가 일종의 신뢰할 수 있는 위협으로 작용하여 국제적인 후생극대화를 가져올 수 있음을 보여주는 것이다.

2. 자유무역의 활성

① 자유무역이 하나의 기조로 자리 잡게 되면 각국은 "상대국이 자유무역을 하는 한 나도 자유무역을 하는 것이 최선"이 되므로 자연스럽게 자유무역의 분위기가 유지될 수 있다.

② 양자주의보다는 다자간 협상의 장을 마련하여 공통의 의제를 도출해 내는 것이 바람직한 결과를 가져올 수 있다.

문제 06

수출보조금을 포함하여 이른바 전략적 무역정책의 일반적 효과와 문제점을 논하시오.

해설

1 개 요

① 수출보조금은 해당 정책을 사용하는 수출국에게는 순손실을 가져오는 반면 수입국에게는 순이익을 가져다 주는 아이러니가 존재한다.

② 따라서 외국이 수출보조금을 지급하는데 대해 자국이 이에 대한 조치를 마련해야 할지 아니면 그냥 내버려두어야 할지 일종의 딜레마에 빠질 수 있다.

③ 그럼에도 수출보조금은 현재 불공정경쟁행위로 간주되고 있어 WTO는 이에 대한 보복행위를 인정하고 있다.

④ 실제적으로 각국에서도 외국의 수출보조금으로 인해 피해를 입고 있는 국내산업들로부터의 강력한 압력이 발생하기 때문에 WTO 절차를 따라 보복을 가하는 경우가 많다.

2 불충분한 정보로 인한 한계

① 전략적 무역정책이 성공하기 위해서는 자국의 기업 및 외국의 기업의 비용구조를 정확히 알아야 할 뿐만 아니라 시장수요곡선의 형태도 알고 있어야 한다.

② 그러나 실제로는 비용함수 또는 수요의 특징에 따라서 정부의 지원이 전략적 우위로 인한 이익을 얻을 수 있는 경우와 그렇지 못한 경우가 있다.

③ 그러나 정부가 사전적으로 이를 알아내기 위해서는 상당한 정보가 필요하다.

3 외국의 정책보복 가능성

① 비록 전략적 무역정책이 성공할 수 있는 경우라 하더라도 이러한 정책은 인근궁핍화정책(beggar-thy-neighbor)으로서의 성격을 가진다.

② 따라서 이러한 경우 상대국의 강한 반대에 직면할 수 있으며 상대국 역시 유사한 지원정책을 사용할 경우 양국이 모두 손해를 보는 결과에 이를 수도 있다.

4 현실 사례의 제한

전략적 무역정책이 타당하기 위해서는 매우 강한 외부효과 또는 학습효과가 존재하거나 전 세계적으로 소수의 기업만 살아남을 수 있을 정도로 강한 규모수익체증이 존재해야 하는데 이러한 사례는 흔하지 않다.

문제 07

경제통합에 따른 긍정적 효과와 부정적 효과를 논하시오.

해설

1 긍정적 효과

1. 무역창출효과 – 관세폐지효과

1) 개념

무역창출효과란 비효율적인 공급원에서 효율적인 공급원으로 대체됨을 의미한다.

2) 효과

관세가 폐지되면 사회적 잉여가 증가되는데 그 이유는 국내생산이 수입으로 대체됨에 따른 비용절감으로 인한 생산효과와 가격하락으로 인한 수요증대효과에서 발생한다.

2. 경쟁촉진과 경제성장의 가속화

① 경제통합에 따른 시장의 확대는 기업들간의 경쟁을 촉진시킨다.
가격경쟁으로 재화가격의 인하, 각종 서비스 측면에서의 질적향상, 신제품과 효율적인 생산기법 등을 개발하려는 기업들간의 R&D 경쟁, 신기술의 개발, 기술의 축적 및 파급 등의 효과가 있다.

② 이러한 일련의 긍정적 효과들은 역내 상품교역과 기술교류 등을 통하여 역내 경제 전반에 걸쳐 파급되고 경제성장의 가속화를 가져온다.

3. 시장규모 확대에 따른 규모의 경제효과

① 규모의 경제에 따라 제품생산의 비용절감을 가져와 가격 경쟁력을 제고할 수 있다.

② 또한 시장규모의 확대에 따라 시장점유율을 높이기 위한 기업간 경쟁이 촉진됨으로써 효율적인 자원배분을 요구하는 힘이 역내경제에 동태적으로 작용하게 된다.

4. 역내 해외직접투자의 활성화 또는 촉진

① 역내 무역장벽의 철폐는 기업의 역내 경제활동비용을 낮추고 역내 경제활동에 대한 안정성을 제공하여 역외기업들이 역내에 생산거점을 마련하도록 하는 유인을 제공한다.

② 역내 기업은 원자재 및 중간재 조달에서 역외기업보다 유리하며, 판매과정에서 운송・정보 비용 절감 및 무관세혜택 등으로 제반비용을 절감할 수 있다.

③ 따라서 경제통합은 역외기업의 역내로의 직접투자를 증가시키게 된다. 특히, 역외국가에게는 역내에 생산거점을 확보할 경우 지역무역협정에 참여하지 않으면서도 실질적인 역내 무관세 혜택을 누릴 수 있다.

5. 불확실성의 감소와 역내국의 기술혁신

① 경제통합의 노력은 학습효과와 정의 외부경제효과를 발생시킨다.

② 즉 관세동맹으로 인한 특정 산업의 발전은 그 제품을 투입물로 사용하는 동맹지역내 관련 산업의 생산비용을 절감하는 긍정적인 외부경제효과를 발생시킨다.

③ 또한 역내 개도국의 입장에 볼 때, 선진국의 자본과 기술을 유치할 수 있다면, 이는 긍정적인 기술이전효과를 동반할 뿐만 아니라 역내 유휴자원의 활용도를 높임으로써 새로운 고용을 창출하고 경제전반의 효율성을 증대시키는 효과를 갖게 된다.

2 부정적 효과

1. 무역전환효과

1) 개념

관세동맹에 의해서 효율적인 재화의 공급원이 비효율적인 공급원으로 바뀌는 것을 말한다.

2) 설명

① 무역전환효과로 말미암아 자원의 비효율적인 배분과 소비자 후생의 감소가 초래될 수 있다.

② 역외국에 부과하는 고관세는 역외국 비교우위상품의 역내 수입을 막아 역내국 소비자의 후생을 악화시키는 것으로 작용함으로써 무역자유화의 이익을 일부 상쇄할 수 있다.

3) 그림

① P^M은 가맹국(member)의 가격, P^{NM}은 비가맹국(non-member)의 가격이다.

② 비가맹국(NM)이 보다 효율적이어서 그 가격이 가맹국(M) 가격보다 낮다고 하자.

③ 관세동맹 이전에는 두 나라 제품 모두에 관세(t)가 부과되므로 더 효율적인 비가맹국 제품이 ($P^{NM}+t$)의 가격으로 수입된다.

④ 그런데 관세동맹 이후에는 가맹국 제품 가격이 P^M이 되어 비가맹국 제품 가격 ($P^{NM}+t$)보다 낮아지므로, 소비자들은 가맹국 제품으로 소비를 전환한다.
즉, 무역전환효과가 나타난다.

⑤ 소비자 가격은 하락하였으므로 소비자잉여는 $(a+b+c+d)$만큼 늘어난다. 그리고 생산자잉여는 a 만큼 줄어들고, 또 비가맹국 제품을 수입할 때 얻었던 관세 수입 $(c+e)$가 없어진다. 따라서 무역전환으로 인한 후생효과는 다음과 같이 정리된다.

$$\text{무역전환에서 후생효과} = (a+b+c+d)-(a)-(c+e) = (b+d)-e$$

⑥ $(b+d)$는 가격 하락으로 인한 후생증가효과이고, e는 효율적인 제3국 제품에서 비효율적인 가맹국 제품으로 수입이 바뀜에 따른 후생손실을 나타낸다.

⑦ 만일 $(b+d)$가 e보다 크면 무역 전환이 발생하더라도 후생수준은 높아진다.
즉, 무역전환효과가 있더라도 소비측면의 이익이 더 크면 후생수준이 증가할 수 있다.

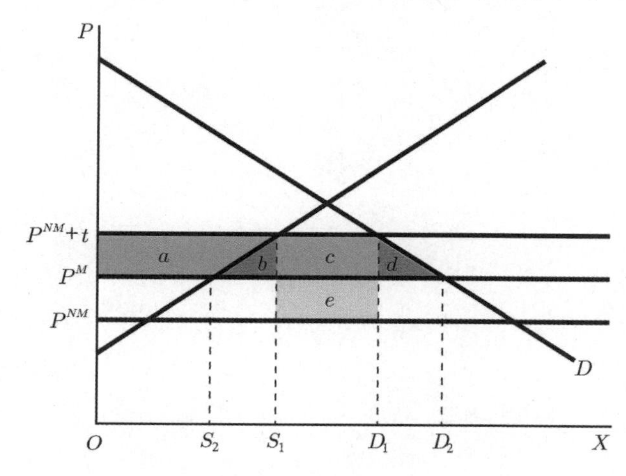

2. 조정비용의 발생

경제내의 생산요소들의 산업간의 이동이 순조롭지 못할 경우 경제내에 대량실업 등 경제구조의 심각한 조정비용이 발생할 수 있다.

3. 범세계적 다자체제와의 상충가능성

① 지역무역협정 체결로부터 새로운 수출기회를 얻게 되는 수출업자들이 배타적 무역블록을 옹호하는 세력으로 등장하게 되고 수출기회의 상실을 우려하여 지역주의의 다자주의로의 확대발전을 저해할 수 있다.

② 따라서 지역무역협정은 다자주의를 지향하는 디딤돌이 되기보다는 지역주의를 공고화하고 다자주의를 방해하는 걸림돌이 될 가능성이 크다.

4. spoke (바퀴살)

경제규모가 작은 소국이 지역무역협정을 맺을 경우 경제적 대국의 spoke의 형태로 남을 가능성이 있다.

MEMO

PART 02

PART GUIDE

- 국가간의 상품이동에는 그와 반대방향으로 움직이는 화폐이동이 수반된다.
- 이와 같이 국가 간의 상품거래에 따른 화폐의 흐름과 관련하여 등장하는 중요개념이 국제수지이다.
- 2편에서는 국제수지 개념과 국제수지 균형의 의미를 살펴보고 환율의 의미와 균형환율의 결정을 설명하기로 한다.
- 그리고 개방경제에서 금융정책과 재정정책이 환율의 변화를 통해 거시경제에 미치는 영향을 알아보고 변동환율제도와 고정환율제도로 구분되는 환율제도의 장점 및 단점을 비교해 볼 것이다.

국제금융론

CHAPTER 03

환율이론

단원 학습 목표

- 환율의 변화는 수출재와 수입재의 가격은 물론 외국여행, 자본이동 등 외국과의 모든 경제적 거래에 여러모로 영향을 미친다.
- 외환도 일종의 자산이므로 외환의 가격인 환율도 기본적으로 자산 가격의 결정원리에 따라 결정된다.
  즉, 외환의 수요와 공급에 의해 환율이 결정된다는 것이다.
- 그리고 거시경제정책, 물가변동, 국제수지 등 다양한 요인에 의해 환율은 변동하게 된다.
- 본 3장에서는 환율의 정의, 환율결정이론, 환율제도, 환율의 결정요인 등에 대해서 살펴본다.

□△○

1절 환율의 개념 및 표시방법

01 환율의 개념

① 환율이란 자국화폐와 외국화폐의 교환비율을 말한다.

② 기본적으로 환율은 외환시장에서 외환에 대한 수요와 공급에 의하여 결정된다.
외환에 대한 수요는 주로 재화와 서비스의 수입과 자본의 유출에 의해서, 외환의 공급은 재화와 서비스의 수출 및 자본의 유입에 의해 결정된다.

02 환율의 표시방법

① 우리나라에서는 주로 국내통화로 표시한 외국통화의 가격을 사용하는데 이를 자국통화표시환율이라고 한다.
외국화폐 1단위를 얻기 위하여 지급해야 하는 자국화폐의 크기로 표시하는 것을 말한다.
예를 들어 1달러당 1,200원 등과 같이 정의하는 것이다. (ex. $1 = 1,200원)

② 대부분의 국가들은 자국통화표시환율(지급환율)로 환율을 표시한다.

③ 환율을 자국통화표시환율로 정의하면 환율의 상승은 자국통화 가치의 하락을, 환율의 하락은 자국통화 가치의 상승을 의미한다.

④ 자국통화가치가 하락하는 현상을 평가절하(depreciation), 자국통화가치가 상승하는 현상을 평가절상(appreciation)이라고 부른다.
예를 들어 환율이 1달러당 1,000원에서 1,100원으로 상승하면 자국화폐 1원의 가치는 1/1,000달러에서 1/1,100달러로 하락한다. 반대로 환율이 1달러당 1,000원에서 900원으로 하락하면 자국화폐 1원의 가치는 1/900달러로 상승한다.

03 환율의 종류

1 명목환율 (nominal exchange rate)

명목환율이란 자국화폐와 외국화폐의 교환비율을 말한다.

2 실질환율 (real exchange rate)

① 한 나라의 재화와 서비스가 다른 나라의 재화와 서비스와 교환되는 비율로 두 나라의 물가를 고려한 환율을 말한다.

$$\epsilon = \frac{e \times P_f}{P}$$ (e : 명목환율, P_f : 외국물가, P : 국내물가)

$e \times P_f$는 외국재화 1단위의 국내통화표시가격이고 국내 재화의 가격(P)으로 나누면 우리나라의 재화수량으로 표시되며 이를 실질환율이라고 한다.

② e가 1$ =1,000원이고 쌀의 국내물가가 10,000원, 외국물가가 20$라면 실질환율은 $\frac{1,000 \times 20}{10,000} = \frac{20,000}{10,000} = 2$가 된다.

③ 이는 쌀의 외국가격이 국내가격보다 2배 비싸다는 의미를 갖고 있다. 또는 외국 쌀을 구입하기 위해서는 우리나라 쌀 2단위가 필요하다는 뜻이다.

④ 따라서 국내 쌀의 수출이 증가할 수 있음을 알 수 있다.

⑤ 명목환율이나 국내물가 또는 외국물가가 변화하면 실질환율이 변한다.
실질환율이 상승하면 외국재의 가격이 상대적으로 높아진 것을 의미하고 실질환율이 하락하면 외국재의 가격이 상대적으로 내려간 것을 의미한다.

04 외환거래의 형태

1 현물환 거래

현물환 거래란 현장에서 즉각적으로 이루어지는 거래로 이 거래에 적용되는 환율을 현물환율이라고 한다.

2 선물환 거래

① 선물환 거래란 일정량의 외환을 미래의 특정시점에 거래계약 당시에 약정된 환율로 팔거나 사기로 하는 거래로 이때 약정한 환율을 선물환율이라고 한다.

② 일반적으로 선물거래를 이용하면 미래 환율변동으로 인한 손실을 예방할 수 있다.

3 통화옵션

① 미래의 특정시점에 외화를 미리 약정한 행사가격으로 사거나 팔 수 있는 권리를 매매하는 것으로 기업의 주요 환리스크 헤지 수단으로 사용된다.

② 미래 일정시점에 주어진 환율로 외국화폐를 판매할 권리를 갖는 것을 풋옵션(put option)이라고 하고 반대로 외국화폐를 매입할 권리를 갖는 것을 콜옵션(call option)이라고 한다.

□△○

2절 외환의 수요 및 공급에 의한 환율결정이론

01 개요

① 환율은 외환의 가격이다. 세계 경제의 모든 변수들이 환율에 영향을 미친다.

② 환율에 영향을 미치는 주요 변수를 살펴보면 일반적으로 국내 소득수준, 물가, 통화량, 이자율, 그리고 외국의 소득수준, 물가, 통화량, 이자율 등이 있다.

③ 이러한 변수들 가운데 어느 변수가 환율결정에 결정적 역할을 하는지 보는 시각에 따라 여러가지 환율결정이론이 존재한다.

④ 환율도 다른 상품과 마찬가지로 외환의 수요와 공급에 의해서 결정된다.

02 외환의 수요와 공급

1 외환의 수요곡선

① 환율이 상승하면 외환의 수요량이 감소하므로 외환수요곡선은 우하향의 형태로 도출된다.

② 예를 들어 환율이 1달러 당 1,000원이면 100달러 가격의 미국 제품을 수입하는 데 10만원을 지불해야 한다. 그런데 환율이 1달러 당 1,500원이 되면 똑같은 물건을 수입하는 데 15만원을 지불해야 한다.

③ 이와 같이 환율이 상승하면 수입하는 상품의 국내표시 가격이 상승하게 되므로 국내에서 그 상품을 적게 수입하게 된다.

④ 수입의 감소는 외국화폐에 대한 수요를 감소시킨다. 따라서 환율인상에 의한 수입 감소의 결과 외환수요곡선은 우하향하는 형태를 갖는다.

⑤ 외국 자산의 원화표시 가격도 올라가므로 우리나라 사람들이 사들이는 외국자산의 규모도 줄어들게 된다.

2 외환의 공급곡선

① 환율이 상승하면 외환의 공급량이 증가하므로 외환공급곡선은 우상향의 형태로 도출된다.

② 예를 들어 환율이 1달러 당 1,000원이고 우리나라 제품 가격이 10만원이라고 하자.
이때 미국인이 우리나라 제품을 구입할 때 지불하는 가격은 100달러이다. 우리나라 수출업자는 제품을 수출하여 10만원의 소득을 얻는다. 이때 환율이 1달러 당 1,500원으로 올랐다고 하자. 우리나라 수출업자는 수출재의 달러표시 가격에 상관없이 10만원의 소득만 얻으면 된다. 따라서 그는 제품 가격을 약 66달러로 내리더라도 손해를 입지 않는다.

③ 우리나라 제품 가격이 66달러로 내리면 미국 소비자의 우리나라 제품에 대한 수요가 늘어나게 된다.

④ 따라서 환율이 올라가면 수출이 늘어난다. 결국 환율의 상승은 외환의 공급을 늘리며, 그 결과 외환공급곡선이 우상향 한다.

⑤ 우리나라 주식이나 채권 같은 자산의 달러표시 가격이 떨어져 이들에 대한 외국인의 투자도 늘어날 것이다.

3 균형 환율의 결정

① 외환을 달러화라고 하면 수평축은 달러화의 거래량, 수직축은 원화의 대달러 환율(₩/$)을 나타내고 있다.
② 외환시장의 균형은 다른 상품시장의 경우와 마찬가지로 수요곡선과 공급곡선이 교차하는 점에서 이루어진다.
③ 균형에서 결정되는 환율 e^*가 균형 환율(equlibrium exchange rate)이 된다.

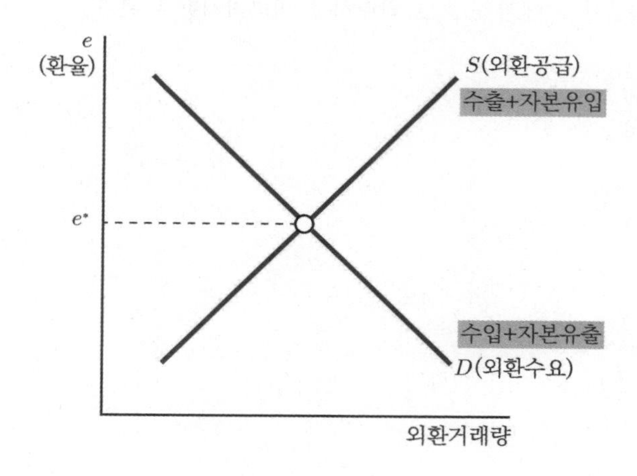

03 균형 환율의 변화

1 외환수요증가요인

① 국민소득증가, 국내물가상승, 외국물가 하락 등은 수입을 증가시켜 외환수요곡선이 우측 이동한다.
② 예를 들어 경기가 좋아져 국민소득이 커지면 소비지출도 함께 늘어나고 이에 따라 외국 상품의 수입도 늘어날 것이다. 따라서 외환에 대한 수요가 커지는데 D_0 이었던 수요곡선이 오른쪽으로 이동해 D_1이 된다.
② 외환수요곡선이 우측으로 이동함에 따라 환율은 e_0에서 e_1으로 상승하고 외환거래량은 증가한다.

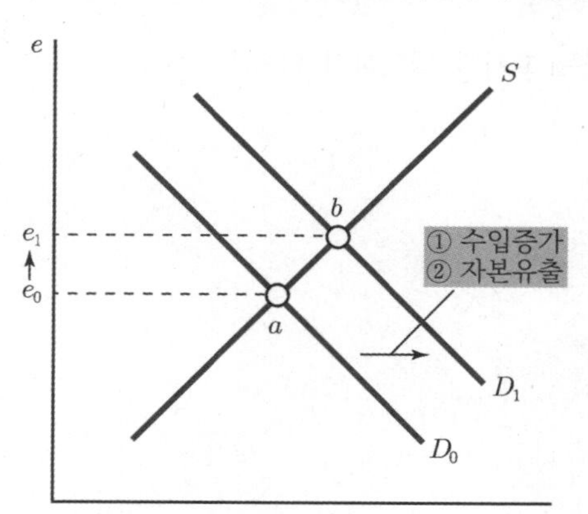

	우측이동	좌측이동
이동요인	수입증가, 자본유출증가	수입감소, 자본유출감소
환율의 변화	환율상승	환율하락

2 외환공급증가요인

① 외국 경기상승, 외국물가 상승, 국내물가하락 등은 수출을 증가시켜 외환공급곡선이 우측 이동한다.

② 예를 들어 국내이자율이 상승하면 외국인들은 우리나라 금융자산의 수익률이 커지기 때문에 더 많이 구입하려고 한다. 그 결과 외환의 공급이 늘어 S_0 이었던 공급곡선이 오른쪽으로 이동해 S_1이 된다.

③ 외환공급곡선이 우측으로 이동함에 따라 환율은 e_0에서 e_1으로 하락하고 외환거래량은 증가한다.

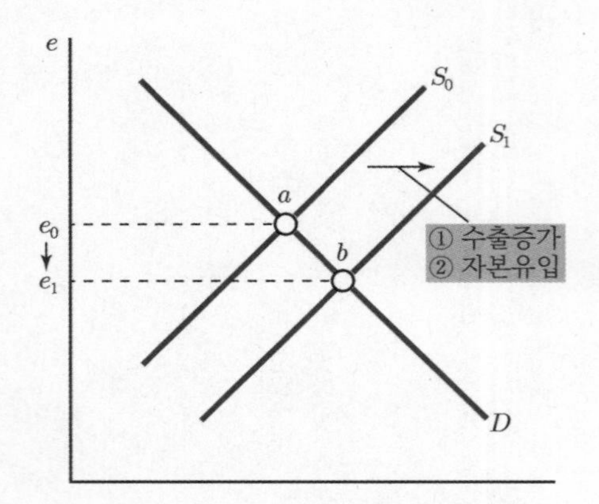

	우측이동	좌측이동
이동요인	수출증가, 자본유입증가	수출감소, 자본유입감소
환율의 변화	환율하락	환율상승

04 환율변동의 효과

1 개요

환율이 상승하거나 환율이 하락하는 환율변동이 경제에 미치는 효과를 정리하면 다음과 같다.

2 환율의 상승 (원화의 평가절하)

$1 = 500원 → $1 = 1,000원

효과

수출재의 달러표시 가격 하락 → 수출증가
수입재의 원화표시 가격 상승 → 수입감소
수입원자재 가격 상승으로 인한 국내물가 상승
외화부채의 부담증가
교역조건의 악화
해외여행 감소로 서비스 수지 개선

3 환율의 하락 (원화의 평가절상)

$1 = 1,000원 → $1 = 500원

효 과
수출재의 달러표시 가격 상승 → 수출감소
수입재의 원화표시 가격 하락 → 수입증가
수입원자재 가격하락으로 인한 국내물가 하락
외화부채의 부담감소
교역조건의 개선
해외여행 증가로 인한 서비스 수지 악화

4 환율변동이 총수요 및 총공급에 미치는 효과

1. 총수요에 미치는 효과

① 총수요는 소비지출, 투자지출, 정부지출, 순수출로 구성되어 있다.

② 환율의 변화는 주로 순수출, 즉 경상수지를 통해 총수요에 영향을 미친다.

③ 환율(e)이 상승하면 순수출은 이전보다 더 커진다. 왜냐하면 환율상승 시 수출이 증가하고 수입은 감소하기 때문이다.

④ 순수출이 증가하면 총수요가 증가하기 때문에 총수요곡선을 AD_0에서 AD_1으로 이동시킨다.

2. 총공급에 미치는 효과

① 국제 분업 또는 글로벌(global) 공급망이 활발한 상황에서 생산에 필요한 원자재나 부품을 외국으로부터 수입하는 경우가 일반적이다.

② 환율이 상승하면 수입 원자재나 중간재의 가격이 상승할 것이므로 생산비용도 이전보다 상승하게 된다.

③ 환율이 올라 생산비용이 상승하면 상품의 생산량은 줄어들고 총공급곡선을 AS_0에서 AS_1으로 이동시킨다.

3. 물가와 국민소득에 미치는 효과

① 환율이 상승하면 총수요곡선은 우측으로 이동하고 총공급곡선은 좌측으로 이동한다.

② 균형점은 a에서 b로 이동하여 물가는 상승한다.

③ 국민소득에 미치는 효과는 총수요곡선의 이동 폭과 총공급곡선의 이동 폭에 따라 달라지게 되는데 환율상승으로 인한 총수요증가 효과가 총공급 감소 효과보다 더 크면 국민소득은 늘어나게 된다.

④ 여러 나라의 경험을 살펴보면 환율의 상승은 단기에서 국민소득이 더 커지게 만드는 경우가 대부분이며 현실적으로 환율상승으로 인한 수요증가 효과가 공급 감소 효과보다 더 클 가능성이 높다고 볼 수 있다.

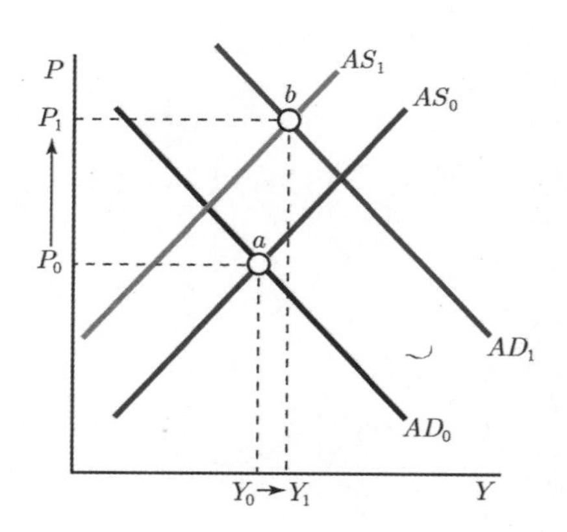

기출문제 점검

코트라 2004년

원화가치의 절상이 경제에 미치는 영향에 대해 논술하라.

논점 및 해법

원화가치의 절상은 환율의 하락을 의미한다.

환율이 하락하면 (예, 1$ =1,000원 → 1$ = 500원) 원화가치는 상승하고 달러가치는 하락한다.

환율하락시 경제에 미치는 영향에 대해 긍정적인 평가와 부정적인 평가로 나누어 서술해야 하며 각 산업별로 미치는 영향까지 분석하면 완벽한 내용이 될 수 있다.

3절 다양한 환율결정이론

01 구매력 평가설

1 개념

① 구매력 평가설이란 환율이 각국화폐의 구매력에 의하여 결정된다는 이론이다.
구매력 평가란 국가 간에 상품교역이 자유롭게 이루어지는 경우에는 두 국가에서 구매력이 같아져야 한다는 것을 말한다.

② 화폐의 구매력은 물가와 반비례하므로 양국에서 물가상승률의 차이가 환율변화율과 동일하게 된다.

2 가정 - 일물일가의 법칙 (law of one price)

① 재화의 교역이 자유롭다.

② 각 나라가 생산하는 상품은 완전히 동질적이다.

③ 거래비용은 무시할 수 있을 정도로 작다.

④ 차익거래(arbitrage)란 싸게 사서 비싸게 팔아 비용을 들이지 않고 이윤을 획득하는 행위를 말하는데 재화의 교역이 자유롭다면 차익거래의 기회는 사라지고 동일한 상품이나 자산에 대하여 하나의 가격만이 성립하게 되는 것을 일물일가의 법칙이라고 한다.

3 절대적 구매력 평가설

1. 도출

① 국내물가수준을 P, 외국물가수준을 P_f, 환율을 e라고 하면 절대적 구매력 평가설에 의한 환율은 다음과 같이 두 나라 물가수준의 비율로 나타낼 수 있다.

② $e=\dfrac{P}{P_f}=\dfrac{\frac{1}{P_f}}{\frac{1}{P}}$ $\left(\dfrac{1}{P_f}\right.$: 외국화폐의 구매력, $\dfrac{1}{P}$: 자국화폐의 구매력)

③ 또는 자국의 물가수준이 P, 외국의 물가수준이 P_f, 명목환율(e)간의 관계를 나타내는 다음과 같은 식을 절대적 구매력 평가(absoulute PPP)라고 한다.

$$\rightarrow P=eP_f$$

2. 의미

① 구매력 평가설에 의해 균형 환율이 결정되면 이 환율수준에서 차익거래의 수익은 0이 된다.

② 만약 실제 환율이 균형 환율과 달라지면 해외재화의 수입이나 국내재화의 수출에 의해 거래차익을 획득할 수 있지만 차익거래가 빠르게 진행되면 환율은 다시 균형수준을 회복하게 된다.

③ 절대적 구매력평가는 실질환율이 1이 되어야 함을 의미한다. ($\dfrac{eP^f}{P}=1$)

4 상대적 구매력 평가설

1. 개요

① 환율을 물가수준 비율의 관계로 나타낸 구매력 평가설은 환율변화율과 각국 인플레이션율 간의 차이로 나타낼 수 있다.

② 상대적 구매력 평가는 실질환율이 1이어야 할 필요는 없으며 물가와 환율이 각국 화폐의 구매력과 외국 구매력의 비율을 유지하는 방식으로만 조정되면 된다고 주장한다.

2. 도출

① $P = eP^f$식을 자연로그를 취해 시간에 대해 미분하면 그 변화율간의 관계를 다음과 같이 나타낼 수 있다.

② $\frac{\Delta P}{P} = \frac{\Delta e}{e} + \frac{\Delta P^f}{P^f} \rightarrow \frac{\Delta e}{e} = \frac{\Delta P}{P} - \frac{\Delta P^f}{P^f}$

이 식에 따르면 국내 인플레이션율과 외국 인플레이션율의 차이는 환율 변화율과 일치한다.

5 결론

1. 문제점

① 실제로 많은 나라들이 관세 등 무역 장벽을 쌓고 있고, 무역에 소요되는 거래비용이 큰 것이 일반적이다.

② 각 나라가 생산하는 상품이 완전히 동질적일 수 없으므로 일물일가의 법칙이 성립하지 않는다.

③ 현실적으로 국가 간 이동이 용이하지 않은 수많은 비교역재가 존재한다.
비교역재에는 주로 서비스업과 건설에 관련된 생산물이 해당되는데 비교역재는 국제적으로 거래되지 않으므로 그 가격은 국내 수요와 공급에 의해서만 결정된다.

④ 구매력 평가설에는 환율결정요인으로 물가만 고려하고 있다.

⑤ 가격경직성으로 실질환율이 명목환율과 거의 같은 폭으로 변동하므로 비교역재를 포함한 일반물가수준의 차이로는 환율결정방식을 설명할 수 없다.

2. 평가

① 구매력 평가설은 단기적인 환율의 움직임은 잘 나타내지 못하고 있으나 장기적인 환율의 변화추세는 잘 반영하는 것으로 평가된다.

② 무역장벽이 낮고 거래비용이 적은 선진국들 사이에는 구매력 평가설이 잘 적용되는 것으로 나타난다.

③ 구매력 평가설은 경상수지측면에서 분석한 환율결정이론이다.

02 유위험 이자율 평가설 (interest rate parity theory)

1 개요

① 구매력 평가설은 경상수지 특히 무역수지를 중요시 하는 관점이라면, 이자율 평가설은 자본수지에 초점을 맞추어 균형 환율을 설명하는 이론이다.

② 이자율 평가설은 단기자본이동에 따른 환율의 결정을 설명하려는 이론이다.

③ 이자율 평가설은 환율이 두 나라간 명목이자율 차이에 의해 결정된다고 본다.

2 가정

① 국가 간 자본이동이 완전하므로 양국에서의 투자수익률이 동일하다.
② 거래비용이 존재하지 않는다.

3 설명

① 국내 이자율이 i, 외국이자율이 i_f, 현재 환율을 e_t, 1년 뒤의 예상환율을 e_{t+1}이라고 가정한다.

② 1원을 국내에 투자하면 1년 뒤의 원리금은 (1+i)이고, 외국에 투자했을 때의 원리금은 다음과 같다.

③ 1원을 현재 환율(e_t)로 달러와 교환하면 $\frac{1}{e_t}$달러가 되고, 이를 외국에 투자하면 1년 뒤의 원리금은 $\frac{1}{e_t}(1+i_f)$달러가 된다.

④ 1년 뒤의 예상환율로 원화와 교환하면 $\frac{e_{t+1}^e}{e_t}(1+i_f)=\frac{e_t+\Delta e^e}{e_t}(1+i_f)=(1+\frac{\Delta e^e}{e_t})(1+i_f)$

$=1+i_f+\frac{\Delta e^e}{e_t}+\frac{\Delta e^e}{e_t}\times i_f=1+i_f+\frac{\Delta e^e}{e_t}$원 이다.$(\frac{\Delta e^e}{e_t}\times i_f\fallingdotseq 0)$

⑤ 국내의 투자수익률은 국내이자율 i이고, 외국에 투자하였을 때의 수익률은 $i_f+\frac{\Delta e^e}{e_t}$이다.

⑥ 자본이동이 완전히 자유로운 상태에서는 양국에서의 투자수익률이 동일해야 하므로 다음식이 성립된다.

$$\rightarrow i=i_f+\frac{\Delta e^e}{e_t}\rightarrow\frac{\Delta e^e}{e_t}=i-i_f\ [\Delta e^e=e_{t+1}^e-e_t]$$

⑦ 이 식에 따르면 환율은 두 나라사이의 명목이자율 차이($i-i_f$)만큼의 비율로 변화하게 된다. 또는 양국의 이자율 차이($i-i_f$)가 예상환율변화율($\frac{\Delta e^e}{e_t}$)과 같다는 것으로도 해석된다.

4 환율 변화의 요인

1. 국내이자율 상승

① 미래의 예상환율이 불변이고, 긴축금융정책으로 국내이자율이 상승하였다고 가정하자. ($\Delta e^e=0$)
② 국내이자율이 높아지면 한국에 투자할 때의 수익률이 상승하므로 자본 유입이 이루어지고 현재 환율이 하락한다.

2. 미래 예상환율의 변동

미래의 예상환율이 상승하면 국내에 투자할 때의 수익률이 하락하므로 국내로부터 자본이 유출되고 현재 환율은 상승한다.

3. 결론

해외투자는 환율변동을 감안하여 $(i-\frac{\Delta e^e}{e_t})>i^f$ 일 경우에만 국내에 투자하며, 이에 따라 자본이 유입될 것이다.

5 외환시장의 균형

① 유위험 이자율 평가설을 다음과 같이 나타낼 수 있다.

$$i = i_f + \frac{e^e_{t+1} - e_t}{e_t} \rightarrow i = i_f + \frac{e^e_{t+1}}{e_t} - 1 \rightarrow i - i_f + 1 = \frac{e^e_{t+1}}{e_t} \rightarrow \frac{e_t}{e^e_{t+1}} = \frac{1}{i - i_f + 1}$$

$$\rightarrow e_t = \frac{e^e_{t+1}}{i - i_f + 1}$$

② 현재 환율(e_t)은 국내투자수익률(i)과 역의 관계를 갖는다.
즉, 국내투자수익률(i)이 증가하면 국내로 외환이 유입되므로 환율(e_t)은 하락한다.
따라서 이자율평가율(IRP)곡선은 우하향의 형태로 도출된다.

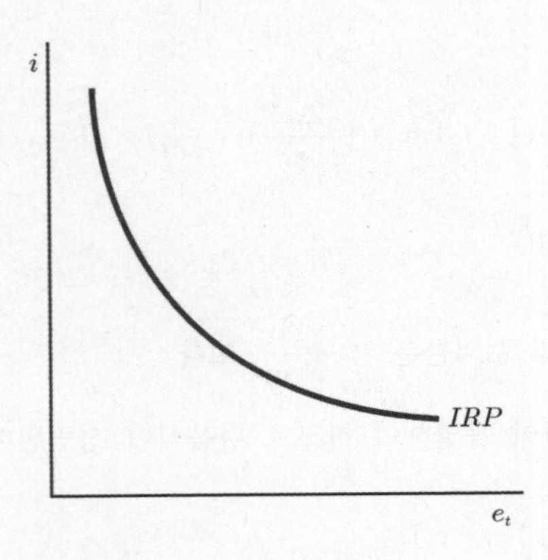

③ 국내투자수익률(i)이 i_0에서 i_1으로 상승하면 환율은 e_t^0에서 e_t^1으로 하락하기 때문에 IRP곡선을 따라 좌상방으로 이동한다.

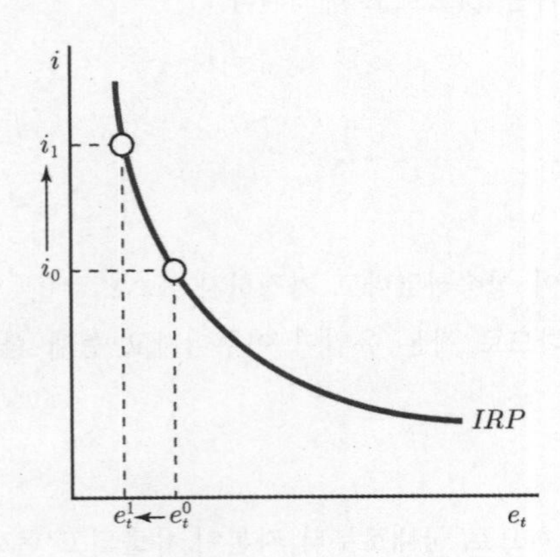

④ 외국투자수익률(i_f)이나 예상환율(e^e_{t+1})이 상승하면 자본유출이 발생하기 때문에 현재 환율이 상승한다. 따라서 IRP곡선이 우측으로 이동한다.

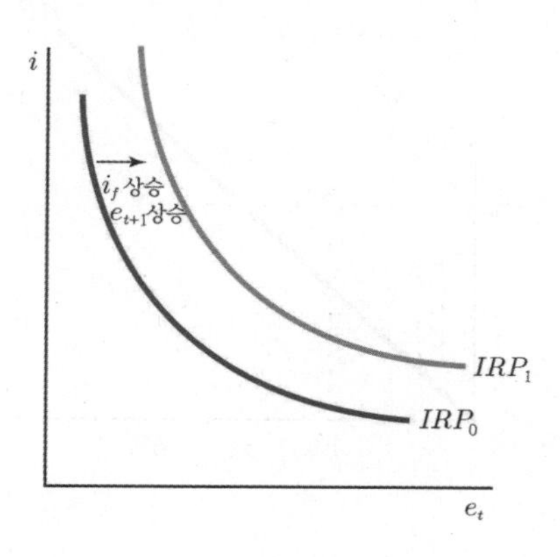

6 평가

① 자본통제와 같은 제도적 제약이 존재하거나 거래비용으로 인해 국가간 자본이동성이 완전하지 못하면 이자율 평가설이 성립하지 않는다.

② 따라서 이자율 평가설의 현실 부합성 여부는
i) 두 나라간 자본이동이 얼마나 자유로운지, ii) 금융자산이 얼마나 동질적인지에 따라 결정된다.

03 무위험 이자율 평가설(covered interest rate parity : CIRP)

1 국내투자 수익

국내투자자가 원화표시 채권에 투자할 때에 국내의 명목이자율이 i라면 원금 1원의 1년 이후 받는 원리금은 $1+i$가 된다.

2 해외투자 수익

국내투자자가 외화표시 채권에 투자할 때에 현물환율이 e_t이고 명목이자율이 i_f라면 1년 이후 받는 원리금은 $(1+i_f)/e_t$달러가 된다.

3 선물환 계약

① 1년 후의 현물환율이 어떻게 되느냐에 따라 해외투자로부터의 투자수익은 불확실하게 되므로 투자 초기에 선물계약을 체결함으로 위험을 제거하고자 한다.

② 투자 초기에 1달러당 f_t원을 받고 달러화를 매각하기로 선물계약을 체결한다면 해외채권에 대한 투자로부터의 원리금은 $\dfrac{(1+i_f)\times f_t}{e_t}$으로 고정된다.

③ 위의 식을 정리하면 $1+i_f+\dfrac{f_t-e_t}{e_t}$이 된다.

4 자본시장의 균형

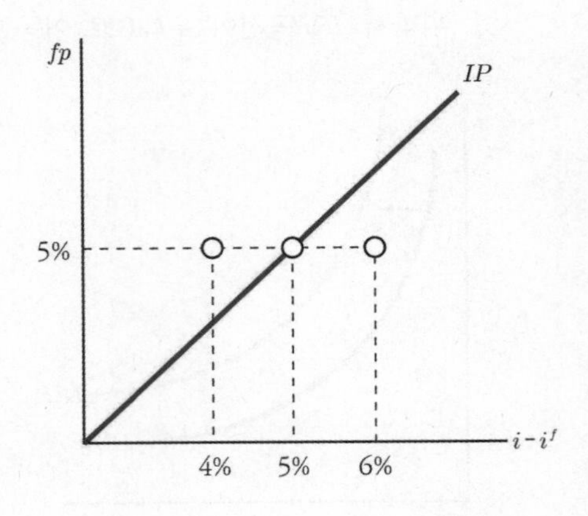

① 만일 국내채권보다 해외채권의 수익률이 높다면 국내로부터 해외로 자금이 유출되므로 국내이자율은 상승하고 해외이자율은 하락한다.

② 또한 해외통화를 절상시킴으로 수익률 격차를 감소시킬 것이다.

③ 그러므로 균형에서는 $i=i_f+\dfrac{f_t-e_t}{e_t}$가 된다.

④ $\dfrac{f_t-e_t}{e_t}$는 선물환율이 현물환율로부터 이탈하는 정도를 나타내는데 이를 선물환 프리미엄(forward premium : fp)이라 부른다.

⑤ IP선은 선물환 프리미엄(fp)과 무위험 이자율 평가를 만족시키는 국내이자율과 해외이자율 격차($i-i_f$)간의 관계를 나타내고 있다.

⑥ 5%의 선물환 프리미엄이 있는 경우 4%의 국내외 금리차가 있다면 해외채권에 투자하는 것이 유리하므로 국내에서 자본유출이 발생한다.

⑦ 따라서 국내이자율이 상승하므로 IP선상으로 이동한다.

⑧ 선물환율이 현재의 환율보다 높으면 할증(premium)되었다고 하고 반대로 선물환율이 현재의 환율보다 낮으면 할인(discount)되었다고 한다.

선물환율이 할증되면 이자수입 이외에 선물환율의 할증률만큼의 추가적인 수입을 얻게 되지만 선물환율이 할인되면 할인율만큼의 추가적인 비용이 발생한다.

04 통화주의 모형

1 개요

① 화폐의 수요와 공급에 의하여 환율이 결정된다고 보는 이론으로 통화주의 모형에서는 환율도 화폐적인 현상으로 파악한다.

② 즉, 양 국가에 있어서 화폐에 대한 수요와 공급의 증가율에 차이가 있으면 환율이 변동된다고 보는 것이 통화주의적 관점이다.

2 모형

① 화폐시장의 균형식에 의하면 양국의 물가수준은 다음과 같이 결정된다.

$$\text{자국} : \frac{M}{P}=L(Y,r) \rightarrow P=\frac{M}{L(Y,r)}$$

$$\text{외국} : \frac{M^f}{P^f}=L^f(Y,r) \rightarrow P^f=\frac{M^f}{L^f(Y,r)}$$

〔M : 통화량, P : 물가, r : 명목이자율, Y : 실질소득, f : 외국〕

② 구매력평가설에서 환율은 $e=\frac{P}{P^f}$이므로 여기에 위의 식을 대입하여 정리하면 다음과 같다.

$$\rightarrow e=\frac{M}{M^f}\times\frac{L^f(Y,r)}{L(Y,r)}$$

③ 환율이 두 나라의 화폐에 대한 수요와 공급에 의해 결정된다는 화폐적 접근방법을 보여주고 있다.

3 내용

① 자국의 통화량(M)이 증가하면 환율은 상승하고 외국의 통화량(M^f)이 증가하면 환율은 하락한다.
자국의 통화량이 증가하면 자국의 물가수준이 상승하고, 자국의 물가가 상승하면 환율이 상승한다.

② 자국 이자율(r)이 올라가면 환율이 상승하고 외국 이자율(r^f)이 올라가면 환율은 하락한다.
왜냐하면 자국 이자율(r)이 증가하면 화폐수요(L)가 감소하기 때문이다.
이자율 상승으로 화폐에 대한 수요가 감소하면 화폐시장에서 초과공급이 발생하고 화폐시장의 초과공급으로 물가가 상승하므로 환율이 상승하게 된다.

③ 자국의 생산량 또는 소득(Y)이 증가하면 환율이 하락하고 외국의 생산량 또는 소득(Y^f)이 증가하면 환율이 상승한다. 왜냐하면 자국의 생산량이 증가하면 화폐수요(L)가 증가하기 때문이다.

05 랜덤워크(Random Walk) 가설

1 가정

사람들은 합리적 기대 하에서 이용가능한 모든 정보를 이용한다.

2 내용

① 예상치 못한 외부적인 여건의 변화가 없다면 t기의 환율은 전기의 환율과 일치한다.

② 그러나 예상하지 못한 요인의 변화가 발생하면 t기의 환율은 (t - 1)기의 환율에서 이탈한다.

$$e_t=e_{t-1}+\epsilon_t \quad (\epsilon_t : \text{예상하지 못한 충격})$$

③ 따라서 예상하지 못한 충격은 합리적 기대를 이용해도 예측 불가능하므로 랜덤워크가설에 따르면 t기환율의 최선의 예측치는 (t - 1)기 환율뿐이며, 환율변화의 정확한 예측은 불가능하다.

3 평가

다수의 연구결과 주요국의 환율이 random walk 특성을 보이는 것으로 나타난다.

개념정리 | 환율결정이론

환율결정이론은 전통적인 유량(flow) 개념으로서의 환율이론과 1970년대 이후 변동환율제도의 시행과 함께 대두된 현대적인 저량 (stock)개념으로서의 환율이론으로 나눌 수 있다.
유량적 접근법에는 국제대차설, 환심리설, 구매력평가설 등이 있고 저량적 접근법에는 통화론적 접근법, 포트폴리오 잔고 접근법 등이 있다.

4절 환율과 국제수지

01 마샬 - 러너 조건

1 개념

마샬 - 러너 조건이란 환율 상승 시 경상수지가 개선되기 위한 조건을 말한다.

2 조건

① 마샬 - 러너 조건은 다음과 같다.

→ 자국의 수입수요의 가격탄력성 + 외국의 수입수요의 가격탄력성 > 1

② 외국의 수입수요의 가격탄력성은 자국의 수출공급의 가격탄력성이므로 다음과 같이 나타낼 수도 있다.

→ 자국의 수입수요의 가격탄력성 + 자국의 수출공급의 가격탄력성 > 1

③ 마샬 - 러너 조건은 양국의 수입재에 대한 수요탄력성의 합이 1보다 큰 경우에만 환율이 상승할 때 경상수지가 개선됨을 보여준다.
즉, 수출재와 수입재의 가격탄력성이 클수록 환율상승의 경상수지 개선효과는 더욱 커진다.

3 설명

① 환율이 상승하면 수입재의 원화표시가격은 상승하고 수입재의 달러표시가격은 불변이다.
② 따라서 수입국의 수입액은 항상 감소한다.
③ 반면 환율이 상승하면 수출재의 달러표시가격은 하락하므로 수출물량이 달러표시 가격보다 더 상승하여야 수출국의 수출액은 증가할 수 있다.
④ 따라서 환율 상승시 경상수지 개선 조건은 탄력성이 1보다 커야 한다.
⑤ 즉, 마샬-러너의 조건이란 환율 상승시 경상수지가 개선되기 위해서는 양국의 수입 수요의 탄력성의 합이 1보다 커야 한다는 것이다. 일반적으로 환율의 상승은 수입품가격을 상승시키고 수출품의 가격을 하락시킨다. 따라서 만약 환율상승 후에도 동일한 수량을 수출·수입한다면 경상수지는 악화된다.
(가격변화로 인한 경상수지 악화)
⑥ 그러나 환율의 상승은 수출물량을 증가시키고 수입물량을 감소시킴으로서 경상수지를 개선시키는 효과를 가지고 있다.(수량 변화로 인한 경상수지의 개선)
⑦ 따라서 환율의 상승이 경상수지를 개선시키기 위해서는 '가격변화로 인한 경상수지 악화보다 더욱 큰 수출의 증가 또는 수입의 감소'가 나타나야 한다. 즉 가격효과보다 더 큰 수량효과가 나타나야 하는데 이를 수식으로 나타내면 마샬-러너 조건이 된다.

02 탄력성 회의

① 마샬 - 러너 조건에서 알 수 있듯이 환율 상승으로 경상수지가 개선되기 위해서는 두 무역국의 수입수요탄력성이 충분히 탄력적이어야 한다.

② 만일 수출재나 수입재에 대한 수요탄력성이 비탄력적이면 환율 상승으로 가격이 변하더라도 수출 증가나 수입 감소가 크지 않아서 경상수지가 개선되기 어렵다. 이를 탄력성 회의(elasticity pessimism)라고 한다.

③ 개도국들은 선진국에 비해 1차 상품의 교역 비중이 높은데 1차 상품에 해당하는 농산품이나 원자재의 수요탄력성은 공산품의 수요탄력성보다 낮다.
따라서 탄력성 회의는 선진국보다는 개도국에서 나타날 가능성이 더 크다.

03 J - curve 효과

1 개념

① 환율이 상승하면 경상수지가 즉각 개선되는 것이 아니라 단기적으로는 오히려 악화되었다가 시간이 흐름에 따라 점차 개선되어 간다.
이처럼 환율상승에 따른 경상수지 변화가 그림과 같이 J자 모양이어서 J - 커브 효과라고 한다.

② 단기적으로 가격효과가 수량효과보다 크고 (가격효과 〉 수량효과), 장기적으로 수량효과가 가격효과 보다 클 때 (수량효과 〉 가격효과) 발생한다.

③ 이는 단기적으로 마샬 - 러너조건이 성립하지 않음을 의미한다.

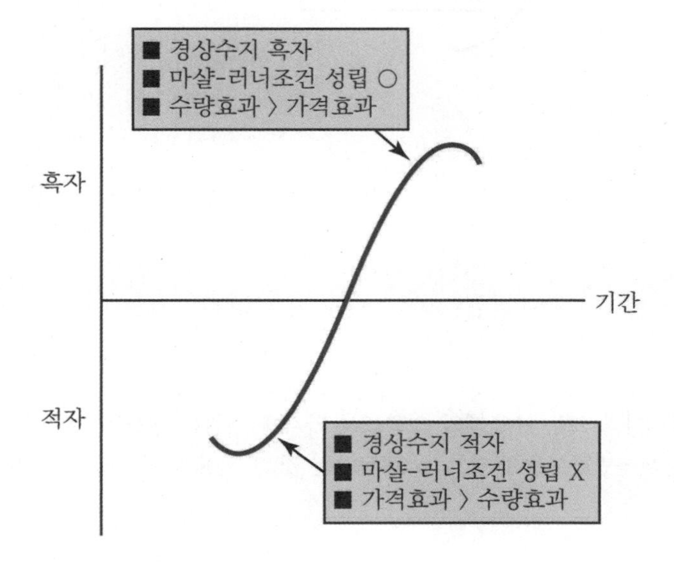

2 발생원인

1. 정보부족

① 소비자들은 상대가격 변화에 즉각적으로 반응하지 못한다.

② 환율상승으로 수출재의 가격이 하락하더라도 가격정보 부족 등의 이유로 소비가 즉각적으로 증가하지 않으나 시간이 흐름에 따라 가격 정보가 확산되면서 수출이 늘고 수입이 줄어들어 경상수지가 개선되어 간다.

2. 생산량 변화에 시간이 걸림

① 수출과 수입의 변화에 대응하는 생산량 변화에는 시간이 필요하다.

② 즉, 수요가 늘어나도 이를 충족시키기 위한 생산량 증가에는 시간이 소요된다.

개념정리 | 역 J - curve 효과

- 역 J - 커브효과란 환율이 하락하면 일시적으로 경상수지가 개선되었다가 상당기간이 경과하여야 경상수지가 악화되는 효과를 말한다.
- 역 J - 커브효과가 발생하는 이유는 단기적으로 가격효과가 수량효과보다 크나 장기적으로 수량효과가 가격효과보다 크기 때문이다. 이는 단기적으로 마샬 - 러너조건이 성립하지 않음을 의미한다.

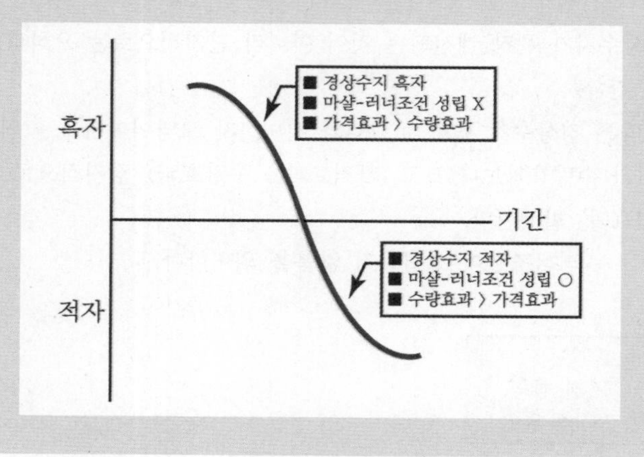

04 환율의 불완전한 가격전가

1 개념

① 환율 전가란 환율변화가 수입재의 국내가격 또는 수출재의 외화표시 가격에 미치는 영향을 말한다.

② 실제로는 환율이 변할 때 재화가격은 환율변화분보다 더 적게 변동하는 것을 '환율의 불완전한 가격전가'라고 한다.

2 이유

① 환율상승 시 수출재가격을 인하할 수 있으나 다른 경쟁제품과 비교해서 경쟁력이 있다면 해당 기업은 가격을 그대로 유지할 수도 있다.

② 또한 환율 상승으로 수입재 가격을 인상하게 되면 고객의 이탈이 발생할 수 있기 때문에 수입재 가격을 변화시키지 않을 수 있다.

③ 어떤 경우든지 기업은 환율의 변화에 따라 수출재 가격을 즉각적으로 변화시키지 않고 단기적으로는 이윤의 감소나 증가로 흡수하고자 하는 경향이 있다.

05 교두보 효과

1 개념

① J-커브 효과 및 환율전가 등이 단기적으로 평가절하의 효과가 나타나지 않을 수 있는 이유를 제시한 반면, 다소 장기적으로도 평가절하의 효과가 나타나지 않을 수 있는 이유로 들 수 있는 것이 교두보 효과이다.

② 외국에 교두보를 확보한 기업들은 환율이 변한다고 하더라도 이에 쉽게 반응하지 않을 것이므로 환율이 경상수지에 미치는 효과는 제약될 수 밖에 없다.

2 설명

① 환율이 큰 폭으로 내린 후 상당기간 지속되었다고 하자.
국내통화가치가 고평가됨에 따라 국내수출기업들은 국제경쟁에서 상당한 어려움을 겪게 되고 따라서 이를 극복하기 위해 생산공장을 외국으로 이전시키고자 할 것이므로 국내수출은 더욱 위축된다.

② 이런 경우 일정기간 후 환율이 다시 상승한다고 하더라도 외국으로 이전한 수출기업들이 쉽게 국내로 복귀하지는 않을 것이다. 우선 공장을 이전하는 비용이 상당히 클 것이고 또한 외국에 진출해 나름대로 구축해 놓은 시장을 포기하는 비용도 클 것이기 때문이다.

기출문제 점검 코트라 2013년

일본 아베정부는 엔저 정책을 추진하고 있다. 이 기간 중 달러당 엔화 월 평균 환율은 2009년 10월 76엔에서 2013년 9월 99엔으로 높아졌다.
그래프상의 무역수지 실적에 대해 논평하시오 또한 일본의 무역수지 실적을 국제무역이론을 이용하여 설명하시오.

논점 및 해법

일본 엔화가 약세되는 경우 일본의 수출재 가격이 하락하므로 수출증대가 발생해야 하며 이는 무역수지 흑자로 연결되는 것이 일반적이다. 그러나 엔화약세임에도 불구하고 그래프상에서 무역수지가 악화되고 있는데 이는 J-커브에서 단기를 보여주고 있다.
주어진 도표를 그래프화 하여 J-커브를 유추해 문제를 해결해야 한다.

5절 통화량, 이자율과 환율

01 화폐공급과 환율의 단기적 관계

1 화폐시장과 외환시장

① 이자율과 환율 사이의 관계를 화폐시장과 외환시장의 상호작용을 통해 확인해보자.

② 어떤 국가의 이자율은 화폐에 대한 수요와 공급에 의해 결정되므로 화폐시장에서 이자율이 결정되고 이 때 국내이자율이 i_0라면 외환시장에서 균형환율은 e_0이다.

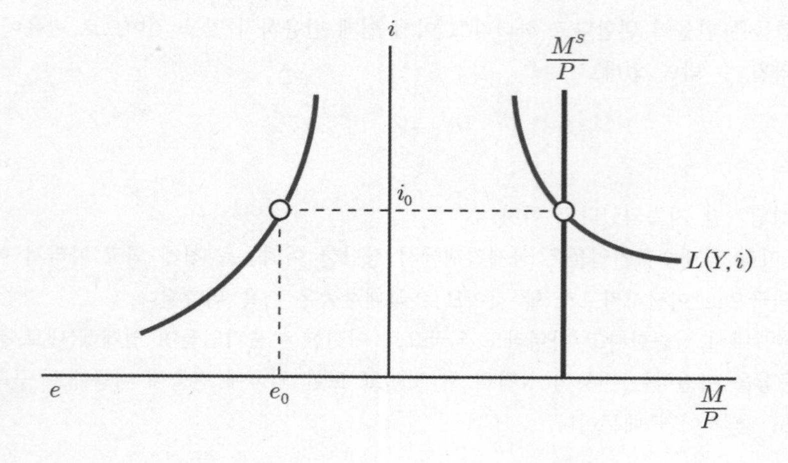

2 국내통화공급량의 증가

① 국내 통화량이 M_0^S에서 M_1^S로 증가하면 화폐공급곡선은 우측으로 이동하고 균형이자율은 i_0에서 i_1으로 하락한다.

② 균형이자율이 하락하면 외환시장에서 환율은 e_0에서 e_1으로 상승한다.

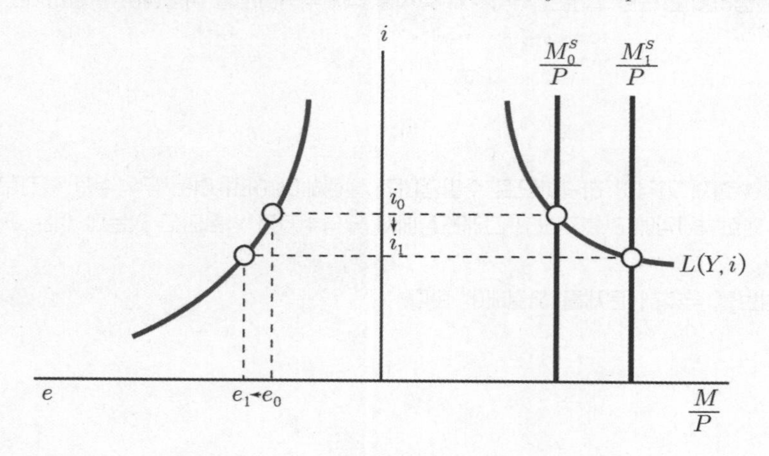

3 외국통화 공급량의 증가

① 외국의 통화공급량이 증가하면 외국 투자수익률(i_f)이 감소한다.

② 외국 투자수익률이 감소하면 *IRP*곡선이 오른쪽으로 이동하므로 환율이 e_0에서 e_1으로 하락한다.

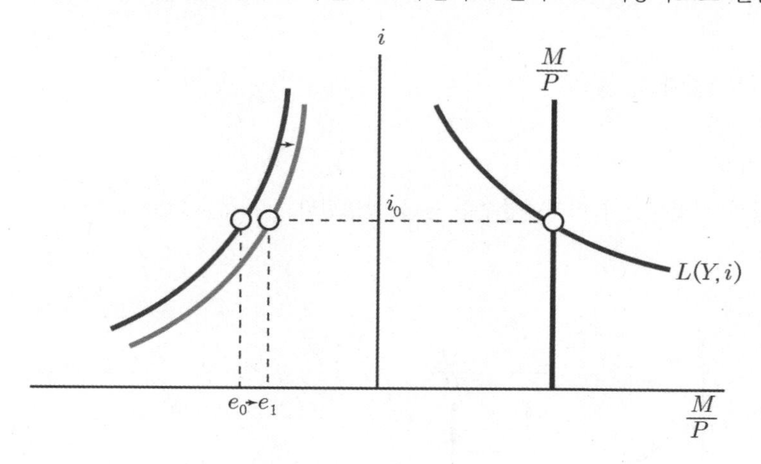

02 화폐공급과 환율의 장기적 관계

1 통화량과 물가의 장기적 관계

① 장기균형에서 생산량은 완전고용 수준에서 불변이고 유통속도도 변하지 않으면 화폐수량설에서 통화량 M과 물가 P는 비례관계를 갖는다.

② 통화량과 물가수준이 비례관계를 갖는 것은 통화량의 변화가 장기적으로 실질생산량과 실질이자율에 영향을 미치지 않기 때문이다.

2 오버슈팅 또는 과잉조절(overshooting) 모형

1. 개요

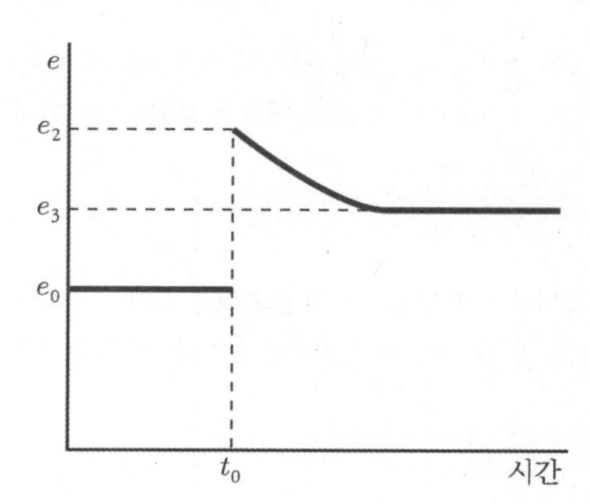

① 경제학자들은 실증분석결과, 환율의 단기적인 변동은 구매력 평가설이 예측하는 것 보다 훨씬 더 급격하게 변동하는 양상을 보인다는 점을 발견했다.

② 화폐공급이 증가했을 때 균형 환율수준은 e_0에서 e_3로 변화하는데 충격이 발생한 시점 t_0에서 즉각 환율이 e_3로 변화하는 것이 아니라 e_2수준으로 급격히 상승했다가 균형수준으로 수렴하는 경향을 보인다.

③ 환율변동의 실증적 결과를 설명하기 위해 돈 부쉬(R. Dornbusch)에 의해 제기되었다.

2. 오버슈팅의 개념

경제에 어떤 충격이 있을 때 변수가 단기적으로 장기균형수준에서 크게 벗어난 후 시간이 지남에 따라 점차 장기균형수준으로 수렴해 가는 현상을 말한다.

3. 가정

① 장기에서 구매력 평가설이 성립한다.
② 투자자들이 합리적 기대를 한다.
③ 단기적으로 가격이 경직적이다.
④ 장기균형 환율은 통화 공급과 실질생산의 미래예상수준 등을 반영한다.

4. 설명

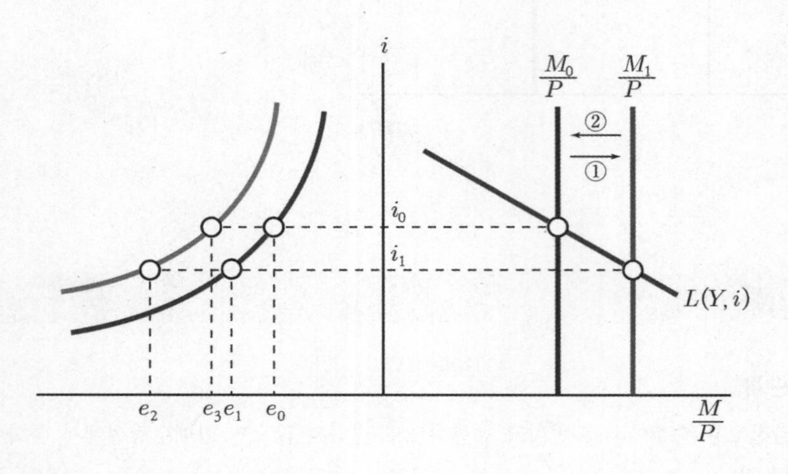

① 확대통화정책이 실시되었을 때 환율에 대한 기대가 변하지 않는다면 환율은 e_1까지만 상승하지만, 예상환율 수준이 상승하는 경우에는 이자율 평가 그래프인 *IRP*곡선이 왼쪽으로 이동하고 환율은 e_2까지 상승하게 된다.

② 유위험 이자율평가설에 따르면 $e_t = \dfrac{e_{t+1}^e}{1+i-i_f}$이므로 예상환율($e_{t+1}^e$)이 상승하면 이자율 평가 그래프는 좌측으로 이동한다.

③ 그런데 통화량 증가로 물가가 서서히 상승하므로 실질 통화공급곡선이 서서히 왼쪽으로 이동한다.

④ 그 과정에서 e_2까지 상승하였던 환율은 다시 하락하고 최종적으로 환율은 애초의 환율 e_0와 최대로 상승하였던 e_2 사이인 e_3에서 형성된다.

5. 평가

① 오버슈팅은 일시적인 충격이 가해졌을 때 환율이 급변하는 현상을 잘 설명해주고 있다.
② 물가수준이 신축적으로 즉각 조정된다면 팽창정책으로 인한 영향이 물가상승으로 즉각 흡수되므로 오버슈팅 현상은 나타나지 않을 것이다.

6절 환율제도

01 고정환율제도 (fixed or pegged exchange rate system)

1 개념

중앙은행이나 정부가 외환시장에 개입하여 환율을 일정하게 유지시키는 제도이다.

2 평가절상과 평가절하

① 고정환율제도에서 한 나라가 고정 환율을 인상시키는 것, 즉 자국통화의 가치를 외국 통화의 가치에 비해 하락시키는 것을 평가절하(devaluation)라고 한다.

② 한 나라가 고정 환율을 인하시키는 것, 즉 자국통화의 가치를 외국통화의 가치에 비해 상승시키는 것을 평가절상(up valuation)이라 한다.

③ 평가절하가 이루어지면 총 수요증가로 AD곡선이 우측으로 이동한다.
수입 원자재 가격 상승으로 생산비용이 상승하므로 AS곡선이 좌측으로 이동한다.
따라서 평가절하가 발생하면 물가상승으로 인한 인플레이션 발생은 명백하나 산출량 변화는 불분명하다.

→ 실증분석에 따르면 총수요곡선의 우측이동폭이 총공급곡선의 좌측이동폭보다 더 큰 것으로 밝혀져 산출량 또는 국민소득이 증가할 가능성이 높음

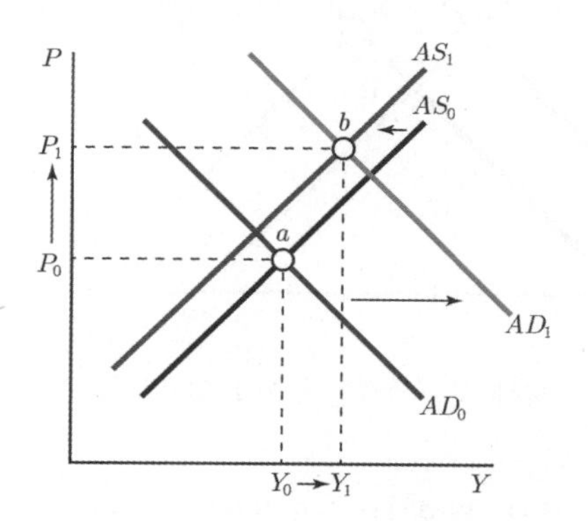

3 고정 환율제도의 장점

① 환율이 고정되어 환위험이 없으므로 국제무역과 국제 간 자본거래가 확대된다.
환율변동의 불확실성이 제거되어 무역과 투자의 확대에 기여한다.

② 환투기를 노린 국제 간 단기자본이동이 제거된다.
환율이 올라갈 때 앞으로 더 올라갈 것이라고 예상하면 외환을 매입하는 외환투기가 발생하고 환율이 더욱 상승할 수 있다.
고정환율제도에서는 이런 외환투기 가능성이 없기 때문에 고정환율제도가 변동환율제도보다 더 낫다고 주장한다.

③ 변동환율제도에서는 금융정책이 자유롭기 때문에 대체로 통화량이 더 많이 증가하여 인플레이션이 높아지는 경향이 있으나 고정환율제도에서는 인플레이션이 낮아지게 된다.

4 고정 환율제도의 단점

① 국제수지 불균형이 자동적으로 조정되지 않는다.

② 고정환율제도 하에서는 충분한 외환보유액(reserve)이 필요하다.

고정환율제도에서는 환율을 일정수준으로 유지하기 위해 외환시장 개입에 필요한 대외준비자산을 보유해야 한다.

③ 해외의 교란요인이 국내로 쉽게 전파된다.

④ 중앙은행이 외환시장에 개입하는 과정에서 국내통화량이 변화하므로 통화량을 통제하는데 큰 어려움을 겪게 된다. 즉, 금융정책의 자율성이 상실된다.

예를 들어 실업문제를 해결하기 위해 통화량을 늘리면 환율이 올라가므로 환율을 고정시키기 위해서 다시 통화량을 줄여야 한다.

5 고정환율제도와 통화량의 변화

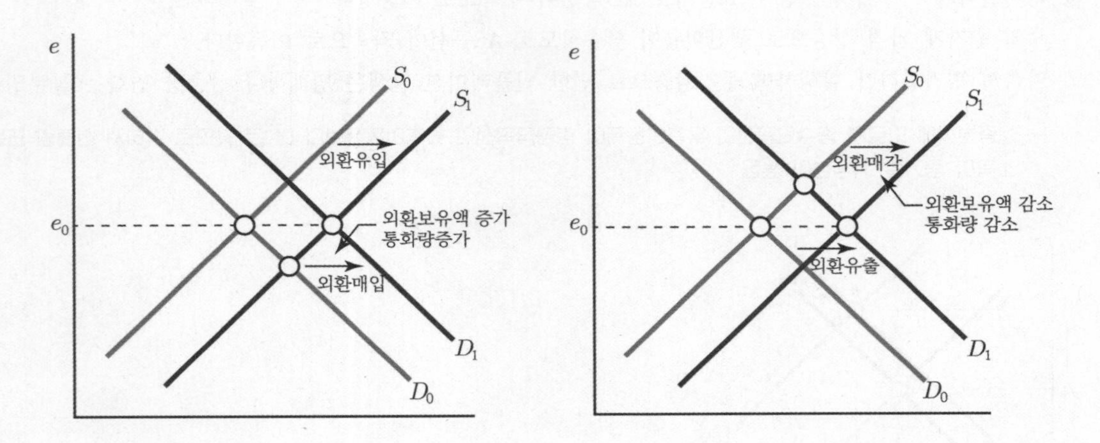

① 외환유입으로 외환공급곡선이 우측이동하는 경우 환율을 e_0로 유지하기 위해서는 중앙은행은 외환을 매입해야 한다. 외환의 매입은 외환보유액과 통화량을 증가시킨다.

② 외환유출로 외환수요곡선이 우측이동하는 경우 환율을 e_0로 유지하기 위해서는 중앙은행은 외환을 매각해야 한다. 외환의 매각은 외환보유액 뿐만 아니라 통화량을 감소시킨다.

③ 고정환율제도하에서는 중앙은행의 외환시장 개입에 따른 통화량이 변동하므로 금융정책의 자율성이 상실된다.

6 불태화 정책 (sterilization policy)

① 고정 환율유지에 따른 부수적 결과인 통화량 변동을 상쇄하기 위하여 중앙은행이 외환매매와 반대방향으로 국공채를 사고파는 공개시장조작정책을 쓰는 것을 말한다.

② 중앙은행이 외환을 사들이면 외화자산이 증가하고 외화자산이 증가하는 것 만큼 본원통화가 증가해야 하므로 국내통화량이 증가한다.

③ 불태화 정책은 중앙은행이 보유하고 있는 국공채를 매각함으로 외화자산의 증가를 국내여신의 감소로 상쇄하는 것이다.

* 중앙은행의 대차대조표

자산	부채
순 외화자산 (NFA) 국내여신 (DC)	본원통화 (H)

7 사례

① 고정환율제도하에서는 각국이 경쟁적인 평가절하를 초래할 위험을 안고 있다.

② 즉, 팽창적인 통화정책은 물가수준을 상승시키고 환율상승으로 이어져 상대국가의 환율하락과 상대국가의 순수출 및 총수요 감소로 경기악화를 가져오게 만든다.
즉, 자국의 평가절하가 인근궁핍화 정책을 일으킨다.

③ 실제로 미국의 강력한 긴축정책과 달러가치 상승정책으로 유럽의 물가수준은 상승하였다. 왜냐하면 유럽의 자본이 미국으로 유출되어 환율이 상승하였기 때문이다.

02 변동환율제도 (flexible or floating exchange rate system)

1 개념

중앙은행의 개입 없이 외환시장의 수요・공급을 일치시키는 수준에서 환율이 자유롭게 결정되도록 하는 제도를 말한다.

2 환율의 역할

① 외환의 수요・공급이 일치하면, 즉, 수출과 자본유입의 합이 수입과 자본유출의 합과 일치하면 국제수지가 균형에 이르므로 변동환율제도에서 외환시장의 균형은 자동적으로 국제수지의 균형을 의미한다.

② 결국 변동환율제도에서는 외환시장뿐만 아니라 국제수지가 항상 균형상태에 있게 되므로 환율이 자동안정화 장치(built - in - stabilizer)의 역할을 한다.

3 장점

① 국제수지 불균형이 환율변동에 의하여 자동적으로 조정된다.
변동환율제도에서는 환율의 신축적인 변동만으로 국제수지 불균형이 유연하고 신속하게 조정된다.

② 독자적인 금융정책의 실시가 가능하다.
변동환율제도에서는 환율을 일정수준으로 유지해야 할 부담이 없기 때문에 독자적인 금융정책이 가능하다.

③ 외환시장의 수급상황이 국내통화량에 영향을 미치지 못한다.

④ 해외의 교란요인이 국내로 쉽게 전파되지 않는다. → 차단효과
변동환율제도에서는 해외 충격을 환율변화로 흡수하기 때문에 해외의 부정적 충격이 국내 경제로 파급되는 효과가 어느 정도 완화된다.

⑤ 변동환율제도에서는 정부가 외환시장에 개입할 필요가 없다. 따라서 준비자산을 비축할 필요가 없다.

4 단점

① 환율변동에 따른 환 위험 때문에 국제무역과 국제투자가 저해된다.

② 환투기로 인한 단기자본이동이 많으므로 환율이 단기적으로 불안정해질 수 있다.

03 한국 환율제도의 변천사

환율제도	시행기간	내 용
고정환율제도	1945 ~ 1964	정부가 환율을 달러에 고정
단일변동환율제도	1964 ~ 1980	외환증서율을 환율에 변동하는 제도이나 실질적으로 고정환율제
복수통화바스켓제도	1980 ~ 1990	환율을 교역상대국 통화에 연동하는 환율제
시장평균환율제	1990 ~ 1997	환율을 가중평균 하여 당일의 시장평균 환율이 결정
변동환율제	1997 ~	외환수요 · 공급에 의해 환율 결정

기출문제 점검

코트라 2003년

한국은 외환위기 이후, 완전 변동환율제를 채택하고 있다. 이전 고정환율제도와 비교해서 장, 단점은 무엇인가?

논점 및 해법

외환위기 이후 고정환율제도에서 변동환율제도로 변경한 이유를 도입부분에 먼저 설명하고 완전변동환율제도 및 고정환율제도의 개념을 서술하면 채점자에게 첫인상을 좋게 가져가는 효과가 있다.

고정환율제도의 단점은 변동환율제도의 장점이 되고 고정환율제도의 장점은 변동환율제도의 단점이 된다.

7절 국제통화제도의 변천

01 개요

① 국제통화제도의 변천은 기존의 제도가 새로운 환경에 부합하지 않기 때문에 변화를 모색하는 과정에서 이루어져 왔다.

② 국제통화제도는 1차 대전 전의 금본위제도, 1차 대전과 2차 대전 사이의 급격한 환율의 변동, 2차 대전 후 IMF를 중심으로 한 금환본위제도 등을 거쳐 최근에는 변동환율제도를 중심으로 한 국제통화제도로 다양하게 변모해 왔다.

02 금본위제도 (1870년 ~ 1914년)

1 개념

① 금본위제도(gold standard system)란 통화단위를 순금의 일정한 중량으로 정해 놓고 금화의 자유주조를 허용하며 지폐나 예금통화 등은 항상 아무런 제한 없이 금화와 교환할 수 있게 하는 제도를 말한다.

② 이 제도는 19세기와 20세기 초에 걸쳐 세계 주요국가에서 채택되었던 제도인데, 이 제도하에서 각국 통화는 금의 중량을 기준으로 그 가치가 정해져 있었으므로 각국 통화 간의 교환비율은 금을 통하여 고정되어 있었다.

2 특징

1. 고정환율제도

① 금본위제도에서는 금의 자유로운 국제거래를 보장하고 있어서 고정환율의 유지가 가능하다.

② 예를 들어 영국의 경우 금 1g = £30이고 미국의 경우 금 1g = $1라면 $1 = £30의 관계가 성립된다.

③ 만일 외환시장에서 달러와 파운드의 교환비가 법정평가를 벗어나면, 금중재자(gold arbitrager)가 이익을 얻기 위해 국가 간 금거래를 하면서 환율이 다시 법정평가로 복귀한다.

2. 가격 - 정화 - 유출입 메커니즘

① 금본위제도에서는 국제수지 불균형이 자동으로 조정되는데, 이를 가격-정화-유출입 메커니즘(price-specie-flow mechanism)이라고 한다. 이는 1752년 흄(D. Hume)에 의해 소개되었다. 정화(正貨)는 당시 화폐의 기능을 담당한 금 등 귀금속을 말한다.

② 국제수지 적자국에서는 금의 유출로 화폐공급량이 감소하고, 이는 화폐수량설에 따라 물가를 하락시킨다. 자국의 물가가 내려가면 수출은 증가하고 수입은 감소하므로 국제수지 적자가 제거된다.

③ 국제수지 흑자국에서는 통화공급량이 증가하므로 물가가 상승하고, 이로 인해 수출은 감소하고 수입은 증가하여 국제수지 흑자가 제거된다.

④ 자동조정 메커니즘에서는 물가의 변화가 수출과 수입에 영향을 미쳐 국제수지가 조정된다고 본다.
즉, 금본위제도에서는 금의 유출입에 따라 통화공급량이 변하고, 통화공급량의 변화가 물가를 변화시켜 국제수지 불균형이 자동적으로 조정된다는 것이다.

3. 금본위제도의 붕괴

① 영국은 1931년 금본위제도를 포기하고 파운드화의 평가절하를 단행하였다. 그 후 미국마저 달러화의 평가절하를 단행하여 주요 선진제국은 일시적인 변동환율제도를 채택하게 되었고, 국제적인 금본위제도는 결국 붕괴하고 말았다.

② 환율의 극심한 변동이 경제불안의 원인이라고 생각한 주요 선진국들은 전후 새로운 통화제도를 구상함에 있어 환율고정에 중점을 둔 통화제도를 지지하게 되었고, 고정환율제도를 근간으로 하는 IMF체제는 이러한 맥락하에서 출범하게 된다.

03 브레튼우즈 체제 (1944년 ~ 1971년)

1 개념

① 2차 세계대전이 끝날 무렵인 1944년 새로운 국제통화질서의 확립을 위해 미국 브레튼우즈(Bretton Woods)에서 44개국의 대표들이 모인 가운데 국제통화기금(International Monetary Fund : IMF)이 창설되었는데, 이와 함께 출범한 새로운 국제통화제도를 '브레튼우즈체제'라고 한다.

② 일시적인 국제수지 적자로 어려움을 겪고 있는 국가에게 단・중기성 자금을 대출해줌으로써 국제통화질서를 유지하기 위한 국제기구로 IMF(1945년 설립)를, 전후 경제회복을 위한 장기성 자금을 공급하기 위한 국제기구로 세계은행(IBRD)을 설립하였다.

2 특징

1. 금환본위제도

① 미국의 달러화를 '기축통화'로 하는 제도로서 미국의 달러화만이 금과의 일정교환비율을 유지하고 각국의 통화는 기축통화와의 기준환율을 설정・유지함으로써 환율을 안정시키고자 했던 제도이다.

② 금과 미국의 달러화 간에 순금 1온스=35달러라는 일정한 등가관계를 확립하고, 가맹국 통화는 미국 달러화와의 교환비율을 고정시키며, 환율변동이 상하 1% 범위를 넘어서면 외환시장에 개입하도록 하였다.

2. 조정가능 고정환율제도

① 브레튼우즈체제하에서는 일시적인 국제수지 불균형이 생길 경우에는 IMF 각 회원국이 출자한 자금을 공여함으로써 불균형을 해소하고자 하였고, 국제수지의 구조적 불균형상태에서만 환율의 변동이 허락되었다.

② 브레튼우즈체제는 '조정가능 고정환율제도'를 통해 환율을 안정시키고 국제수지의 불균형을 해소시킴으로써 국제무역을 증진시키는 것을 그 목적으로 하였다.

③ 일반적으로 환율을 1% 범위 내에서 조정가능 하지만 국제수지 불균형시에 IMF의 승인을 얻어 10%까지 조정가능 하였다.
즉, 10% 미만의 환율변화는 IMF의 승인이 없이 허용되었다.

3. 가맹국별 쿼터와 차입

① IMF에 가입한 국가는 경제규모 등을 기준으로 쿼터(quota)를 부여받는데, 이 쿼터의 크기에 따라 그 국가의 기금 출자액, 투표권, 차입능력이 결정된다.

② 다른 국제기구에서는 모든 회원국이 동등한 투표권을 갖고 있으나, IMF는 쿼터의 비중에 따라 가중투표제(weighted voting)를 채택하고 있다.

4. 특별인출권

① IMF는 국제유동성 부족을 보충하기 위하여 1970년부터 특별인출권(Special Drawing Right; SDR)을 도입하였다.

② SDR은 IMF가 창출한 새로운 국제통화로서 SDR 한 단위는 일정량의 금과 등가를 유지하는 지금(paper gold)이며, 금과의 태환은 허용되지 않는다.

3 문제점

1. 고정환율유지의 어려움

① 각국의 경제성장속도가 각각 다르고 인플레이션율이 각각 다른 상황하에서 고정환율제도를 유지하기가 쉽지 않았다.

② 예를 들어 1970년대 초에 1차 석유파동이 일어났을 때, 각국 경제에 미친 여파는 각각 달랐고 이에 대응하는 정부의 정책도 상이하였다. 그 결과 국가 간에는 격심한 인플레이션율의 차이가 발생하게 되었고, 이와 같은 상황 아래서 고정환율제도를 유지한다는 것은 용이하지 않았다. 또한 장기적으로 국제수지 적자가 지속된 후에야 비로소 환율의 변경이 허용됨으로서 환투기가 성행하였고 이에 따라 환율의 변동폭은 더욱 커지게 되어 경제에 커다란 부작용을 가져오게 되었다.

2. 국제유동성 확보와 달러의 신뢰성 문제

① 국제유동성이란 국제적으로 보편적인 통용력을 갖는 지불수단을 말하는데, 초기의 브레튼우즈체제하에서는 금이나 달러화가 이 역할을 수행하였다.

② 이러한 유동성은 국제무역의 증대에 따라 적정하게 공급되어야 하는데 브레튼우즈체제하에서 유동성공급은 금의 생산증대나 미국의 국제수지 적자를 통한 방법밖에 없었다.

③ 금의 생산량 증가에는 한계가 있기 때문에 주로 미국의 국제수지 적자를 통하여 유동성이 공급되었는데, 이 경로를 통한 유동성의 증대는 달러화의 신뢰도를 떨어뜨리는 부작용을 가져왔다.

④ 이와 같이 브레튼우즈체제는 '유동성증대'와 '신뢰도확보'라는 상호 모순되는 과제를 안고 있었는데, 이를 유동성 딜레마(liquidity dilemma) 또는 트리핀의 딜레마(Triffin's dilemma)라고 한다. 즉, 유동성 증가와 신뢰성 하락이라는 상반된 문제를 유동성 딜레마(liquidity dilemma)라고 부른다.

4 브레튼우즈 체제의 붕괴

① 2차 대전 직후의 국제금융시장은 달러화 부족상태에 놓여 있었으나 1960년대 월남전을 통해 미국의 국제수지가 계속 악화됨에 따라 미국의 대외 유동성부채가 증가하고 달러화는 오히려 공급과잉상태에 빠지게 되었다.

② 즉, 미국의 국제수지는 1945년 이후 1949년까지는 흑자였으나, 유럽과 일본 경제가 회복된 1950년부터는 적자로 전환되었고, 특히 1958년부터는 적자규모가 급속히 증가하였다. 미국의 대유럽 직접투자가 크게 증가하였고, 베트남 전쟁에 필요한 전비를 조달하기 위해 통화발행을 늘렸기 때문이다. 미국의 국제수지 적자로 다른 국가의 달러 보유고는 급속히 증가하였다.

③ 1960년과 1968년을 각각 전후하여 일부 국가들은 미국에 대하여 달러화의 금태환을 요구하였고, 또 일부 국가들은 런던의 금시장을 통해 달러화를 금으로 전환하였으며, 민간부문에 의한 달러화와 금과의 투기적 거래가 유발됨에 따라 국제통화질서가 흔들리기 시작하였다.

④ 이러한 통화위기를 해결하기 위하여 IMF는 특별인출권(Special Drawing Rights : SDR)을 창출하여 유동성을 공급하였다.

⑤ 그러나 이런 조치들에도 불구하고 달러화는 끝내 국제적 신뢰도를 회복하지 못한 채, 1971년 8월 닉슨행정부는 '금태환중지선언'을 하기에 이르렀다.

5 스미소니언 협정

① 닉슨 행정부의 금태환중지선언이 있던 1971년 12월, 다시 고정환율제도를 회복하고자 달러화를 평가절하하고, 과거 기준환율의 1% 수준에서 제한되었던 환시세의 변동폭을 2.25%로 확대하는 것을 골자로 하는 스미소니언협정(smithsonian Agreement)이 체결되었다.

② 스미소니언체제가 출범한 지 6개월 만인 1972년 6월에 영국은 잇따른 파운드화 파동을 견디지 못하고 변동환율제도를 채택함으로써 동 체제를 이탈하였으며 투기자본이 마르크화와 엔화에 집중되어 달러화의 시세는 계속 하락하게 되었다.

③ 결국 미국은 1973년 2월에 다시 10%의 평가절하를 단행하지 않을 수 없었고 EC제국은 동년 3월에 공동변동환율제도로 이행하게 되었다.

04 킹스턴 체제

1 개념

① 브레튼우즈 체제의 붕괴와 함께 1973년부터 세계적으로 고정환율제도에서 변동환율제도로 전환되었다.

② 1976년 1월 자메이카의 킹스턴(Kingston)에서 새로운 국제통화질서가 수립되어 국제통화제도는 브레튼우즈체제에서 킹스턴체제로 넘어가게 되었다.

③ 킹스턴 체제는 금을 점진적으로 폐화시키고, SDR의 준비자산 기능을 높이며, 변동환율제도를 자유롭게 채택하도록 하였다.

2 기본내용

① 회원국에게 그 경제여건에 적합한 '독자적인 환율제도'를 선택할 수 있는 재량권을 부여하였다. 따라서 환율변동이 국제수지 불균형의 조정기능을 상당한 정도까지 담당하게 되었다.

② 브레튼우즈체제하에서의 금・달러본위가 킹스턴체제에서는 '특별인출권(SDR) 본위'로 바꾸어 졌다.

③ 특별인출권(SDR)의 국제통화로서의 기능과 위치를 강화하기 위해 그 사용범위를 크게 확대하였다.

④ IMF의 국제수지조정지원기능을 확대하기 위해 IMF 신용을 크게 확대하였으며 또한 이용조건을 완화하였다.

05 플라자 협정

① 미국은 1985년 9월 달러의 평가절하를 위해 독일, 일본, 영국, 프랑스와 외환시장에 공동으로 개입하기로 하였다. 이를 플라자 합의(Plaza Accord)라고 한다.
② 플라자 합의로 미국정부가 외환시장에 적극적으로 개입하기 시작하였고, 주요국 정부도 미국 중앙은행과 협의한 후 외환시장에 개입하기로 하였다.
③ 플라자 합의 결과 미국 달러가치는 하락하였으나, 경상수지 적자는 개선되지 않았다.
④ 그러나 여타 선진국은 자국 화폐가치 절상으로 국제경쟁력이 하락하는 것을 우려하여 더 이상의 달러가치 하락에 협력하지 않았다.
⑤ 플라자 합의 이후 국제통화제도는 심각한 환율불안에 대비해 정책협조의 공조체제를 유지해오고 있다.
⑥ 그러나 이후 주요 국가들의 중앙은행이 외환시장에 강도있게 개입하였음에도 불구하고 환율 변동폭은 과거보다 확대되었다.

CHAPTER 03 환율이론

단원 점검 기초 문제

01 환율이 달러 당 1,200원으로부터 1,180원으로 하락하였다. 그 원인에 대한 설명으로 옳지 않은 것은?

① 외국인의 국내 주식투자가 증가하였다.
② 중국의 경기호황으로 수출이 증가하였다.
③ 포드자동차가 국내 채권시장에 자금을 조달하였다.
④ 미국기업이 부산에 대규모 공장을 신축하였다.

풀이 날짜			
채점 결과			

02 우리나라의 화폐가치가 거래 상대국의 화폐가치보다 평가절하 되었을 때 나타나는 현상은?

① 차관기업의 원화부담 증가 · 수출 감소 · 국내물가 상승
② 수출 증대 · 국내물가 상승 · 차관기업의 원화부담 증가
③ 수출 증대 · 국내물가 하락 · 차관기업의 원화부담 증가
④ 수출 감소 · 국내물가 하락 · 차관기업의 원화부담 증가

풀이 날짜			
채점 결과			

03 환율인하시 나타나는 현상이 아닌 것은?

① 수출의 촉진
② 수출기업의 채산성 악화
③ 수입상품의 가격하락
④ 해외 주재원의 실질소득 향상

풀이 날짜			
채점 결과			

04 환율인상으로 이익을 보는 사람은?

① 외환예금자
② 외채부담자
③ 수입업자
④ 국내주식보유의 외국투자자
⑤ 국내시장에 대한 외국수출업자

풀이 날짜			
채점 결과			

해설

정답

01 ① 외국인의 국내 주식투자가 증가하면 외환공급곡선이 우측으로 이동하여 환율이 하락한다.
② 수출이 증가하면 외환공급의 증가로 환율이 하락한다.
③ 포드자동차가 국내 채권시장에서 채권을 발행하여 자금을 조달하면 외국으로 외환이 유출되기 때문에 환율이 상승한다.
④ 미국 기업이 부산에 대규모 공장을 신축하면 국내로 외환이 유입되므로 환율이 하락한다.

③

02 평가절하 또는 환율상승의 효과로는 수입감소, 수출증대, 수입원자재 가격 상승으로 인한 국내물가 상승, 차관기업의 원화부담 증가, 해외여행 감소로 서비스 수지 개선 등의 영향이 있다.

②

03 환율 인하 또는 원화가치의 상승의 효과로는 수출감소, 수입증가, 수입원자재 가격하락으로 국내물가 하락, 외화부채의 부담감소, 해외여행 증가로 인한 서비스 수지 악화 등이 있다.
기업의 채산성이란 수입과 지출 등의 손익을 따져서 이익이 나는 정도를 말한다.
수출기업의 경우 수출감소로 채산성이 이전보다 나빠질 수 있다.
해외주재원의 경우 원화를 더 많은 외화로 환전할 수 있으므로 실질소득이 향상된다.

①

04 환율이 인상되어 외화의 가격이 상승하면 외화나 외화의 채권을 가진 사람이 이익이고, 상대적으로 가치가 하락하는 원화나 원화채권을 가진 사람, 또는 외화채무를 가진 사람은 손해이다.

①

05 일물일가의 법칙(the law of one principle)에 대한 설명으로 옳은 것은?

① 일물일가의 법칙은 독점시장구조에서만 성립한다.
② 관세 등 무역장벽이 있어야 일물일가의 법칙이 성립할 수 있다.
③ 일물일가의 법칙은 비교역재의 경우에만 성립한다.
④ 일물일가의 법칙은 동일한 물품이 동일한 시기에 다른 장소에서 다른 가격으로 팔릴 수 없다는 것을 의미한다.

풀이 날짜			
채점 결과			

06 환율변화를 설명하는 구매력평가설(Purchasing Power Parity Theory)에 대한 설명으로 옳은 것은?

① 국가 간 물가수준의 차이를 고려하지 않는다.
② 단기적인 환율변동보다 장기적인 추세를 설명하는데 있어서 경험적 타당성이 더 높게 나타난다.
③ 환율에 대해 지나치게 많은 설명변수를 고려하고 있어 검정이 곤란하다.
④ 국가 간의 이자율 차이를 주요 설명변수로 하고 있다.

풀이 날짜			
채점 결과			

07 환율결정이론 중 구매력평가(Purchasing Power Parity)이론에 대한 설명으로 옳지 않은 것은?

① 경제에서 비교역재의 비중이 큰 나라 간의 환율을 설명하는 데에는 적합하지 않다.
② 두 나라 화폐간의 명목환율은 두 나라의 물가수준에 의해 결정된다고 설명한다.
③ 장기보다는 단기적인 환율의 움직임을 잘 예측한다는 평가를 받는다.
④ 동질적인 물건의 가격은 어디에서나 같아야 한다는 일물일가의 법칙을 국제시장에 적용한 것이다.

풀이 날짜			
채점 결과			

08 한국과 미국의 내년도 예상 물가상승률이 각각 4%와 6%라고 가정하자. 현재 환율은 1,200원/달러이다. 만약에 상대적 구매력평가설이 적용된다면, 내년도 환율(한국₩/미국$)은 약 얼마로 예측할 수 있는가?

① 1,176원/$
② 1,224원/$
③ 1,320원/$
④ 1,080원/$
⑤ 1,260원/$

풀이 날짜			
채점 결과			

해설

정답

05 재화의 교역이 자유롭다면 차익거래의 기회는 사라지고 동일한 상품이나 자산에 대하여 하나의 가격만이 성립하게 되는 것을 일물일가의 법칙이라고 한다.
일물일가의 법칙은 재화의 교역이 자유로운 완전경쟁시장에서만 성립한다. ④

06 구매력 평가설에는 환율결정요인으로 물가만 고려하고 있다.
구매력 평가설은 단기적인 환율의 움직임은 잘 나타내지 못하고 있으나 장기적인 환율의 변화추세는 잘 반영하는 것으로 평가된다.
무역장벽이 낮고 거래비용이 적은 선진국들 사이에는 구매력 평가설이 잘 적용되는 것으로 나타난다.
구매력 평가설은 경상수지측면에서 분석한 환율결정이론이다. ②

07 구매력평가설이란 명목환율이 각국 화폐의 구매력에 의하여 결정된다는 이론이다.
화폐의 구매력은 물가와 반비례하므로 양국에서 물가상승률의 차이가 환율변화율과 동일하게 된다.
국가간 이동이 자유롭지 않은 비교역재가 존재한다면 구매력평가설이 성립되지 않는다.
구매력평가설은 단기적인 환율의 움직임은 잘 나타내지 못하고 있으나 장기적인 환율의 변화추세는 잘 반영하는 것으로 평가된다. ③

08 환율의 변화율 = 우리나라의 인플레이션율(4%) - 미국의 인플레이션율(6%) = -2%
환율이 2% 하락해야 하므로 예상되는 환율은 1,200×0.98=1,176원이 될 것이다. ①

CHAPTER 03 환율이론

단원 점검 기초 문제

09 구매력평가설(Purchasing Power Parity Theory)에 따르면 미국의 물가가 20% 상승하고 일본의 물가가 15% 상승하면 장기적으로 환율변화는?

① 달러화가 엔화에 대하여 5% 평가절상된다.
② 달러화가 엔화에 대하여 5% 평가절하된다.
③ 달러화가 엔화에 대하여 35% 평가절상된다.
④ 달러화가 엔화에 대하여 35% 평가절하된다.

풀이 날짜			
채점 결과			

10 우리나라 국채의 명목이자율이 6%이고, 미국 국채의 명목이자율이 3%일 때, A는 미국 국채에 투자하기로 결정하였다. 두 국채 모두 신용위험이 없다면 A는 환율이 어떻게 변화하리라 예상하고 있는가?

① 원화가 달러화에 비해 2% 이상 평가절상할 것으로 예상
② 원화가 달러화에 비해 3% 이상 평가절상할 것으로 예상
③ 원화가 달러화에 비해 4% 이상 평가절상할 것으로 예상
④ 원화가 달러화에 비해 2% 이상 평가절하할 것으로 예상
⑤ 원화가 달러화에 비해 3% 이상 평가절하할 것으로 예상

풀이 날짜			
채점 결과			

11 다음 ㉠, ㉡에 들어갈 내용으로 옳은 것은?

원/달러 환율상승이 순수출을 증가시키기 위해서는 수출과 수입의 가격탄력성의 합이 (㉠)보다 커야 하고, 이를 (㉡)이라고 한다.

	㉠	㉡
①	0	구매력평가설
②	1	구매력평가설
③	0	마샬-러너조건
④	1	마샬-러너조건

풀이 날짜			
채점 결과			

해설

정답

09 환율을 물가수준 비율의 관계로 나타낸 구매력 평가설은 환율변화율과 각국 인플레이션율 간의 차이로 나타낼 수 있다.
구매력 평가설 식에 따르면 자국 인플레이션율과 외국 인플레이션율의 차이는 환율 변화율과 일치한다.
미국의 물가가 일본의 물가보다 5%p 더 높기 때문에 달러화가 엔화에 대하여 5% 평가절하된다. ②

10 이자율 평형설은 양국의 이자율 차이$[i-i_f]$가 예상환율변화율$[\frac{\Delta e^e}{e}]$과 같다.
이자율평형설에 따르면 한국의 명목이자율 - 미국의 명목이자율 = 환율 예상상승률이므로 6% - 3% = 3%이다.
따라서 원화가 달러화에 비해 3% 상승할 것으로 예상된다. ⑤

11 마샬 - 러너 조건이란 환율 상승 시 경상수지 개선조건으로 자국의 수입수요탄력성과 외국의 수입수요탄력성의 합이 1보다 커야 한다. ④

CHAPTER 03 환율이론

12 자유변동환율제도는 고정환율제도에 비하여 여러 가지 장점이 있다. 대표적인 장점은?

① 수출물가가 안정된다.
② 환투기가 감소한다.
③ 정책적 개입 없이도 국제수지가 자동적으로 조정된다.
④ 국제수지의 자율적 조정기능에 의하여 "인플레이션"이 진정된다.
⑤ 수출은 지속적으로 증가하지만 수입은 줄어든다.

풀이 날짜			
채점 결과			

13 다음 중 IMF의 기능에 해당하지 않는 것은?

① 환율의 교란적인 변동을 회피한다.
② 통화의 교환성을 유지한다.
③ 국제수지 적자국에 단기신용을 제공한다.
④ 개발도상국에 장기신용을 제공한다.

풀이 날짜			
채점 결과			

해설

정답

12 변동환율제도에서는 국제수지의 불균형이 환율변동에 의해 자동적으로 조정된다. ③

변동환율제도에서는 환율의 신축적인 변동만으로 국제수지 불균형이 유연하고 신속하게 조정된다.

독자적인 금융정책의 실시가 가능하고 외환시장의 수급상황이 국내통화량에 영향을 미치지 못하는 장점도 존재한다.

또한 변동환율제도에서는 정부가 외환시장에 개입할 필요가 없다.

13 2차 세계대전이 끝날 무렵인 1944년 새로운 국제통화질서의 확립을 위해 미국 브레튼우즈(Bretton Woods)에서 44개국의 대표들이 모인 가운데 국제통화기금(International Monetary Fund : IMF)이 창설되었는데, 이와 함께 출범한 새로운 국제통화제도를 '브레튼우즈체제'라고 한다. ④

일시적인 국제수지 적자로 어려움을 겪고 있는 국가에게 단·중기성 자금을 대출해줌으로써 국제통화질서를 유지하기 위한 국제기구로 IMF(1945년 설립)를, 전후 경제회복을 위한 장기성 자금을 공급하기 위한 국제기구로 세계은행(IBRD)을 설립하였다.

CHAPTER 03 환율이론

단원 점검 응용 문제

01 자유변동환율제도하에서 원화의 대달러 환율(원/달러)에 관한 다음의 설명 중 틀린 것은?

① 국민소득이 증가하면 환율이 상승한다.
② 해외의 경기가 좋아지면 환율이 하락한다.
③ 국내이자율이 오르면 환율이 하락한다.
④ 국내물가가 오르면 환율이 하락한다.
⑤ 환율은 달러에 대한 시장수요곡선과 시장공급곡선이 만나는 수준에서 결정된다.

풀이 날짜			
채점 결과			

02 변동환율제도하에서 원화의 환율을 상승시키는 요인이 아닌 것은?

① 국내인플레이션의 급속한 진행
② 외국인 투자한도의 추가적 확대
③ 지적재산권협약에 따른 로열티지급 증가
④ 외국투자자의 우리나라 증권투자 감소

풀이 날짜			
채점 결과			

03 미국에서 고금리정책을 실시한다고 하자. 한・미간 자본이동이 탄력적이라고 할 때 다음 중 발생가능성이 희박한 것은?

① 원화가치의 하락
② 경상수지 개선
③ 자본수지 개선
④ 통화량 감소

풀이 날짜			
채점 결과			

04 변동환율제도를 채택하고 있는 A국 중앙은행이 보유하던 미국 달러를 매각하고 자국 통화를 매입하였다. 이에 대한 다음 설명 중 옳은 것을 모두 고르면?

가. A국 통화 가치가 미국 달러 대비 하락한다.
나. A국 통화 공급량이 감소한다.
다. A국 외환보유액이 감소한다.
라. A국 물가가 상승하고 실질 GDP가 증가한다.

① 가, 나
② 나, 다
③ 다, 라
④ 가, 다, 라
⑤ 나, 다, 라

풀이 날짜			
채점 결과			

해설

정답

01

① 국민소득이 증가하면 수입이 증가하며 외환수요곡선이 우측으로 이동하므로 환율이 상승한다.
② 해외경기가 좋아지면 수출증가로 환율이 하락한다.
③ 국내이자율이 상승하면 외환유입으로 환율이 하락한다.
④ 국내물가가 상승하면 수출감소, 수입증가가 발생한다. 이는 외환의 초과수요를 가져와 환율인상을 유발한다.
⑤ 균형환율은 외환시장에서 외환수요곡선과 외환공급곡선이 만나는 수준에서 결정된다.

④

02

① 국내인플레이션의 발생은 수출재가격을 상승시키므로 수출감소를 유발한다. 수출감소는 환율상승을 가져온다.
② 외국인 투자한도가 확대되면 외환이 유입되므로 환율이 하락한다.
③ 로열티 지급으로 외환수요가 증가하면 환율이 상승한다.
④ 외국투자자의 우리나라 증권투자가 감소하면 외환공급곡선이 좌측으로 이동하여 환율이 상승한다.

②

03

미국에서 고금리 정책을 실시하면 한국에서 미국으로 자본이 이동하기 때문에 외환수요가 증가한다.
한국에서 외환이 유출되기 때문에 자본수지는 악화되지만 환율 상승으로 경상수지는 개선된다.
외환수요 증가시 원화와 외환과 교환되기 때문에 원화 통화량은 감소한다.

③

04

A국 중앙은행이 보유하던 미국 달러를 매각하면 A국의 외환보유액은 감소한다.
달러매각자금이 중앙은행으로 유입되면 A국의 통화량도 감소한다.
중앙은행이 달러를 매각하면 외환공급이 증가하므로 환율은 하락한다.
따라서 자국통화가치는 달러에 비해 상승한다.
평가절상이 이루어지면 순수출이 감소하므로 총수요가 감소한다. 총수요곡선이 좌측으로 이동하면 물가가 하락하고 실질 GDP는 감소한다.

②

CHAPTER 03 환율이론

단원 점검 응용 문제

05 환율에 관한 설명 중 가장 적절하지 않은 것은?

① 환율의 기대상승률이 주어진 상황에서 한 나라의 이자율이 상승하면 그 나라 화폐의 가치는 상대적으로 낮아진다.
② 구매력평가설에 따르면 한 나라의 화폐는 어느 나라에서나 동일한 구매력을 지녀야 한다.
③ 실질환율은 두 나라 사이에 재화와 서비스가 교환되는 비율이다.
④ 비교역재가 존재하는 경우에는 구매력평가설이 적용되기 어렵다.

풀이 날짜			
채점 결과			

06 이자평형정리(Interest Parity Theorem)가 의미하는 것으로 옳지 않은 것은?

① 이자차익거래(interest arbitrage)에 의해 국내금융자산에 대한 투자수익률과 해외금융자산에 대한 기대수익률이 일치하게 된다.
② 다른 조건이 일정할 때, 외국 명목이자율의 상승은 원화의 평가절하(depreciation)를 초래한다.
③ 이자차익거래는 미래의 예상환율에 의해 영향을 받지 않는다.
④ 예상환율과 양국의 명목이자율이 주어지면 이자평형정리로부터 균형환율을 도출할 수 있다.

풀이 날짜			
채점 결과			

07 오늘 한국과 미국의 시장금리가 각각 연 8%와 연 4%이고, 현물환율이 1달러 당 1,200원이라고 하자. 이자율평가이론에 의하면 3개월 후 미래 현물환율은?

① 1,200원
② 1,212원
③ 1,220원
④ 1,224원

풀이 날짜			
채점 결과			

08 우리나라의 연간이자율이 8%, 미국의 연간이자율이 6%이고, 미화 1달러 당 현물환율이 1,000원이라고 하자. 무위험(또는 커버된) 이자율 평가설에 의하면 미 달러화의 3개월 만기 적정 선물환율은 얼마가 되어야 하는가?

① 1,003원
② 1,004원
③ 1,005원
④ 1,006원

풀이 날짜			
채점 결과			

해설

정답

05

① 한 나라의 이자율이 상승하면 외환이 유입되기 때문에 자국의 화폐가치는 상대적으로 높아진다.
② 구매력 평가설이란 환율이 각국화폐의 구매력에 의하여 결정된다는 이론이다.
구매력 평가란 국가 간에 상품교역이 자유롭게 이루어지는 경우에는 두 국가에서 구매력이 같아져야 한다는 것을 말한다.
화폐의 구매력은 물가와 반비례하므로 양국에서 물가상승률의 차이가 환율변화율과 동일하게 된다.
③ 실질환율은 한 나라의 재화와 서비스가 다른 나라의 재화와 서비스와 교환되는 비율로 두 나라의 물가를 고려한 환율을 말한다.
④ 현실적으로 국가간 이동이 용이하지 않은 수많은 비교역재가 존재한다.
비교역재에는 주로 서비스업과 건설에 관련된 생산물이 해당되는데 비교역재는 국제적으로 거래되지 않으므로 그 가격은 국내 수요와 공급에 의해서만 결정된다.

①

06

이자평형정리에 따르면 양국의 이자율 차이($i-i_f$)가 예상환율변화율($\frac{\Delta e^e}{e}$)과 같다.
외국 명목이자율(i_f)이 상승하면 외국투자수익률이 상승하기 때문에 외환이 유출되면서 환율은 상승한다.
미래의 예상환율이 변화하면 투자자들의 투자가 변하기 때문에 이자차익거래에 영향을 준다.
즉, 미래의 예상환율이 상승하면 국내에 투자할 때의 수익률이 하락하므로 국내로부터 자본이 유출되므로 현재환율이 상승한다.

③

07

이자율평형설에 따르면 한국의 금리가 미국보다 4%p가 높기 때문에 현물환율은 4% 상승한다.
1년에 4%이기 때문에 3개월 단위로는 1% 상승한다.
따라서 3개월 후 미래 현물환율은 1,200 × 1.01 = 1,212원이 된다.

②

08

한국의 이자율이 미국보다 2%p 높기 때문에 선물환율은 2% 상승한다.
1년에 2%이기 때문에 3개월 단위로는 0.5% 상승한다.
따라서 3개월 만기 적정 선물환율은 1,000 × 1.005 = 1,005원이 된다.

③

CHAPTER 03 환율이론

단원 점검 응용 문제

09 환율에 대한 설명으로 옳지 않은 것은?

① 통화론자에 의하면 자국이자율 상승은 화폐수요를 감소시키므로 환율이 상승한다.
② 케인즈학파에 의하면 자국의 소득증가는 수입을 증가시켜 환율이 하락한다.
③ 케인즈학파에 의하면 자국의 이자율 상승은 자본유입을 증가시켜 환율이 하락한다.
④ 자국의 통화량 증가가 환율을 상승시킨다는 점에 대해서는 통화론자와 케인즈학파의 의견이 일치한다.

풀이 날짜			
채점 결과			

10 이자율평가설(interest rate parity theory)과 구매평가설(purchasing power parity theory)이 항상 성립할 때, 같은 값을 갖는 두 변수는?

① 외국의 명목이자율과 자국의 명목이자율
② 외국의 실질이자율과 자국의 실질이자율
③ 외국의 물가상승률과 자국의 물가상승률
④ 자국의 명목이자율과 자국의 실질이자율
⑤ 명목환율과 실질환율

풀이 날짜			
채점 결과			

11 미국의 명목이자율이 8%이고, 우리나라의 명목이자율이 12%라고 하며, 두 나라의 실질이자율은 동일하다고 한다. 두 나라의 실질환율이 일정하다고 할 때, 달러로 표시되는 원화의 가치는 어떻게 될 것으로 예상되는가?

① 8% 하락
② 4% 하락
③ 4% 상승
④ 5% 상승
⑤ 8% 상승

풀이 날짜			
채점 결과			

12 다음은 이자율 평형조건(interest rate parity condition)과 환율(외국 통화 1단위에 대한 자국통화의 교환비율)에 대한 설명이다. (가)와 (나)를 바르게 짝지은 것은?

> 이자율 평형조건이 성립하고, 미래의 기대환율이 주어지며, 외국의 이자율도 고정되었다고 하자. 이때, 국내이자율과 환율의 조합을 그래프로 그리면, 국내이자율이 높을수록 환율은 (가)하는 형태로 나타난다. 만약, 미래의 기대환율이 상승할 경우, 이 그래프는 (나). (단, 그래프의 가로축은 환율, 세로축은 이자율을 나타낸다.)

	(가)	(나)
①	하락	오른쪽으로 이동한다
②	상승	오른쪽으로 이동한다
③	하락	왼쪽으로 이동한다
④	상승	왼쪽으로 이동한다
⑤	하락	움직이지 않는다

풀이 날짜			
채점 결과			

해설

정답

09

① 통화주의 환율결정모형은 $e = \frac{M}{M^f} \times \frac{L^f(Y,r)}{L(Y,r)}$ 이다.

자국의 이자율(r)이 상승하면 화폐수요 $L(Y,r)$를 감소시키므로 환율(e)이 상승한다.

② 자국의 소득증가는 수입을 증가시켜 환율이 상승한다.

③ 자국의 이자율 상승은 외환유입을 증가시켜 환율이 하락한다.

④ 케인즈 학파에 따르면 자국의 통화량이 증가하면 이자율이 하락하고 외환유출로 환율이 상승한다.

통화주의 모형에 따르면 자국의 통화량(M)이 증가하면 환율(e)이 상승한다.

②

10

이자율 평가설에 따르면 자국의 명목이자율은 외국의 명목이자율과 미래 예상환율의 변화율의 합과 같아진다.
구매력 평가설에 따르면 미래 예상환율의 변화율은 양국의 물가상승률의 차이에 의해 결정된다.
따라서 이자율평가설과 구매력평가설이 항상 성립하면 자국의 명목이자율 - 자국의 물가상승률 = 외국의 명목이자율 - 외국의 물가상승률이 성립되어야 한다.
명목이자율에서 물가상승률을 차감하면 실질이자율이 되므로 자국의 실질이자율과 외국의 실질이자율은 동일한 값을 갖는다.

②

11

두 나라의 실질이자율이 동일하므로 구매력평가설과 이자율평가설 모두 성립한다.
우리나라의 명목이자율이 미국의 명목이자율보다 4%P 높다.
우리나라의 명목이자율이 미국의 명목이자율보다 4%P 높으므로 물가상승률도 4%P 높다.
물가상승률이 4%P 높다면 한국의 원화가치는 4% 하락 해야 한다.

②

12

국내이자율이 높을수록 외환유입으로 환율은 하락한다.
미래의 기대환율이 상승하는 경우 해외에 투자해야 이득이 발생하므로 외환유출로 환율은 상승한다. 따라서 해당 그래프는 우측 이동한다.

①

CHAPTER 03 환율이론

단원 점검 응용 문제

13 한국의 물가상승률은 2%로 향후에도 동일할 것으로 예상되고 있으며, 한국의 명목이자율은 3%이고 한국과 미국의 실질이자율은 동일하다고 하자. 또한, 현재 미 달러 대비 원화의 현물환율은 1달러당 1,100원이며, 1년 선물환율은 1달러당 1,111원이라고 하자. 피셔효과, 화폐수량설, 이자율평가설(interest rate parity theory)이 성립한다면 다음 중 옳은 것은?

풀이 날짜			
채점 결과			

① 한국의 실질이자율은 2%이다.
② 미국의 명목이자율은 4%이다.
③ 미국의 향후 1년 동안 물가상승률은 1%로 예상된다.
④ 한국의 실질GDP 증가율이 2%라면 한국의 통화증가율은 3% 이다.
⑤ 한국의 명목GDP 증가율이 5%라면 한국의 통화증가율은 4% 이다.

14 다음 중 변동환율제도의 장점을 모두 고른 것은?

풀이 날짜			
채점 결과			

가. 중앙은행은 환율을 일정하게 유지하기 위하여 외환시장에 개입하지 않아도 되므로, 통화정책을 독립적으로 사용하여 거시경제의 안정을 도모할 수 있다.
나. 통화정책을 적극적으로 실행하지 않더라도 시장에서 환율이 신속하게 조정되어 대내외 균형이 유지될 수 있다.
다. 환율변동에 따른 환위험을 최소화 할 수 있다.

① 가, 나
② 나, 다
③ 가, 다
④ 가, 나, 다

15 변동환율제도에 대한 다음 설명 중 옳지 않은 것은?

풀이 날짜			
채점 결과			

① 변동환율제도는 원칙적으로 중앙은행이 외환시장에 개입하지 않고 외환의 수요와 공급에 의해 환율이 결정되는 제도이다.
② 브레튼 우즈 체제(Bretton Woods System)는 대표적인 변동환율제도라 할 수 있다.
③ 변동환율제도 하에서는 환율이 단기적으로 불안정해질 위험이 있다.
④ 변동환율제도 하에서, 자본이동이 완전히 자유로울 경우 확장적 재정정책은 순수출을 감소시킨다.

16 다음은 환율제도에 관한 설명이다. 가장 옳지 않은 것은?

풀이 날짜			
채점 결과			

① 고정환율제도에서 자국통화가 저평가된 환율을 유지하면 인플레이션 압력이 발생할 수 있다.
② 고정환율제도에서 환율이 기초경제여건에서 괴리되면 외환투기가 발생할 수 있다.
③ 고정환율제도에 비해 자유변동환율제도에서 통화정책을 경기조절수단으로 사용하기가 더 어렵다.
④ 자유변동환율제도에서 환율변동에 따른 교역당사자의 환위험 부담이 있다.

해설

정답

13 ③

① 명목이자율은 실질이자율과 물가상승률의 합이므로 실질이자율은 명목이자율에서 물가상승률을 차감하여 구할 수 있다. 따라서 실질이자율 = 명목이자율 − 물가상승률 = 3% − 2% = 1%이다.

② 미달러 대비 원화의 현물환율은 1달러당 1,100원이고 1년 선물환율은 1달러당 1,111원이다. 이자율평가설에 따르면 한국의 명목이자율은 미국의 명목이자율과 선물환 프리미엄의 합과 같다.

한국의 명목이자율은 3%이고 선물환 프리미엄은 $\frac{1,111-1,100}{1,100}=\frac{11}{1,100}=\frac{1}{100}=1\%$이므로

미국의 명목이자율은 2%가 되어야 한다.

③ 한국과 미국의 실질이자율이 동일하므로 미국의 실질이자율 역시 1%가 되어야 한다.
미국의 명목이자율이 2%이고 실질이자율은 1%이므로 미국의 물가상승률은 1%이다.

④ 화폐수량설은 MV = PY (M : 통화량, V : 화폐유통속도, P : 물가, Y : 실질 GDP) 이므로 통화량 변화율 + 화폐유통속도증가율 = 물가상승률 + 실질 GDP 증가율의 관계식이 성립된다. 화폐유통속도 증가율이 0%라면 한국의 통화증가율은 실질 GDP 증가율인 2%와 물가상승률 2%를 합하여 4%이다.

⑤ 한국의 명목 GDP 증가율은 통화량 증가율과 화폐유통속도의 증가율의 합이다. 화폐유통속도 증가율이 0%라면 한국의 통화증가율은 5%가 되어야 한다.

14 ①

변동환율제도의 장점은 다음과 같다.

(a) 국제수지 불균형이 환율변동에 의하여 자동적으로 조정된다.
변동환율제도에서는 환율의 신축적인 변동만으로 국제수지 불균형이 유연하고 신속하게 조정된다.

(b) 독자적인 금융정책의 실시가 가능하다.
변동환율제도에서는 환율을 일정수준으로 유지해야 할 부담이 없기 때문에 독자적인 금융정책이 가능하다.

(c) 외환시장의 수급상황이 국내통화량에 영향을 미치지 못한다.

(d) 해외의 교란요인이 국내로 쉽게 전파되지 않는다. → 차단효과
변동환율제도에서는 해외 충격을 환율변화로 흡수하기 때문에 해외의 부정적 충격이 국내 경제로 파급되는 효과가 어느 정도 완화된다.

(e) 변동환율제도에서는 정부가 외환시장에 개입할 필요가 없다. 따라서 준비자산을 비축할 필요가 없다.
변동환율제도의 단점은 다음과 같다.
환율변동에 따른 환 위험 때문에 국제무역과 국제투자가 저해된다.
환투기로 인한 단기자본이동이 많으므로 환율이 단기적으로 불안정해질 수 있다.

15 ②

브레튼우즈체제하에서는 일시적인 국제수지 불균형이 생길 경우에는 IMF 각 회원국이 출자한 자금을 공여함으로써 불균형을 해소하고자 하였고, 국제수지의 구조적 불균형상태에서만 환율의 변동이 허락되었다.
브레튼우즈체제는 '조정가능 고정환율제도'를 통해 환율을 안정시키고 국제수지의 불균형을 해소시킴으로써 국제무역을 증진시키는 것을 그 목적으로 하였다.

④ 확대재정정책을 실시하면 국내이자율이 상승한다. 국내이자율 상승으로 외환이 유입되면 환율이 하락하고 순수출이 감소한다.

16 ③

① 고정환율제도에서 자국의 환율을 적정수준보다 저평가된 수준으로 유지하기 위해서는 외환을 매입해야 한다. 외환매입은 자국의 통화량 증가를 가져오기 때문에 인플레이션 압력이 발생할 수 있다.

③ 고정환율제도의 경우 금융정책을 자율적으로 사용할 수 없어 경기조절정책으로 사용하기가 더 어렵다. 따라서 고정환율제도에서는 재정정책이 효과적이다.

CHAPTER 03 환율이론

01 객관식 점검

CHAPTER 출제경향

- 환율상승과 하락이 발생하는 원인과 환율변동에 따른 효과는 기본문제이므로 내용을 잘 정리하자.
- 구매력평가설과 이자율평가설에서는 다양한 계산문제가 출제되므로 여러 유형의 문제들을 풀어보자.

02 약술 및 논술 점검

CHAPTER 출제경향

- 다양한 환율결정이론을 정리해야 한다.
- 특히, 구매력평가설과 이자율평가설의 기본가정과 내용을 정리해야 하며 현대환율이론도 살펴보자.
- 고정환율제도와 변동환율제도의 장점 및 단점을 숙지하고 외환시장개입의 당위성과 개입에 따른 부작용 및 효과도 확인해야 한다.

CHAPTER 03 환율이론

약술 점검 문제

문제 01

연간 수익률이 15%인 한국채권과 6%인 미국채권이 있다.

현재 한국의 투자자가 1년 후 만기가 도래하는 미국채권을 매입할 때 매입시점의 환율이 달러당 1,000원이고 채권만기에는 1,100원으로 예상된다면 이 투자자의 기대수익률은 얼마인가?

해설

외국투자의 기대수익률은 채권투자수익률과 예상환율상승률의 합이다.

→ 채권투자수익률 + 예상환율상승률

미국채권의 투자수익률은 6%이고 예상환율 상승률은 $\frac{1{,}100\text{원} - 1{,}000\text{원}}{1{,}000\text{원}} \times 100 = \frac{100\text{원}}{1{,}000\text{원}} \times 100 = 10\%$이다.

따라서 투자자의 기대수익률은 6% + 10% = 16%이다.

문제 02 한국은행 2013

환율변화가 바로 경상수지 개선으로 이어지지 않는 이유 2가지를 쓰시오.

해설

1 J - 커브 효과

① 정부가 평가절하를 하면 단기적으로는 오히려 경상수지가 악화되었다가 경상수지가 장기에 걸쳐 점진적으로 개선되는 현상을 말한다.

② 따라서 환율의 변화가 단기적으로는 경상수지를 개선시키지 못하고 악화가 발생할 수 있다.

2 환율의 전가효과

1. 개념

① 환율의 전가효과는 환율의 변동이 수출재나 수입재의 가격에 반영되는 현상을 의미한다.

② 전통적인 환율이론에 따르면 평가절하시 외화표시 수출재가격에 100% 반영되어 절하폭만큼 외화표시 수출재 가격이 하락하고 수입재 국내가격에 100% 반영되어 자국통화표시 수입재의 국내가격이 상승하여 경상수지가 개선된다고 한다.

③ 현실적으로 환율의 불완전 전가현상으로 환율변동으로 인한 경상수지 불균형의 조정능력이 약화된다.

2. 불완전 환율 전가의 원인

1) 가격설정능력을 가진 기업의 존재

기업이 불완전 경쟁시장에서 가격설정자로 행동하는 경우 환율변동의 일부를 이윤변동으로 흡수하기 때문에 평가절하 후 수출재의 외화표시 가격이 환율절하폭만큼 하락하지 않는다.

2) 평가절하에 대한 인식시차 및 생산 및 상품 인지도에 따른 실행시차의 존재

평가절하가 일시적 현상인지 지속적인 현상인지 파악하기 어렵다는 점, 원가상승 요인을 가격상승으로 조정하는데 메뉴비용이 발생한다는 점을 들 수 있다.

CHAPTER 03 환율이론

논술 점검 문제

문제 01

환율상승은 한국의 경상수지에 도움이 될 수 있다.

1. 환율상승의 효과를 논하시오.
2. 환율이 상승함에도 불구하고 경상수지 개선이 발생되지 않는 이유를 3가지 이상 서술하시오.

해설

1 환율상승의 효과를 논하시오.

1. 환율의 상승 (원화의 평가절하 / 달러의 평가절상)

   \$1 = 500원 → \$1 = 1,000원

효 과
수출재의 달러표시 가격 하락 → 수출증가
수입재의 원화표시 가격 상승 → 수입감소
수입원자재 가격 상승으로 인한 국내물가 상승
외화부채의 부담증가
교역조건의 악화
해외여행 감소로 서비스 수지 개선

2. 환율의 하락 (원화의 평가절상 / 달러의 평가절하)

   \$1 =1,000원 → \$1 =500원

효 과
수출재의 달러표시 가격 상승 → 수입감소
수입재의 원화표시 가격 하락 → 수입증가
수입원자재 가격하락으로 인한 국내물가 하락
외화부채의 부담감소
교역조건의 개선
해외여행 증가로 인한 서비스 수지 악화

2 환율이 상승함에도 불구하고 경상수지 개선이 발생되지 않는 이유를 3가지 이상 서술하시오.

1. 마샬 - 러너 조건

1) 개념

마샬 - 러너 조건이란 환율 상승 시 경상수지가 개선되기 위한 조건을 말한다.

2) 조건

마샬 - 러너 조건은 다음과 같다.

→ 자국의 수입수요의 가격탄력성 + 외국의 수입수요의 가격탄력성 〉 1

3) 설명

환율 상승시 경상수지 개선이 되지 않는 경우는 마샬 - 러너 조건이 성립하지 않을 때이다.

2. J - curve 효과

1) 개념

환율을 인상시키면 일시적으로 경상수지가 악화되었다가 상당기간이 경과하여야 경상수지가 개선되는 효과를 말한다.

2) 발생원인

① 단기적으로 가격효과가 수량효과보다 크고 (가격효과 〉 수량효과), 장기적으로 수량효과가 가격효과 보다 클 때 (수량효과 〉 가격효과) 발생한다.

② 이는 단기적으로 마샬 - 러너조건이 성립하지 않음을 의미한다.

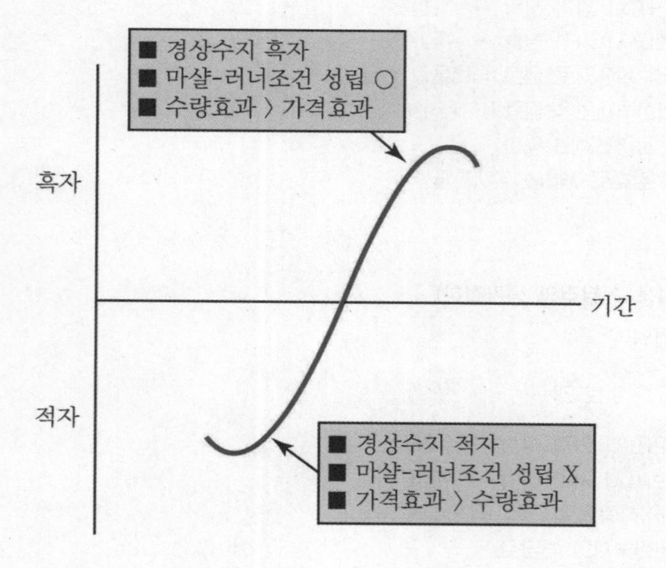

3) 설명

J - 커브에서 단기인 경우에는 환율이 상승하더라도 경상수지가 적자일 수 있다.

3. 환율의 불완전한 가격전가

1) 개념

① 환율 전가란 환율변화가 수입재의 국내가격 또는 수출재의 외화표시 가격에 미치는 영향을 말한다.

② 실제로는 환율이 변할 때 재화가격은 환율 변화분 보다 더 적게 변동하는 것을 '환율의 불완전한 가격전가'라고 한다.

2) 이유

① 환율상승 시 수출재 가격을 인하할 수 있으나 다른 경쟁제품과 비교해서 경쟁력이 있다면 해당 기업은 가격을 그대로 유지할 수도 있다.

② 또한 환율 상승으로 수입재 가격을 인상하게 되면 고객의 이탈이 발생할 수 있기 때문에 수입재 가격을 변화시키지 않을 수 있다.

③ 어떤 경우든지 기업은 환율의 변화에 따라 수출재 가격을 즉각적으로 변화시키지 않고 단기적으로는 이윤의 감소나 증가로 흡수하고자 하는 경향이 있다.

4. 교두보 효과

1) 개념

① J-커브 효과 및 환율전가 등이 단기적으로 평가절하의 효과가 나타나지 않을 수 있는 이유를 제시한 반면, 다소 장기적으로도 평가절하의 효과가 나타나지 않을 수 있는 이유로 들 수 있는 것이 교두보 효과이다.

② 외국에 교두보를 확보한 기업들은 환율이 변한다고 하더라도 이에 쉽게 반응하지 않을 것이므로 환율이 경상수지에 미치는 효과는 제약될 수밖에 없다.

2) 설명

① 환율이 큰 폭으로 내린 후 상당기간 지속되었다고 하자.
국내통화가치가 고평가됨에 따라 국내수출기업들은 국제경쟁에서 상당한 어려움을 겪게 되고 따라서 이를 극복하기 위해 생산 공장을 외국으로 이전시키고자 할 것이므로 국내수출은 더욱 위축된다.

② 이런 경우 일정기간 후 환율이 다시 상승한다고 하더라도 외국으로 이전한 수출기업들이 쉽게 국내로 복귀하지는 않을 것이다. 우선 공장을 이전하는 비용이 상당히 클 것이고 또한 외국에 진출해 나름대로 구축해 놓은 시장을 포기하는 비용도 클 것이기 때문이다.

문제 02

원화가치 상승이 한국경제에 미치는 효과에 대하여 논하시오.

해설

1 긍정적 효과

1. 역 J - curve 효과

① 역 J - curve 효과란 수출입수요의 가격탄력성이 단기적으로는 작지만 장기적으로는 커서 환율하락이 단기적으로는 경상수지를 개선시키고 장기적으로는 경상수지를 악화시키는 현상을 말한다.

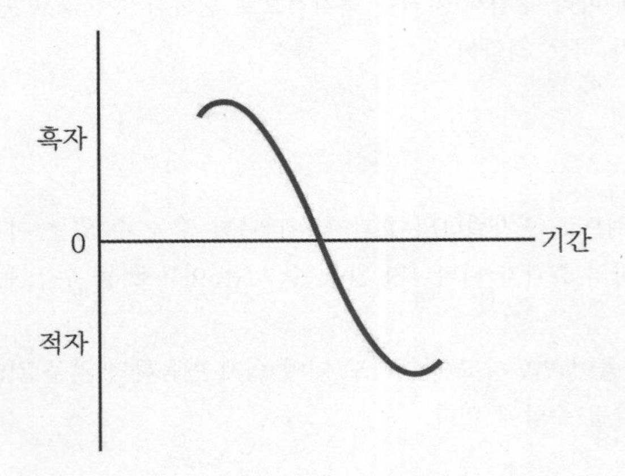

② 따라서 원화환율 하락으로 한국의 경상수지가 개선되므로 IS곡선이 우측 이동하여 국민소득이 증가하게 된다.

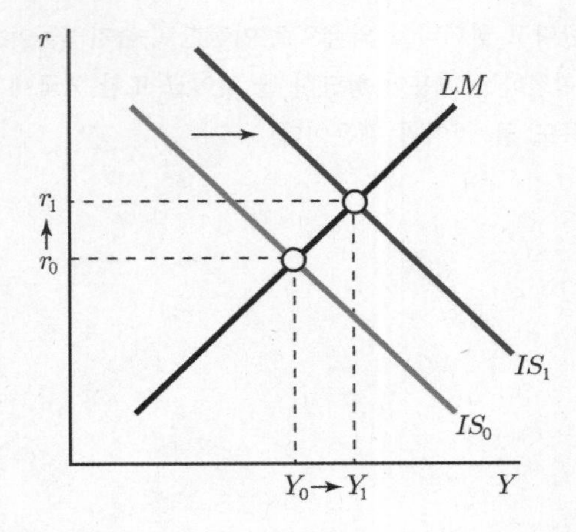

2. 원화의 대외구매력 제고와 수입원가 절감효과

한국은 원유 및 중간재 수입비중이 매우 높으므로 원화가치 상승은 수입가격을 낮추어 기업들의 생산비를 하락시켜 한국상품의 경쟁력 제고로 나타날 수 있다.

2 부정적 효과

① 원화 환율하락은 원화가치 상승으로 이어져 한국의 수출이 감소하고 수입이 증가하여 IS곡선을 좌측 이동시킨다.

② 이에 따라 경상수지 적자를 유발하고 국민소득이 감소한다.
단, 환율하락이 경상수지를 악화시킬 수 있는 경우는 마샬-러너 조건이 충족되는 경우이다.

문제 03

평가절하 후 경기활성화 보다 경기후퇴가능성이 높은 이유를 논하시오.

해설

1 환율의 평가절하 시 고려할 효과

1. 교역조건 악화효과

평가절하는 국산품을 값싸게 수출하고 외국상품을 비싸게 수입하게 되므로 교역조건의 악화에 따른 국민후생의 감소를 가져온다.

2. 잦은 인플레이션 위험

수입비중이 상대적으로 높은 국가는 평가절하 후 국내가격의 인상폭이 커서 인플레이션의 위험이 있다.

3. 환투기 현상

① 민간이 달러화에 대한 원화의 평가절하를 예상한다면 원화를 매각하고 달러화를 매입하는 환투기 행태를 보일 것이므로 달러화에 대한 수요급증으로 정부는 평가절하를 실시하지 않으면 안되는 곤경에 빠지게 된다.

② 이런 일이 잦을 경우 평가절하의 예상과 실현의 악순환이 반복될 수 있다.

4. 경쟁적 평가절하의 가능성

① 근본적으로 평가절하는 총수요를 늘리는 것이 아닌 수요의 국가 간 배분에 지나지 않는다.

② 대공황이나 오일파동, 동아시아 금융위기 때처럼 다수국가가 경기침체를 겪는 상황에서 일국의 평가절하는 상대국의 또 다른 평가절하를 유발할 수 있고 이는 세계교역을 줄이면서 경기침체를 가속화 시킬 것이다.

5. 외채부담 가중

많은 외채를 안고 있는 경우 평가절하는 자국통화로 표시된 이자와 원금의 상환비용이 늘어나서 외채부담을 악화시킨다.

6. 소득재분배 문제

① 평가절하에 따라 교역재의 상대가격이 상승하면 생산요소가 비교역재 산업에서 교역재 산업으로 이동하게 되고 이 과정에서 교역재 산업의 요소공급자에게 소득 재분배가 나타난다.

② 이와 같이 소득분배에 따른 형평성 문제가 제기될 가능성이 있다.

2 평가절하 후 경기활성화 보다 경기후퇴가능성이 높은 이유

1. 투기적 효과

평가절하 예견시 투기적 수요가 늘어서 정작 평가절하 후 재화수요가 감소할 수 있다.

2. 소득분배효과

한계소비성향이 작은 수출업자의 소득이 증가하고 한계소비성향이 큰 일반소비자의 실질소득이 하락하면 결국 총수요의 감소로 인한 경기후퇴를 가져온다.

3. 외채부담증가

외채가 많은 국가는 자국통화표시 이자와 원금의 상환비용이 증가하게 되므로 경기침체를 유발할 가능성이 커진다.

4. 실질통화량 감소

① 수출입재화의 가격탄력성이 작다면 수출을 통한 시중의 통화량 증대보다 수입대금으로 지불한 통화량이 더욱 커서 결과적으로 통화량이 감소한다.

② 수입재가격의 인상을 통한 물가상승으로 실질통화량은 더욱 더 감소한다. 이는 경기침체를 가져온다.

문제 04

외환시장개입이 환율에 미치는 효과의 경로를 설명하시오.

해설

1 외환시장 효과

외환시장효과는 외환당국이 외환을 매매함에 따라 외환의 수급에 직접적인 영향을 줌으로써 발생하는 개입효과를 의미한다.

2 통화효과

① 통화효과는 시장개입의 방향에 따라 통화량의 변동을 수반하고, 이것은 국내이자율에 영향을 준다.
② 그 결과 자본의 유입이나 유출이 발생하여 환율에 영향을 주는 효과를 의미한다.

3 기대효과

외환시장개입의 결과 통화량변화가 발생했을 때, 정부당국의 향후 통화정책에 대해 민간부문의 기대가 달라지게 되며 이에 따라 나타나는 효과가 기대효과이다.

4 신호효과

① 신호효과는 불태화 개입이든 태화 개입이든 상관없이 적용된다.
② 이 효과는 외환당국의 외환시장개입이 현행환율의 결정과정에서 민간이 보유하고 있지 않거나 불완전하게 보유하고 있던 정보를 제공하는 역할을 수행함으로써, 민간의 환율에 대한 기대를 변화시켜 궁극적으로 현행환율에 영향을 주는 것이다.

문제 05

많은 국가들이 자국의 경상수지 개선을 위해 평가절하를 단행하거나 외환시장에 개입하여 환율을 상승시키는 경우가 있다.

평가절하 또는 환율 상승이 경상수지 개선을 가져온다는 주장에 대해 단기적 효과는 탄력성 접근법을 통해서, 중기적 효과는 소득(흡수) 접근법을 통해서, 장기적 효과는 통화론적 접근법으로 나누어 논해 보시오. (단, 소규모 개방경제를 상정하시오.)

해설

1 단기의 경우: 탄력성 접근법

1. 탄력성 접근의 의의

① 탄력성 접근법이란 국제수지 불균형을 가격기구에 의해 조정하는 가장 전통적인 국제수지에 대한 접근방법이다.

② 이는 부분균형분석을 이용하여 환율의 변화가 수출입재의 상대가격을 변화시켜 무역수지에 미치는 효과를 분석하고자 하는데, 경상수지의 변화 방향은 수출입재의 상대가격의 변화에 따라 수출입량이 변하는 정도가 가장 중요한 역할을 한다.

③ 특히, 무역수지에 영향을 줄 수 있는 또 다른 변수인 국민소득을 주어진 것으로 간주하고 있어서 가장 단기적인 접근으로 인식되기도 한다.

2. 단기에서의 평가절하의 효과

소규모 개방경제에서 환율이 상승되면 무역수지를 증가시키기 위한 조건인 마샬-러너 조건을 충족한다. 왜냐하면 소국의 수출수요탄력성과 수입수요탄력성이 무한대가 되기 때문이다.

2 중기의 경우 : 소득접근방법

1. 소득접근방법의 의의

① 소득접근방법은 국내균형과 대외균형을 연결하여 소득을 중심으로 국제수지 불균형의 조정과정을 분석하고자 하는 접근방법이다.

② 이러한 분석에 따르면 국내경제에서 총소득(Y)과 총지출(A)이 불일치하면 국제수지 불균형을 초래하게 되는 것이다.

2. 중기에서의 평가절하의 효과

① 일국경제의 균형국민소득은 다음과 같다.

$$Y = C + I + G + X - M$$

② 총지출(A: Absorption)은 일정기간동안 국내 국민경제에서 소비한 자원 총사용량을 의미하고 다음과 같다.

$$A = C + I + G$$

③ 위의 두 식을 변화시키면 다음과 같이 나타난다.

$$Y - A = X - M \rightarrow Y - A = NX$$

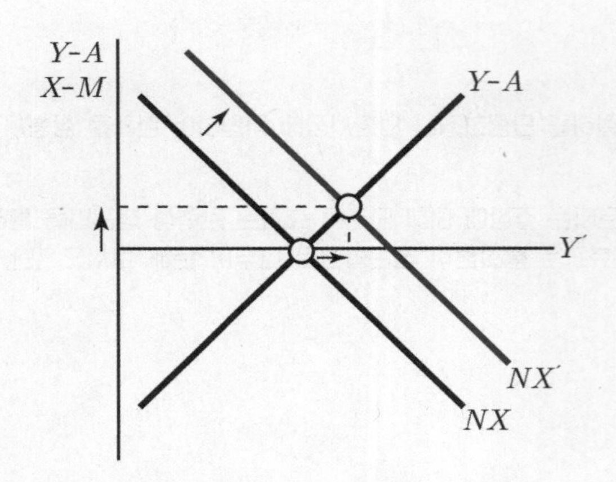

④ 이 접근법에 따르면 평가절하는 일차적으로 순수출의 증가를 가져와 NX곡선을 상방으로 이동시킨다.

⑤ 따라서 평가절하는 일차적으로는 국제수지를 개선시키고 국민소득을 증가시킨다.

⑥ 그러나 국민소득의 증가에 따라 총지출(A)도 증가하면서 최초의 경상수지 흑자폭이 줄어들게 된다.

⑦ 즉, 결과적으로 경상수지가 원래수준보다 개선되기 위해서는 평가절하가 유발하는 Y의 증가가 A의 증가보다 커야 하는데 이를 위해서는 역시 탄력성 접근법에서 언급한 마샬-러너 조건이 충족되어야 한다.

⑧ 소규모 개방경제에서는 자국이 직면하는 외국의 수입수요 탄력성이 ∞이므로 마샬-러너 조건이 충족된다. 따라서 총지출 접근법에 의할 경우 소규모 개방경제의 평가절하는 자국의 경상수지를 개선시킨다.

3 장기의 경우: 통화론적 접근

1. 통화론적 접근의 의의

통화론적 접근이란 물가의 신축성을 가정하고, 국제수지 불균형을 화폐에 대한 수요와 공급의 불균형으로 설명하는 접근법이다.

2. 소결

평가절하는 단기적으로는 국제수지 개선 효과가 있지만 장기적으로는 물가수준만을 상승시킬 뿐이다.

문제 06

한국의 금리인하로 한, 미간 정책금리차가 벌어졌다.

1. 다른 요인이 일정할 때 이러한 양국 금리차이는 국가간 자본이동에 어떤 영향을 미칠 것인지를 자산시장 균형조건에 근거해 설명해 보아라.

2. 한국금리가 미국금리보다 낮아짐에도 환율 하락이 발생했다면 어떤 요인들이 존재하는가?

3. 환율의 하락현상은 내수와 수출산업간의 양극화에 대해 어떤 영향을 미치겠는가?

해설

1 다른 요인이 일정할 때 이러한 양국 금리차이는 국가간 자본이동에 어떤 영향을 미칠 것인지를 자산시장 균형조건에 근거해 설명해 보아라.

1. 유위험 이자평형의 정리의 의미

$$i = i^f + \frac{e_{t+1}^e - e_t}{e_t}$$

① 이 식에서 좌변은 자국자산에 투자했을 때의 수익률, 우변은 외국자산에 투자했을 때의 수익률을 자국화폐단위를 기준으로 측정한 것을 의미한다.

② 이 식은 국가 간 자본이동이 자유로운 경우 자국자산에 투자했을 경우와 외국자산에 투자했을 경우의 예상수익률이 동일해야 한다는 조건을 나타내고 있다.

2. 금리차 확대의 효과

① 미국의 금리가 우리나라보다 높아지는 경우 다른 조건이 일정하다면 양국의 자산 중 미국자산의 수익률이 더 높게 측정된다. $(i < i^f + \frac{e_{t+1}^e - e_t}{e_t})$

② 이러한 이유로 금리차 확대가 국내에 유입되었던 자본들의 급격한 해외유출을 유발할 가능성에 대한 우려가 제기되고 있다.

2 한국금리가 미국금리보다 낮아짐에도 환율 하락이 발생했다면 어떤 요인들이 존재하는가?

1. 금리역전의 효과

금리역전 현상은 상대적으로 외국 자산의 수익률을 상승시키며, 이는 환율을 상승시키는 요인으로 작용한다. 즉, 금리역전으로는 최근에 급격히 나타난 환율하락 현상을 설명하기 힘들다.

2. 환율하락의 원인 - 미국 측 요인

① 환율하락은 달러화 대외가치가 전반적으로 하락한 것이 주된 원인일 수 있다.

② 즉, 미국의 누적된 경상수지적자로 인해 평가하락(depreciation)의 압력이 유발되었으며, 재정적자가 단기적으로 이러한 하락압력을 상쇄해 왔으나, 재정적자로 인한 화폐의 강세는 장기적으로 지속될 수 없으므로 결국 대외신인도 하락을 통해 평가의 하락을 유발할 것이란 기대를 유발할 수 있다.

③ 금리인하가 실시할 것이라는 예측도 달러가치 하락을 예상하게 하는 요인들이 될 수 있다.

3. 종합적 평가

여러 가지 환경적 요인들로 인해 달러가치하락과 원화의 가치상승에 대한 기대가 형성됨에 따라 실제로 금리역전에도 불구하고 환율상승 압력을 상쇄하거나 오히려 환율을 하락시키는 결과를 유발할 수도 있다.

3 환율의 하락현상은 내수와 수출산업간의 양극화에 대해 어떤 영향을 미치겠는가?

1. 수출산업에 미치는 효과 - 실질환율효과

① 실질환율(real exchange rate)을 $\varepsilon = \frac{eP^f}{P}$ 로 정의하면 자국화폐로 평가한 외국상품과 자국 상품의 가격비율이 된다.

② 단기에 주어진 물가수준 하에서 명목환율 e의 하락은 상대적으로 자국 상품이 비싸져서 수출의 가격 경쟁력이 약화됨을 의미한다.

③ 따라서 환율하락은 수출부문의 호황을 완화시키는 역할을 할 것으로 예상된다.

2. 내수산업에 미치는 효과

① 환율의 하락은 자국 화폐의 상대적 구매력을 증대시키며, 기업과 은행의 대외 채무의 원화표시 가치를 하락시킨다.

② 이러한 변화로 인해 소비자들이 전반적으로 소비를 증대시키고, 기업과 은행이 투자를 증대시키는 반응을 보인다면 내수산업에는 긍정적인 효과로 작용할 수 있다.

③ 또한 환율의 하락이 수입원자재들의 가격을 하락시킨다면 이를 사용하는 내수기업들에게도 유리하게 작용할 수 있다.

④ 그러한 이러한 주장에 대해서는 환율하락에 의해 증대된 구매력과 투자여력이 상대적으로 값싸진 외국의 상품의 구매로 이어진다면 양극화의 해소에 큰 도움이 되지 않을 것이라는 비판이 있다.

MEMO

CHAPTER 04

국제수지론

단원 학습 목표

- 국제수지의 개념과 내용, 그리고 국제수지와 다른 거시경제변수와의 상호관계를 이해해본다.
- 개방경제의 부분균형모형인 먼델 - 플레밍 모형과 일반균형모형인 DD-AA모형을 통해 거시경제정책의 효과를 살펴본다.
- 이외에 다양한 개방경제모형을 공부해본다.

□△○

1절 국제수지

01 국제수지(balance of payment)의 개념

① 국제수지는 국제거래를 통해 발생하는 수입(receipt)과 지출(payment)을 의미한다.

② 국제수지란 유량개념으로서 일정기간동안 일국의 거주자와 외국의 거주자 사이의 모든 경제적 거래를 체계적으로 분류한 것을 말한다.
즉, 한 국가가 일정 기간 동안 수행한 해외부문과의 경제적 거래를 화폐단위로 표시한 것을 말한다.

③ 경제적 거래는 외국과의 상품거래, 서비스거래, 자본거래 및 국제간 증여 등을 모두 포함한다.

02 국제수지표의 내용

1 의의

① 국제수지표는 일정 기간 동안에 일국의 거주자와 여타국의 거주자들 사이에 발생한 모든 경제적 거래를 체계적으로 분류한 표이다.

② 국제수지표의 작성기준은 국적에 따른 국민이 아니라 지역을 경계로 한 국경으로 국경을 통과하는 실물거래와 금융거래 등 모든 경제적 거래를 기록한다.

③ 우리나라에서는 1997년 외환위기 이후 IMF 방식을 따르고 있다.
현행 국제수지표는 2010년 개정된 IMF의 [국제수지매뉴얼 제6판]을 기준으로 작성되고 있다.

④ 국제수지표에서는 모든 국제거래를 경상계정(current account), 자본 및 금융계정(capital and financial account)로 나누어 표시한다.

⑤ 국제수지표는 복식부기의 원리에 의해 외국으로부터 수입을 가져오는 거래를 대변, 외국에 대한 지급이 발생하는 거래를 차변에 기재하고 동시에 이들 거래에 수반하여 일어나는 반대급부의 이동을 각각의 반대편에 기록한다.

2 경상수지

1. 개념

① 경상계정에서 수입과 지출의 차이를 경상수지라고 하고 수지가 0인 경우를 균형, 수입이 지출보다 큰 경우를 경상수지 흑자, 수입이 지출보다 적은 경우를 경상수지 적자라고 한다.

② 경상수지는 한 나라의 재화와 서비스의 순수출 및 국제간의 증여를 화폐액으로 표시한 것으로 상품수지, 서비스수지, 본원소득수지, 이전소득수지로 구성된다.

→ 경상수지 = 상품수지 + 서비스수지 + 본원소득수지 + 이전소득수지

2. 상품수지

① 상품수지에는 상품의 수출과 수입을 기록하고 무역수지라고도 한다.

② 수출입상품은 일반상품, 가공용재화, 운수조달재화, 비화폐용 금 등으로 세분된다.

3. 서비스수지

① 서비스수지에는 서비스의 국가간 거래를 기록한다. 세부항목은 운송, 여행, 통신서비스, 보험서비스, 지적재산권 등의 사용료, 사업서비스, 정부서비스 등으로 구분된다.

② 예를 들어 우리나라 거주자가 해외 여행경비를 외국에 지급하거나 외국의 선박이나 항공기를 이용하거나 외국보험회사에 가입하여 보험 비용을 지급하거나 외국특허권 사용료를 지급하면 서비스수지의 지출이 되고 반대로 외국의 거주자가 위의 항목에 해당하는 비용을 우리나라에 지급하면 서비스수지의 수입이 된다.

4. 본원소득수지

① 본원소득수지는 우리가 외국에서 벌어들인 소득과 외국인이 우리나라에서 벌어간 소득이 기록된다.

② 우리나라가 외국에 투자하여 벌어들인 배당과 이자나 우리 근로자가 외국에서 벌어들인 소득은 수입이 되고 같은 내용으로 외국인들이 우리나라에서 벌어간 소득은 지출이 된다.

5. 이전소득수지

① 수혜자에게 아무런 대가없이 제공되는 송금, 구호를 위한 식량, 의약품 등의 무상원조, 국제기구 출연금 등의 국가 간 거래가 기록된다.

② 외국으로 나간 것은 지급, 벌어간 소득은 지출이 된다.

3 자본 · 금융계정

1. 자본 및 금융계정

① 자본 및 금융계정은 한 나라에서 일정기간동안 발생하는 외화의 유출입차이를 화폐액으로 표시한 것을 말한다.

② 자본 및 금융계정은 자본수지와 금융계정으로 구분된다.

→ 자본 · 금융계정 = 자본수지 + 금융계정

2. 자본수지

① 자본수지는 자본이전과 비생산 · 비금융자산의 취득 및 처분을 기록하는 항목이다.

② 자본이전은 자산 소유권의 무상이전, 거래 상대방의 자산 취득 또는 처분과 관련된 현금이전, 채권자에 의한 채무면제 등을 포괄한다.

③ 비생산 · 비금융자산 취득 및 처분에는 상표권, 영업권, 독점판매권 등이나 임차권 또는 기타 양도가능한 계약 같은 무형자산의 취득과 처분이 포함된다.

3. 금융계정

① 금융계정은 직접투자, 증권투자, 파생금융상품, 기타투자 및 준비자산으로 구성된다.

② 직접투자는 직접투자관계에 있는 투자자와 투자기업간에 일어나는 대외거래를 계상하며 투자자가 투자기업의 경영에 대해 통제 혹은 상당한 영향력을 행사할 수 있는 경우 이들은 직접투자관계에 있다고 본다.

③ 증권투자는 주식, 부채성증권 거래를 나타내며 이 중 직접투자 또는 준비자산에 해당되는 주식 및 부채성 증권에 대한 거래 등은 제외된다.

④ 증권에 대한 투자라고 하더라도 직접투자관계에서 일어나는 거래는 직접투자로 계상하며 증권 형태나 파생금융상품에 대한 투자가 아닌 경우는 기타투자로 분류한다.

⑤ 파생금융상품항목은 파생금융상품으로 실현된 손익 및 옵션 프리미엄 지급 · 수취가 파생금융상품 자산 및 부채로 계상된다.

⑥ 기타투자는 직접투자, 증권투자, 파생금융상품 및 준비자산에 포함되지 않는 모든 금융거래를 계상하는 항목으로 무역신용, 대출 및 차입, 현금 및 예금, 기타지분, 특별인출권 및 기타자산 · 부채 등으로 구성된다.

⑦ 준비자산은 유가증권, 외화예치금, 금 및 SDR 보유, IMF 포지션 등으로 구성된다.
'준비자산' 항목의 변화는 한국은행의 외환보유액 변화로 나타난다.

4 오차 및 누락

① 실제로 작성된 국제수지표에서는 경상수지와 금융계정의 차이가 0이 되지는 않는다.

② 그 차이를 오차 및 누락(errors and omissions)이라는 항목으로 조정한다.

③ 실제 국제수지표 작성에서 오차 및 누락이 발생하는 이유는 하나의 거래와 관련된 통계자료가 여러 기관에서 수집되기 때문이다.

④ 오차 및 누락항목은 국제수지표 작성에 이용된 다양한 기초통계들의 불일치를 조정하기 위한 항목이다.

5 국제수지표

<table>
<tr><th>항목</th><th>수입(receipt)</th><th>지출(payment)</th></tr>
<tr><td rowspan="2">1. 경상계정(재화, 서비스; current account)
- 상품수지(상품의 수출입거래)
- 서비스수지(여행, 운수, 보험 등의 서비스/용역거래)
- 본원소득수지(투자소득 및 근로소득 거래)
- 이전소득 수지(무상원조, 송금, 국제기구 출연금 등 대가없이 제공되는 거래)</td><td>=수출(export)</td><td>=수입(import)</td></tr>
<tr><td colspan="2">경상수지>0 (순수출>0) ⇒ 흑자(surplus)
경상수지<0 (순수출<0) ⇒ 적자(deficit)</td></tr>
<tr><td rowspan="2">2. 자본 및 금융계정(capital & financial account)
- 자본수지(자본이전, 해외거주비, 특허권 구입)
- 금융계정
• 직접투자(경영참여를 목적으로 자본거래)
• 증권투자(주식, 채권의 거래)
• 파생금융상품(파생금융상품의 거래)
• 기타투자(무역관련 신용, 은행차입)
• 준비자산(중앙은행이 보유하고 있는 외환보유액의 변화</td><td>=부채의 증가</td><td>=자산의 증가</td></tr>
<tr><td colspan="2">자본 및 금융계정>0 (순해외자본 유입>0)
⇒ 흑자(surplus)
자본 및 금융계정<0 (순해외자본 유입<0)
⇒ 적자(deficit)</td></tr>
<tr><td>3. 오차 및 누락</td><td colspan="2"></td></tr>
</table>

① 재화와 서비스의 거래는 경상계정에 정리하고 금융자산의 거래는 자본 및 금융계정에 정리한다.

② 각 계정의 수입(receipt) 항목 또는 차변(defit)에는 해당 거래를 통해 외화를 벌어들인 경우를 표시하게 된다. 즉, 경상계정의 경우 상품 수출을 통해 달러를 벌어들인 경우가 되며 자본 및 금융계정의 경우는 우리 금융자산(증권)을 매각하여 달러가 들어 온 경우를 표기하게 된다.

③ 각 계정의 지출(payment) 또는 대변(credit) 항목에는 해당 거래를 통해 외화를 지급한 경우를 표시하게 된다.

④ 따라서 경상계정의 지출은 상품 수입(import)이 되며 자본 및 금융계정의 경우는 우리가 외국의 금융자산을 매입하는 경우가 된다.

⑤ 주의할 점은 자본 및 금융계정의 경우 수입항목은 우리 입장에서 부채의 증가이고 지출항목은 자산의 증가를 의미한다는 것이다.

03 경상수지와 자본 및 금융계정의 관계

① 경상계정과 준비자산을 제외한 민간부문의 자본 및 금융계정을 합하면 0이 된다.
예를 들어 경상계정에서 수입보다 수출을 더 많이 했다면 여유분의 자금을 자본 및 금융계정을 통해 외국으로 빌려줄 수 있다.
따라서 경상계정이 흑자를 본만큼, 자본 및 금융계정은 적자가 되어야 한다.

② 그러나 실제로 정부가 보유하는 준비자산이 존재한다.
경상계정과 준비자산을 제외한 자본 및 금융계정을 합친 국제수지가 흑자로 나타나면 그 흑자분만큼 외환당국이 외화자산을 매입하여 준비자산을 늘리게 된다. 즉, 외환시장에서 외화의 공급이 늘어나게 된다. 이 때 중앙은행이 달러화를 매입하게 되면 이것은 외화준비자산의 증가로 나타난다. 이러한 준비자산을 외환보유액이라고 한다.

③ 준비자산계정에서는 자산의 증가를 음(-)으로 표시한다.

④ 따라서 경상계정, 준비자산을 포함한 자본 및 금융계정의 합은 0이 된다.

→ 경상수지 + 자본 및 금융계정 = 0

⑤ 그런데 현실에서는 오차 및 누락이 있기 때문에 오차 및 누락을 합친 국제수지의 합계는 항상 균형이 된다.

→ 경상수지 + 자본 및 금융계정 + 오차 및 누락 = 0

04 국제수지균형

1 대외거래

① 대외거래는 그 성격에 따라 두 가지로 나눌 수 있다.

② 자율적 거래란 국가 간의 가격, 소득, 이자율 등 경제적 요인에 의해서 독자적으로 이동하는 자본을 말한다.

③ 보정적 거래란 국제수지의 적자가 발생했을 때 이를 보전해주기 위해서 부수적으로 움직이는 자본을 말한다. 즉, 자율적 거래를 뒷받침하기 위해 보조적으로 발생한 거래이다.

④ 국제수지표 작성 항목 중에서 위쪽에 위치한 항목일수록 자율적 성격이 강하고 아래에 위치한 항목일수록 보정적 성격이 강하다.

2 국제수지균형의 의미

① 국제수지표는 복식부기의 원리에 따라 작성되므로 보정적 거래까지 포함할 경우 항상 균형을 이루게 된다. 즉, 대변과 차변의 합계, 경상수지 + 자본・금융계정는 항상 0이다.

② 일반적으로 국제수지 흑자 또는 적자라고 말하는 것은 경상수지만을 의미한다.

3 경상수지의 중요성

① 경상수지가 중요한 이유 중 하나는 이것이 대외채권과 대외채무를 변동시키기 때문이다.

② 경상수지 흑자가 발생하면 수출이 수입보다 많아 외화가 남는다.

③ 남는 외화를 경상수지 적자국에게 빌려주면 흑자국의 대외채권이 증가하게 된다. 즉, 경상수지 흑자국에서는 순대외자산이 증가하고 경상수지 적자국에서는 순대외자산이 감소한다.

2절 국제수지와 다른 경제변수와의 관계

01 경상수지와 국내 총생산

1 개념

① 지출 측면에서 보면 국내 총생산(GDP)은 다음과 같이 구성된다.

$$Y = C + I + G + (X - M)$$

(C : 소비지출, I : 투자지출, G : 정부지출, X - M : 순수출(경상수지))

② (C + I + G)는 국내외에서 생산된 재화에 대한 총 지출(Absorption : A)이므로 다음의 관계식이 성립된다.

$$Y = A + (X - M)$$
$$\rightarrow (X - M) = Y - A$$

→ 경상수지 = 국내 총생산 - 국내외에서 생산된 재화에 대한 총지출액

2 의미

① 국내 총생산이 총지출액보다 크면 경상수지가 흑자, 국내 총생산보다 총 지출액이 더 크면 경상수지가 적자가 됨을 의미한다.

② 경상수지가 적자라는 것은 그만큼 외국으로부터 돈을 차입하여 재화를 구입했음을 의미한다.

③ 경상수지가 적자이면 그만큼 해외부채가 증가하나 해외자산이 감소하므로 경상수지의 불균형은 우리나라가 보유한 순 해외자산(Net Foreign Asset)의 크기변화를 가져온다.

④ 외국에서 차입한 돈은 외국사람이 저축한 돈이므로 경상수지 적자를 '해외저축 또는 외국저축'이라고도 한다.

3 시사점

① 경상수지 적자를 줄이기 위해서는 총지출액을 감소시켜야 하므로 긴축적인 정책 실시가 필요하다.

② 자본재나 원자재 수입 감소로 인한 경상수지 흑자는 장기적으로 바람직스럽지 않은 결과를 가져올 가능성이 크다. 왜냐하면 산업 활동과 수출도 위축될 것이기 때문이다.

4 업숍션(Absorption)

① 일정기간동안 국내외에서 생산된 재화 및 서비스에 대한 총 지출액(총 구입액)으로 다음과 같이 정의된다.

$$A = C + I + G$$

② Absorption은 일정기간동안 한 나라의 재화와 서비스의 총 사용액을 의미한다.

02 경상수지와 저축 및 투자

1 의의

경상수지는 국내 총생산과 지출액의 차이로 나타낼 수 있을 뿐만 아니라 투자와 저축의 차이로 나타낼 수도 잇다.

2 관계식

$$\begin{aligned}(X-M) &= Y-(C+I+G) \\ &= (Y-T-C)+(T-G)-I \\ &= S_P+S_G-I \quad (S_P: \text{민간저축}, S_G: \text{정부저축}) \\ &= S_T-I \quad (S_T: \text{총저축})\end{aligned}$$

3 경상수지 적자요인

경상수지 적자요인으로는

① 과소비에 따른 민간저축감소 ② 재정적자 (정부저축감소) ③ 투자지출의 증가를 들 수 있다.

4 시사점

① 민간저축 감소나 재정적자로 발생하는 경상수지는 부정적인 효과를 가져 올 수 있으나 투자증가로 인한 경상수지 적자는 오히려 바람직할 수도 있다.

② 지속적으로 경상수지 적자가 계속되면 이는 외채누적으로 연결되므로 지속적인 경상수지 적자는 외채위기를 불러올 가능성도 있다.

5 쌍둥이 적자 (twin deficit)

1. 개념

1980년대 미국은 재정적자와 경상수지적자를 동시에 경험한 바 있는데, 이를 쌍둥이 적자라고 한다.

2. 설명

① $I=S_P+(T-G)+(M-X)$

국내 총투자 = 민간저축 + 정부저축 + 해외저축

투자재원은 국내 총 저축뿐만 아니라 해외저축을 통해 조달될 수도 있음을 의미한다.

② $(X-M)=(S_P-I)+(T-G)$

(S_P-I)가 일정하게 주어져 있을 때 재정적자가 커지면 경상수지 적자도 커지는 것을 알 수 있다.

③ 감세정책으로 인한 재정적자가 발생하는 경우 $(T-G<0)$, 민간저축이 동일한 크기로 증가하지 못한다면 경상수지 적자를 유발한다.

④ 이 때 감세로 인해 소비가 증가하기 때문에 민간저축(S_P)은 정부저축의 감소폭보다 적게 증가하므로 국민저축은 감소하고 경상수지 적자가 유발된다.

⑤ 또한 저축의 감소는 대부자금의 공급을 감소시켜 이자율을 상승시키는데 이는 일반적으로 자국화폐의 강세를 유발하고 순수출$(X-M)$을 감소시킨다.

⑥ 즉 적자재정정책은 직·간접적으로 경상수지 적자를 유발하는 원인이며 투자감소 등을 통해 장기적으로도 성장잠재력을 낮추는 악영향을 가져온다.

03 경상수지와 자본수지

① 경상수지 + 자본수지 = 0이므로 경상수지 = -자본수지 이다.

② 자본수지가 적자라는 것은 해외자산을 매입하였다는 것을 의미한다.

③ 해외자산 증가분을 순해외투자(Net Foreign Investment : NFI)라고 하므로 다음의 관계식이 성립된다.

$$경상수지 = NFI$$

ㅁ△ㅇ

3절 IS - LM - BP모형

01 개요

① 국제수지와 환율을 고려한 개방경제의 총수요측면을 분석하고자 한다.

② 일반적으로 개방경제의 국민소득・이자율・국제수지・환율 등은 서로 영향을 주고 받으며 결정된다.

③ 폐쇄경제의 총수요 분석에 사용해 왔던 IS - LM모형을 확장하여 국제수지와 환율이 화폐시장에 미치는 영향을 살펴본다.

02 국제수지균형과 BP(Balance of Payment)곡선

1 BP곡선의 정의

① 국제수지는 경상수지 또는 순수출과 자본수지 또는 순자본유입의 합으로 구성된다.

② BP곡선이란 국제수지를 균형으로 만드는 국민소득(Y)과 이자율(r)의 조합을 나타내는 곡선이다.

③ BP곡선의 형태는 국가간 자본이동성의 정도에 따라 달라진다.

2 BP곡선의 함수식

① BP곡선에서 사용되고 있는 국제수지개념은 '경상수지 + 자본수지'의 개념이다.

② 따라서 국제수지는 다음과 같이 나타낼 수 있다.

→ 국제수지 = 경상수지 + 자본수지 = (수출 - 수입) + 자본수지

③ 순수출의 주요 요인은 국내소득(Y)과 외국소득(Y_f), 실질환율($\frac{eP_f}{P}$)을 들 수 있다.

④ 이자율평가설에 의하면 순자본유입은 무엇보다도 국내외 이자율 차이($r-r_f$)와 미래예상환율변화율 ($\frac{e_{t+1}^e - e_t}{e_t}$)에 의해 결정된다.

⑤ 단기적으로 미래예상환율변화율이 0이라고 가정하면 자본수지, 즉 순자본유입은 국내이자율과 외국이자율의 차이에 의해 결정된다.
외국이자율에 비해 국내이자율이 높다면 외국인들의 국내자산에 대한 투자가 증가하므로 자본수지는 국내외 이자율차이의 증가함수가 된다.

⑥ 따라서 국제수지(BP)는 다음과 같이 나타낼 수 있다.

$$BP = [\,X(Y^f,\ \frac{eP^f}{P}) - M(Y, \frac{eP^f}{P})\,] + F(r-r^f) \qquad (\text{단}, F' > 0)$$

(X : 수출, $\frac{eP_f}{P}$: 실질환율, Y^f : 외국소득, M : 수입, Y : 국내소득, F : 자본수지, r : 국내금리, r^f : 외국금리)

3 BP곡선의 도출

1. BP곡선의 형태

① 국제수지의 균형($BP=0$)을 가져오는 국민소득과 이자율의 조합인 BP곡선을 도출해보자.

② 국민소득이 Y_0에서 Y_1으로 증가하면 수입이 증가하여 경상수지는 악화되고 국제수지는 적자가 된다.

③ 국제수지의 균형을 회복하려면 자본이 유입되어 자본수지가 호전되어야 하고 이를 위해서는 국내이자율이 r_0에서 r_1으로 상승하여야 한다.

④ 따라서 국가간 자본이동이 불완전한 경우의 BP곡선은 우상향하는 형태를 갖는다.
즉, 국민소득이 증가할 때 이자율이 상승하여야만 국제수지균형이 유지될 수 있으므로 BP곡선은 우상향의 형태가 된다.

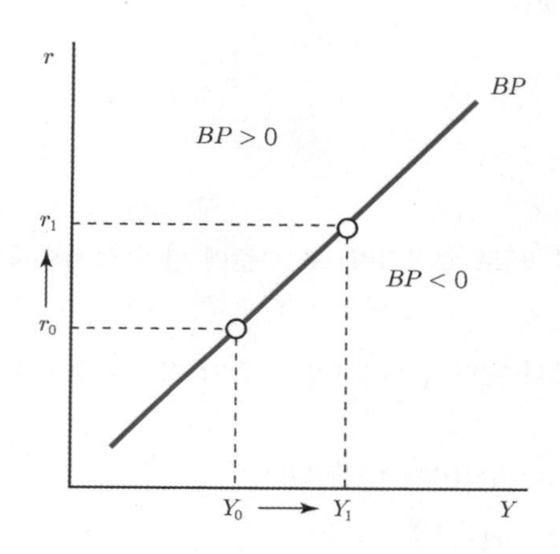

2. BP곡선의 상방과 하방

① BP곡선의 상방은 균형보다 이자율이 높은 수준이므로 자본유입이 발생하고 국제수지가 흑자(BP>0)이다.
또는 BP곡선의 좌측은 균형보다 국내소득이 적기 때문에 수입이 감소하고 순수출의 흑자로 국제수지 흑자가 발생한다.

② BP곡선의 하방은 균형보다 이자율이 낮은 수준이므로 자본유출이 발생하고 국제수지가 적자(BP<0)이다.
또는 BP곡선의 우측은 균형보다 국내소득이 크기 때문에 수입이 증가하고 순수출의 적자로 국제수지 적자가 발생한다.

4 자본의 이동성 정도와 BP곡선의 기울기

1. 자본통제 (자본이동이 불가능한 경우)

① 자본통제가 완전하게 이루어지므로 외국과의 자본거래는 전혀 불가능하다.

② 자발적인 자본거래의 크기는 0이 되므로 국제수지는 다음과 같이 경상수지만으로 구성된다.

$$\rightarrow BP = X(Y^f, \frac{eP^f}{P}) - M(Y, \frac{eP^f}{P})$$

③ 국제수지(BP)는 해외변수들이 주어져 있을 때, 국내물가수준(P)과 소득(Y)에 의해 결정됨을 알 수 있다.

④ 자본이 완전 통제되면 BP곡선은 수직선의 형태를 취한다.
왜냐하면 자본이동이 없을 때, 국제수지는 경상수지로만 구성되고, 경상수지는 이자율(r)의 영향을 받지 않기 때문이다.

즉, 자본이동이 완전통제된 경우 BP곡선은 이자율에 관계없이 경상수지를 0으로 만드는 소득수준에서 수직선의 형태를 갖는다.

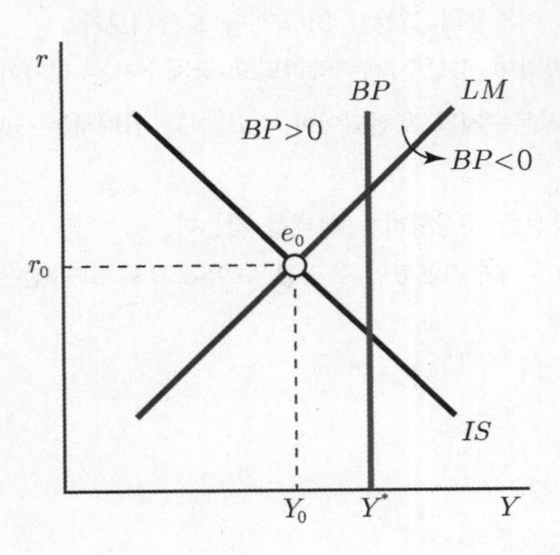

⑤ IS곡선과 LM곡선이 만나는 점 e_0에서 실제국민소득이 Y_0로 결정되며, 그 수준에 따라 국제수지의 흑자와 적자가 발생할 수 있다.

⑥ 실제소득수준 Y_0가 국제수지를 균형으로 만드는 Y^*보다 왼쪽에 위치하면 수출이 수입을 능가하므로 경상수지는 흑자(BP 〉0)가 된다.
반대의 경우에는 수입이 수출을 초과하므로 경상수지는 적자(BP〈 0)가 된다.

2. 완전한 자본이동성

① 자본이동이 완전히 자유로운 경우에는 국내이자율과 외국이자율 간에 조금이라도 차이가 발생하면 이자율이 높은 쪽으로 대규모 자본이동이 일어날 것이기 때문에 경상수지에 관계없이 국제수지는 큰 규모의 자본수지 적자 또는 흑자에 의해 불균형상태가 된다.

② 따라서 국내이자율과 외국이자율이 같을 때에만 국제수지가 균형이 될 수 있으므로 *BP*곡선은 외국이자율(r_f)에서 수평의 형태를 갖는다.

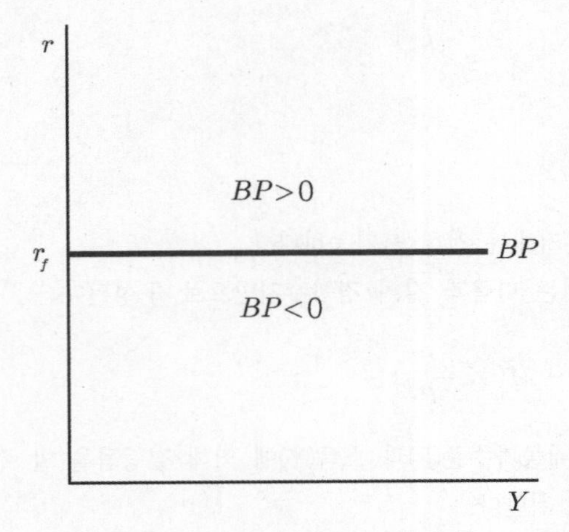

3. 결론

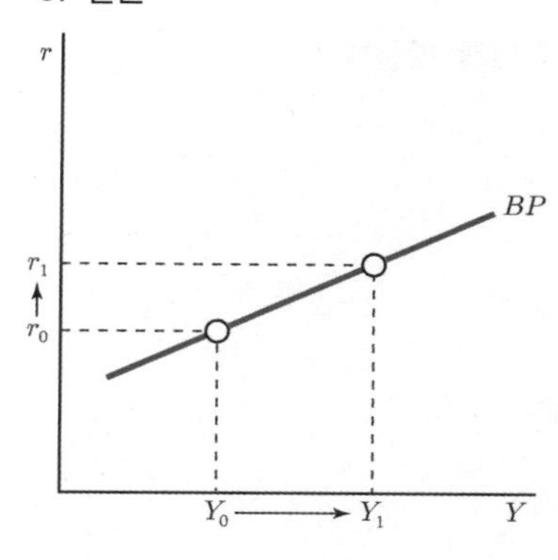

① 자본이동성이 매우 높다면 이자율이 r_0에서 r_1으로 약간만 상승해도 대규모 자본유입이 발생하기 때문에 국제수지 흑자폭이 커진다.

② 국제수지 흑자폭을 상쇄하기 위해서는 수입 증가로 인한 대규모 경상수지 적자가 발생해야 한다.

③ 따라서 이자율 상승폭보다 국민소득의 증가폭이 커야 하며 *BP*곡선의 기울기는 완만한 형태로 도출된다.

5 BP곡선의 이동

1. 의의

① 국제수지는 경상수지와 자본수지로 구성되므로 수출입과 자본유출입에 영향을 미치는 변수들은 BP곡선을 이동시키게 된다.

② 수출재의 가격경쟁력에 영향을 미치는 명목환율, 국내가격과 외국가격의 상대비율 등과 외국소득은 수출입에, 국내금리와 외국금리는 자본유출입에 영향을 미치므로 BP곡선의 이동을 가져다준다.

2. BP곡선이 우상향인 경우

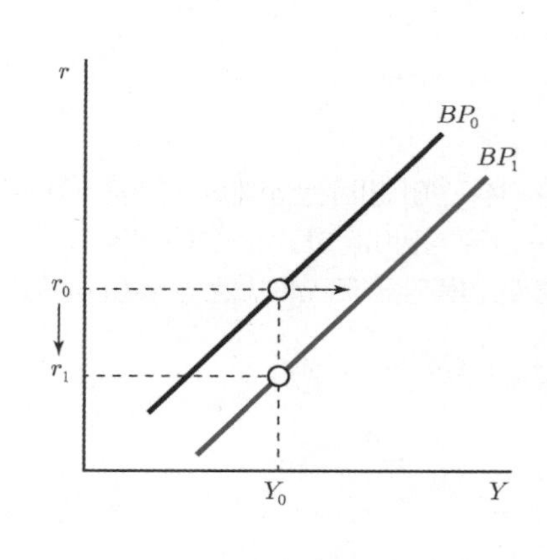

① 주어진 소득수준 Y_0에서 명목환율이 상승하거나 물가가 하락하면 수출재의 가격경쟁력이 향상된다. 순수출증가로 경상수지가 흑자가 되면 국제수지도 흑자가 된다.

② 국제수지의 균형이 달성되기 위해서는 이자율이 하락하여 자본유출이 이루어져야 한다.

③ 따라서 BP곡선은 하방(우측)으로 이동한다.

④ 국제금리가 하락하면 국내로 자본이 유입되므로 자본수지 흑자로 국제수지도 흑자가 된다.

⑤ 국제수지의 균형이 달성되기 위해서는 국내금리가 하락하거나 소득이 증가하여 순수출이 감소해야 한다.

⑥ 따라서 BP곡선은 하방(우측)으로 이동한다.

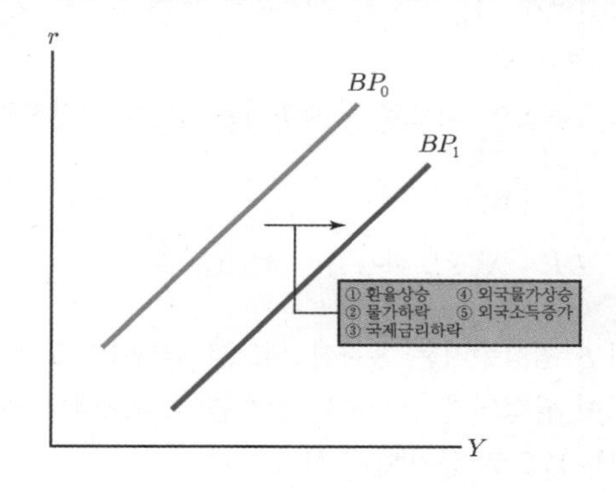

3. BP곡선이 수평선인 경우

① 자본이동이 완전한 경우 BP곡선은 외국이자율(r_f)에서 수평의 형태를 갖는다.

② 외국이자율이 r_f^0에서 r_f^1으로 상승하면 BP곡선은 상방이동한다.

③ 외국이자율이 r_f^0에서 r_f^2로 하락하면 BP곡선은 하방이동한다.

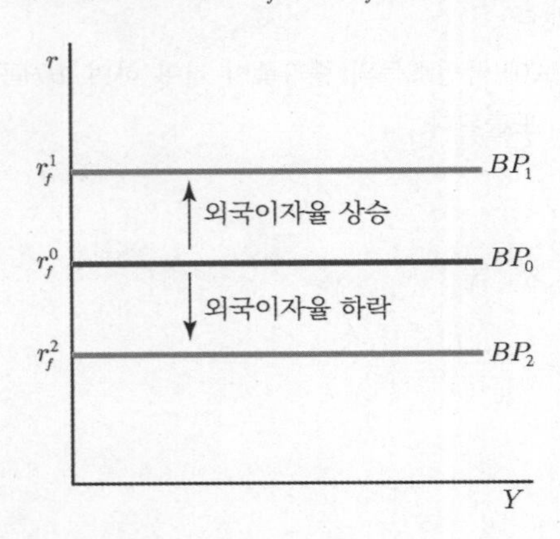

기출문제 점검 코트라 2015년

미국 금리인상이 우리나라 경제에 미치는 영향은?

논점 및 해법

미국 금리 또는 외국금리가 상승하면 BP곡선이 상방이동한다. IS곡선과 LM곡선이 만나는 점에서 국내금리가 결정되므로 미국금리보다 국내금리가 낮다. 즉, 국제금리가 상승하면 BP곡선은 상방이동하고 IS-LM곡선은 이동하지 않으므로 국내금리는 국제금리보다 낮게 유지된다. 따라서 외환유출로 변동환율제도하에서는 환율이 상승하고 고정환율제도하에서는 환율상승 압력에 따른 외환매각이 발생한다.

4 BP곡선이 수직선인 경우

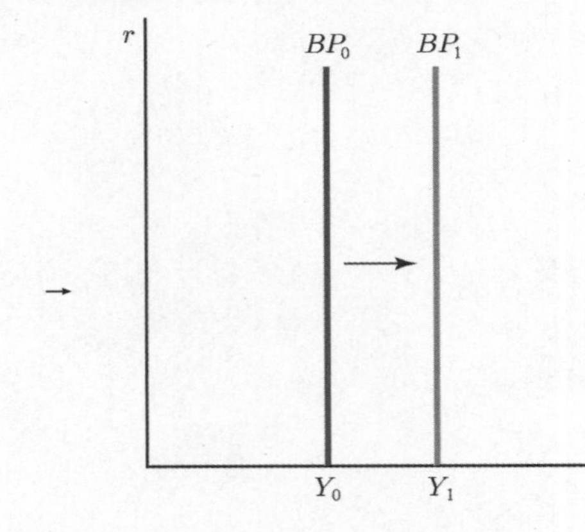

① 자본통제가 완전하게 이루어지면 외국과의 자본거래는 불가능하므로 BP곡선은 수직선의 형태를 갖는다.

② 자본거래의 크기는 0이 되므로 국제수지는 경상수지만으로 구성된다.

$$BP = X(Y^f, \frac{eP^f}{P}) - M(Y, \frac{eP^f}{P})$$

③ 환율이 상승하면 경상수지는 흑자가 되므로 국제수지도 0보다 크다.

④ 국제수지 균형이 달성되기 위해서는 순수출이 감소해야 하므로 국민소득이 Y_0에서 Y_1으로 증가해야 한다.

⑤ 따라서 BP곡선은 우측으로 이동한다.

⑥ 수직선인 BP곡선이 우측으로 이동하는 요인은 환율상승, 외국물가상승, 국내물가하락, 외국소득증가 등이 있다.

03 개방경제의 총수요균형

1 의의

① 생산물시장에서 수요만 있으면 공급은 자동적으로 충족된다고 가정하면 개방경제의 총수요균형은 생산물시장과 화폐시장의 동시균형뿐만 아니라 국제수지도 균형인 상태를 의미한다.

② IS - LM곡선의 교차점에서 개방경제의 대내균형이 달성되고 개방경제의 총수요균형은 IS - LM - BP 세 곡선이 모두 만나는 점에서 이루어진다.

2 설명

① 국가간 자본이동이 완전히 자유로운 경우 개방경제의 생산물시장·화폐시장 및 국제수지의 동시균형은 수평인 BP곡선 상에서 IS, LM곡선이 만나는 점에서 결정된다.

② IS와 LM곡선이 만나는 점에서 국내이자율 r_0와 국민소득 Y_0가 결정되고 외국이자율 r_f와 국내이자율 r_0가 같다.

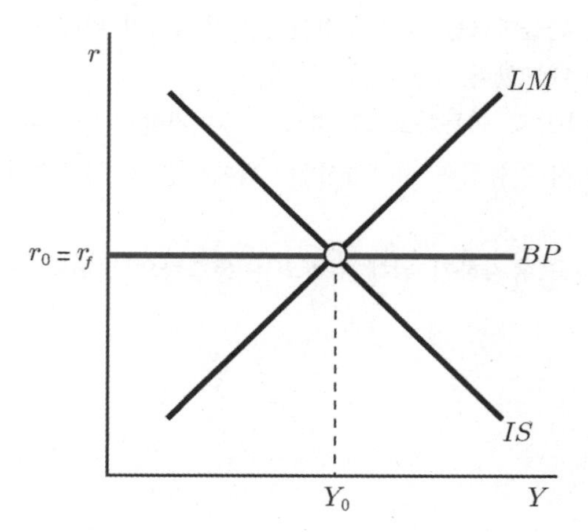

3 변동환율제도에서 국제수지 불균형의 조정과정

① LM곡선과 IS곡선이 만나는 대내균형점 a에서의 국내이자율(r_0)이 외국이자율(r_f)보다 높다면 국내자산 매입을 위한 외국자본이 대규모로 유입되면서 국제수지는 흑자가 된다.

② 이때 외환시장에서는 외환공급이 늘고 균형환율이 하락하면서 순수출 또는 경상수지가 악화된다.

③ 따라서 IS곡선이 좌측으로 이동하고 그 결과 국내이자율이 하락한다.

④ 결국 IS곡선은 LM곡선과 BP곡선이 만나는 점인 b점까지 이동하여 생산물시장·화폐시장 및 국제수지의 동시균형이 달성된다.

⑤ 즉, 변동환율제도에서는 국제수지의 불균형이 환율변화와 순수출 변화 및 그에 따른 IS곡선의 이동으로 조정된다.

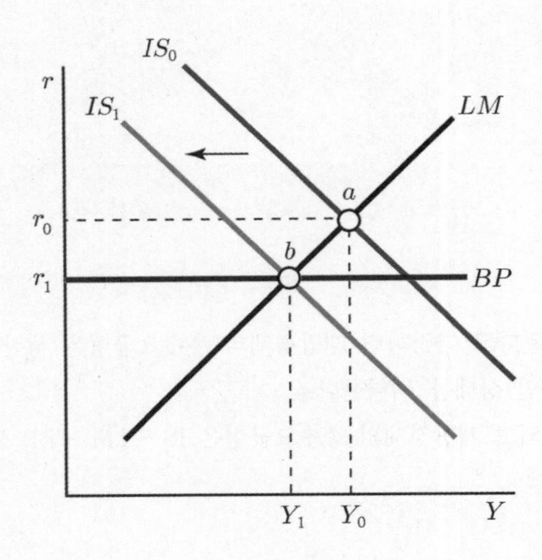

4 고정환율제도에서 국제수지 불균형의 조정과정

① LM곡선과 IS곡선이 만나는 대내균형점 a에서의 국내이자율(r_0)이 외국이자율(r_f)보다 높다면 국내자산 매입을 위한 외국자본이 대규모로 유입되면서 국제수지는 흑자가 된다.

② 이때 외환시장에서는 외환공급이 늘고 환율하락압력이 발생한다.

③ 고정환율제도를 채택하고 있는 개방경제의 중앙은행은 환율하락을 막고 고정환율을 유지하기 위해 외환시장에 개입하여 초과공급인 외화를 매입하고 자국통화를 매도한다.

④ 이에 따라 국내 화폐공급이 증가하면서 LM곡선이 우측으로 이동하고 그 결과 국내이자율이 하락한다.

⑤ 결국 IS곡선은 LM곡선과 BP곡선이 만나는 점인 b점까지 이동하여 생산물시장 · 화폐시장 및 국제수지의 동시균형이 달성된다.

⑥ 즉, 고정환율제도에서는 국제수지의 불균형이 고정환율을 유지하기 위해 수반되는 통화량의 변화와 그에 따른 LM곡선의 이동으로 조정된다.

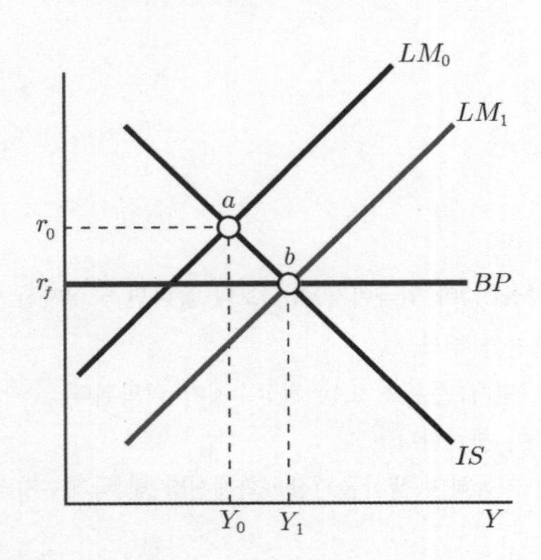

04 변동환율제도와 경제정책

1 완전한 자본이동

1. 확대재정정책

1) 설명

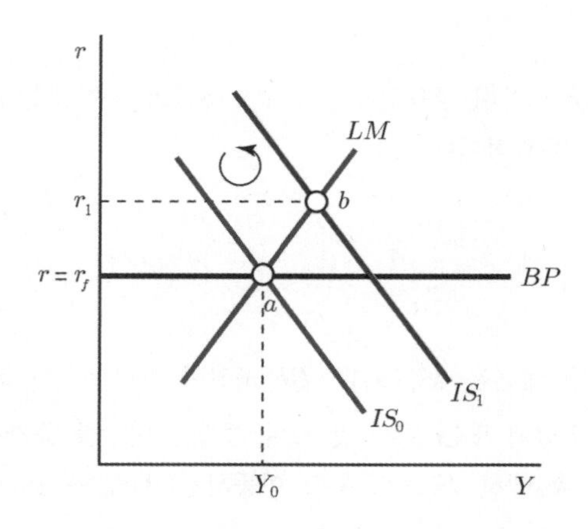

① 자본이동이 완전히 자유로운 변동환율제도에서 확대재정정책의 효과를 살펴보자.

② 최초의 균형점은 IS_0, LM, BP곡선이 만나는 점 a라고 하자.

③ 정부가 확대재정정책을 실시하면 정부지출 증가로 IS곡선이 IS_0에서 IS_1으로 우측 이동한다($IS_0 \rightarrow IS_1$).

④ 새로운 대내균형점 b에서 국내이자율이 외국이자율보다 높기 때문에 ($r_1 > r_f$) 해외로부터 자본이 급속히 유입되어 국제수지는 흑자가 된다.

⑤ 외환유입으로 환율이 하락하므로 순수출이 감소하면서 IS곡선은 다시 좌측으로 이동한다.

⑥ 결국 최종균형은 원래의 균형점 a에서 이루어진다.

⑦ 환율하락에 의해 외환시장이 균형을 이루면 경상수지 적자폭이 자본수지 흑자폭과 일치하게 되어 국내통화량은 국제수지의 영향을 받지 않게 된다. 따라서 국내물가수준이 변하지 않는다면 해외에서 자본이 유입되어도 LM곡선은 원래의 위치에 있게 된다.

2) 결론

① 변동환율제도에서 확대 재정정책은 정부지출 증가에 따른 총수요증가분만큼 순수출을 감소시키므로 결국 총수요에 아무영향을 미치지 못한다.

② 결국 확대 재정정책은 총수요를 증대시키지 못하고 경상수지만 악화시킨다.

③ 즉 재정적자와 경상수지가 동시에 발생하는 쌍둥이 적자(twin deficits)현상이 나타난다.

2. 확대금융정책

1) 설명

① 자본이동이 완전히 자유로운 변동환율제도에서 확대 금융정책의 효과를 살펴보자.

② 최초의 균형점은 IS_0, LM, BP곡선이 만나는 점 a라고 하자.

③ 중앙은행이 확대 금융정책을 실시하면 통화량의 증가로 LM곡선이 LM_0에서 LM_1으로 우측 이동한다 ($LM_0 \rightarrow LM_1$).

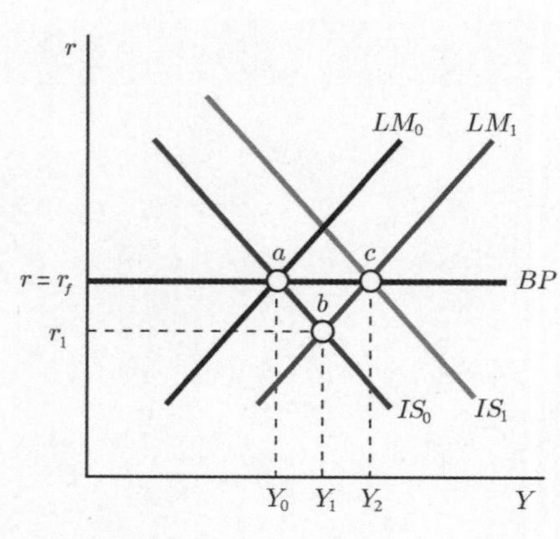

④ 새로운 대내균형점 b에서 국내이자율이 외국이자율보다 낮기 때문에 ($r_f > r_1$) 해외자산 매입을 위한 국내자본이 대규모로 유출되어 국제수지는 적자가 된다.

⑤ 외환시장에서는 외환유출로 균형환율이 상승하고 순수출이 증가하면서 IS곡선은 IS_0에서 IS_1으로 우측 이동한다(IS_0 → IS_1).

⑥ 결국 최종균형은 균형점 c에서 이루어진다.

2) 결론

변동환율제도에서 확대 금융정책은 총수요측면의 균형산출량 또는 총수요증대에 매우 효과적이다.

2 불완전한 자본이동

1. 확대재정정책

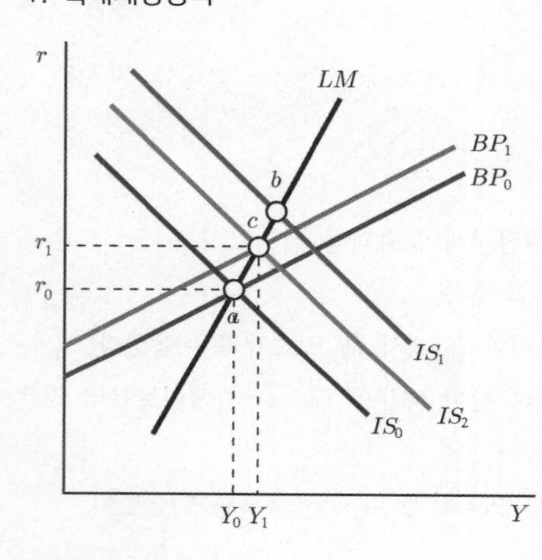

① 최초의 균형점은 IS_0, LM, BP_0곡선이 만나는 점 a라고 하자.

② 확대재정정책 또는 투자 및 소비 증가는 내수를 증가시키므로 IS곡선을 IS_0에서 IS_1으로 우측 이동시킨다(IS_0 → IS_1).

③ 국내이자율의 상승으로 자본이 유입되면 환율이 하락한다.

④ 환율의 하락은 순수출을 감소시키므로 IS곡선이 IS_1에서 IS_2로 좌측 이동한다(IS_1 → IS_2).

⑤ BP곡선이 우상향할 때 환율이 하락하면 BP곡선이 BP_0에서 BP_1으로 좌측 이동한다(BP_0 → BP_1).

⑥ 결국 최종균형은 균형점 c에서 이루어지고 국민소득과 이자율은 각각 Y_1, r_1으로 증가한다.

2. 확대금융정책

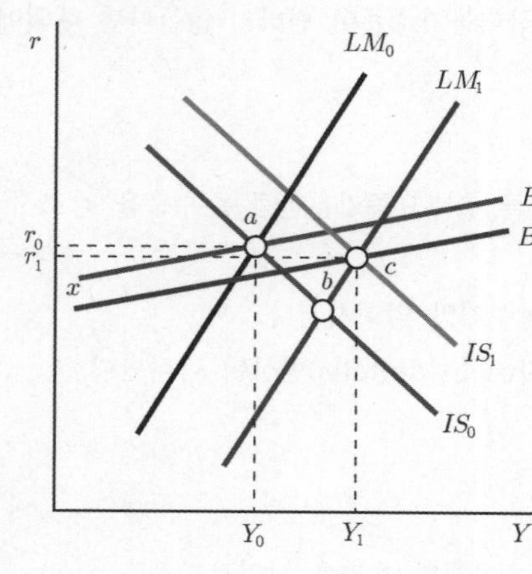

① 최초의 균형점은 IS_0, LM_0, BP_0곡선이 만나는 점 a라고 하자.

② 확대금융정책은 LM곡선을 LM_0에서 LM_1으로 우측 이동시킨다 (LM_0 → LM_1).

③ 국내이자율의 하락으로 자본이 유출되면 환율이 상승한다.

④ 환율상승은 순수출을 증가시키므로 IS곡선이 IS_0에서 IS_1으로 우측 이동한다(IS_0→ IS_1).

⑤ BP곡선이 우상향할 때 환율이 상승하면 BP곡선이 BP_0에서 BP_1으로 우측 이동한다(BP_0 → BP_1).

⑥ 결국 최종균형은 균형점 c에서 이루어지므로 국민소득은 Y_0에서 Y_1으로 증가하고 이자율은 r_1으로 하락한다.

3 자본이동이 불가능한 경우

1. 확대재정정책

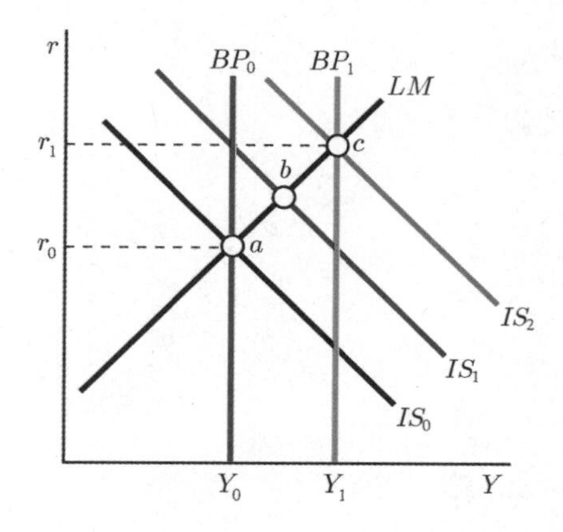

① 최초의 균형점은 IS_0, LM, BP_0곡선이 만나는 점 a라고 하자.

② 확대 재정정책을 실시하면 IS곡선이 IS_0에서 IS_1으로 우측 이동한다(IS_0 → IS_1).

③ 대내균형점 b에서는 국제수지 적자이므로 환율이 상승한다.

④ 환율이 상승하면 순수출이 증가하므로 IS곡선이 IS_1에서 IS_2로 우측 이동한다(IS_1 → IS_2).

⑤ 환율이 상승하면 BP곡선이 BP_0에서 BP_1으로 우측 이동한다(BP_0 → BP_1).

⑥ 결국 최종균형은 균형점 c에서 이루어지므로 국민소득은 증가하고 이자율은 상승한다.

2. 확대 금융정책

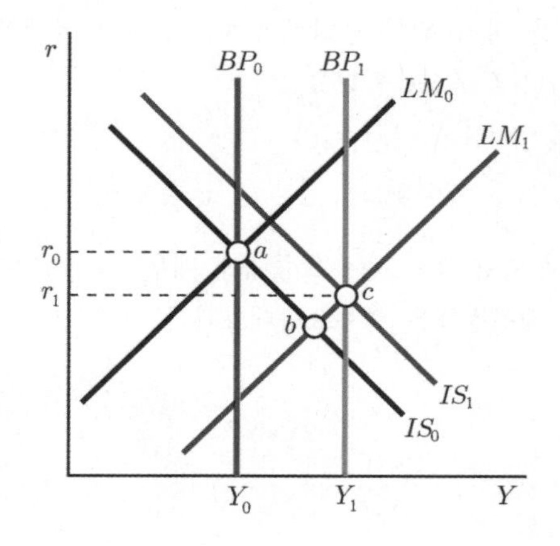

① 최초의 균형점은 IS_0, LM_0, BP_0곡선이 만나는 점 a라고 하자.

② 확대 금융정책을 실시하면 LM곡선이 LM_0에서 LM_1으로 우측 이동한다(LM_0 → LM_1).

③ 대내균형점 b에서는 국제수지 적자이므로 환율이 상승한다.

④ 환율이 상승하면 순수출이 증가하므로 IS곡선이 IS_0에서 IS_1로 우측 이동한다(IS_0 → IS_1).

⑤ 환율이 상승하면 BP곡선도 BP_0에서 BP_1으로 우측 이동한다(BP_0 → BP_1).

⑥ 결국 최종균형은 균형점 c에서 이루어지므로 국민소득은 증가하고 이자율은 하락한다.

1 완전한 자본이동

1. 확대재정정책

1) 설명

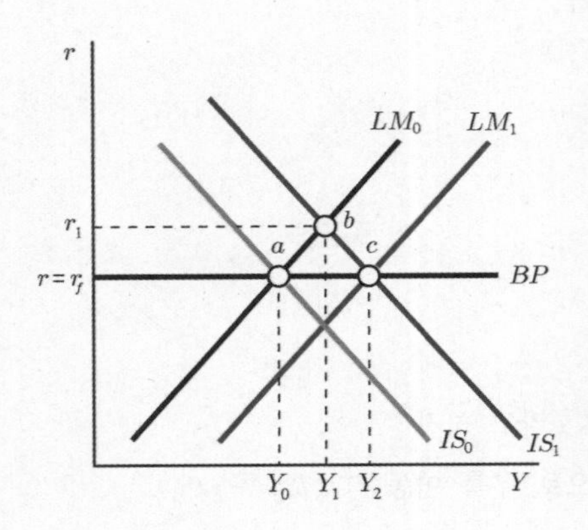

① 자본이동이 완전히 자유로운 고정환율제도에서 확대재정정책의 효과를 살펴보자.

② 최초의 균형점은 IS_0, LM_0, BP곡선이 만나는 점 a라고 하자.

③ 정부가 확대재정정책을 실시하면 정부지출 증가로 IS곡선이 IS_0에서 IS_1으로 우측 이동한다($\text{IS}_0 \rightarrow \text{IS}_1$).

④ 새로운 대내균형점 b에서 국내이자율이 외국이자율보다 높기 때문에 ($r_1 > r_f$) 해외로부터 자본이 급속히 유입되어 국제수지는 흑자가 된다.

⑤ 외환유입으로 환율하락압력이 발생하므로 환율하락을 막기 위한 중앙은행의 개입결과 국내통화량이 증가하여 LM곡선은 LM_0에서 LM_1으로 우측이동한다($LM_0 \rightarrow LM_1$).

⑥ 결국 최종균형은 균형점 c에서 이루어진다.

2) 결론

고정환율제도에서 확대 재정정책은 총수요측면의 균형산출량 또는 총수요증대에 매우 효과적이다. 즉, 자본이동이 완전히 자유로운 고정 환율제도에서의 재정정책은 총수요증대효과가 강력하다.

2. 확대금융정책

1) 설명

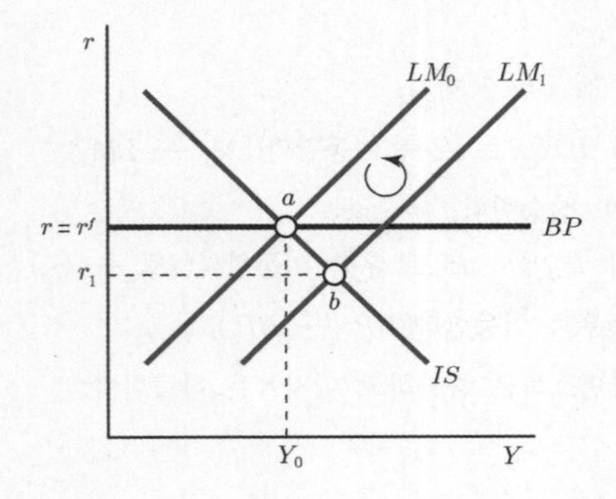

① 자본이동이 완전히 자유로운 고정환율제도에서 확대 금융정책의 효과를 살펴보자.

② 최초의 균형점은 IS, LM_0, BP곡선이 만나는 점 a라고 하자.

③ 중앙은행이 확대 금융정책을 실시하면 통화량의 증가로 LM곡선이 LM_0에서 LM_1으로 우측 이동한다 ($LM_0 \rightarrow LM_1$).

④ 새로운 대내균형점 b에서 국내이자율이 외국이자율보다 낮기 때문에 ($r_f > r_1$) 해외자산 매입을 위한 국내자본이 대규모로 유출되어 국제수지는 적자가 된다.

⑤ 외환시장에서는 외환유출로 환율상승압력이 발생하고 환율상승을 막기 위한 중앙은행의 개입결과 국내통화량이 감소한다.

⑥ 이에 따라 LM곡선은 다시 좌측으로 이동하여 ($LM_1 \rightarrow LM_0$) 원래의 위치로 되돌아 온다.

⑦ 결국 최종균형은 원래의 균형점 a에서 이루어진다.

2) 결론

① 고정환율제도에서 확대 금융정책은 총수요측면의 균형산출량 또는 총수요증대에 효과가 없다.

② 금융정책이 국민소득 증대효과를 갖지 못하는 이유는 자본이동이 자유로운 고정환율제도에서 개방경제는 통화량을 독자적으로 조정할 수 없기 때문이다.

③ 결국 통화량을 변화시키려는 중앙은행의 시도는 자본이동과 환율변화를 막기 위한 중앙은행의 외환시장 개입에 의해 상쇄되어 결국 아무런 효과를 거두지 못한다.

3) 삼원일체의 불가능성 정리

일반적으로 자본의 자유로운 이동, 환율안정성(고정환율제), 금융정책의 독립성 중 2가지만 취할 수 있을 뿐 3가지를 한꺼번에 취하기 어렵다는 이론을 '삼원일체의 불가능성(impossible trinity) 정리'라고 한다.

3. 환율정책

1) 설명

① 최초의 균형점 a에서 중앙은행이 평가절하를 단행하여 고정환율수준을 올렸다고 하자.

② 환율이 상승함에 따라 수출이 증가하고 수입이 감소하여 순수출이 증가하게 되면 IS곡선은 IS_0에서 IS_1으로 우측 이동한다 ($IS_0 \rightarrow IS_1$).

③ 새로운 대내균형점 b에서 국내이자율이 외국이자율보다 높기 때문에 외국자본이 대규모로 유입되어 국제수지 흑자가 발생한다.

④ 환율하락을 막기 위한 중앙은행의 개입결과 국내통화량이 증가하면 LM곡선이 LM_0에서 LM_1으로 우측 이동한다 ($LM_0 \rightarrow LM_1$).

⑤ 그 결과 최종균형점은 점 c에서 이루어진다.

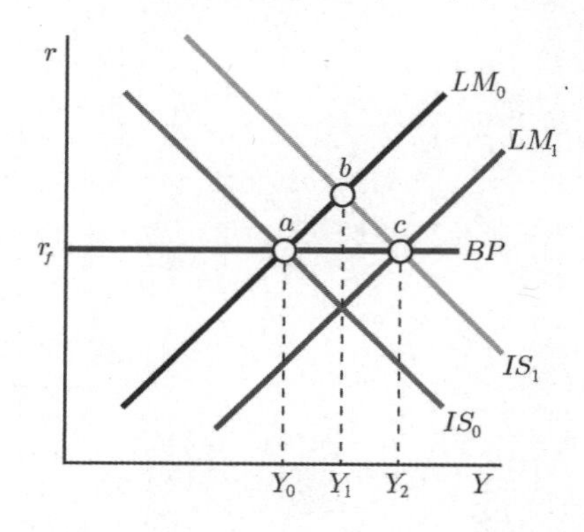

2) 결론

① 고정환율제도에서 평가절하는 총수요 및 국민소득을 증대시킨다.

② 평가절하는 국민소득 증가와 함께 국제수지도 호전시키므로 고정환율제도를 채택한 개방경제가 선호하는 정책수단이 되어 왔다.

③ 그러나 현실적으로 고정환율제도에서 환율정책은 국가간 협의를 거쳐야만 가능하다.
즉, 고정환율제도에서 환율은 중앙은행의 정책변수이긴 하지만 조정에 많은 제약이 따른다.

2 불완전한 자본이동

1. 확대재정정책

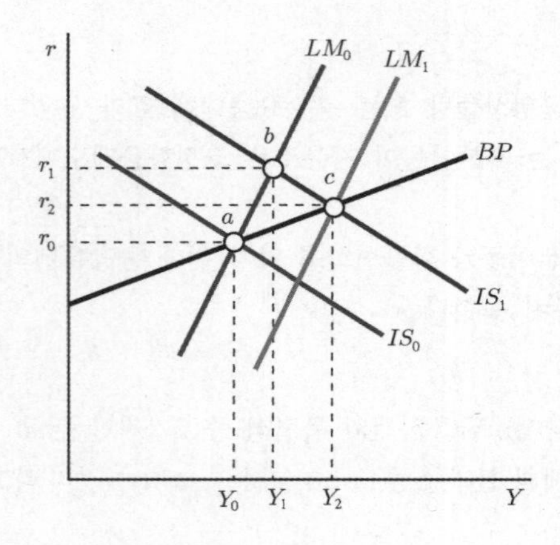

① 최초의 균형점은 IS_0, LM_0, BP곡선이 만나는 점 a라고 하자.

② 정부지출이 증가하면 IS곡선은 IS_0에서 IS_1으로 우측 이동한다 (IS_0 → IS_1).

③ 대내균형점 b에서 국제 수지 흑자가 되므로 환율하락압력이 발생한다.

④ 환율하락을 막기 위한 중앙은행의 개입의 결과 국내통화량이 증가하고 LM곡선은 LM_0에서 LM_1으로 우측 이동한다 (LM_0 → LM_1).

⑤ 그 결과 최종균형점은 점 c에서 이루어지므로 국민소득은 증가하고 이자율은 상승한다.

2. 확대금융정책

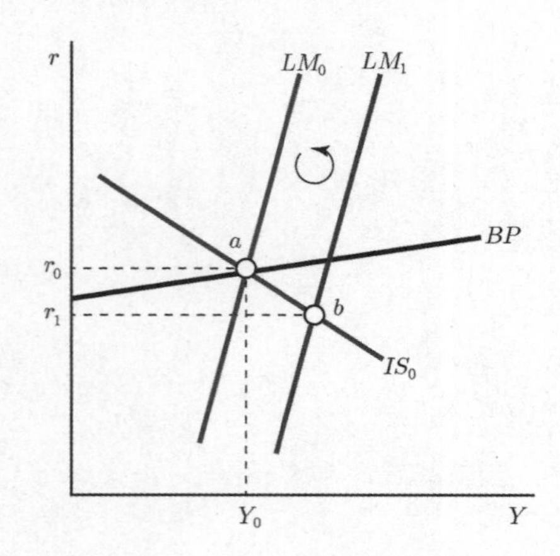

① 최초의 균형점은 IS_0, LM_0, BP곡선이 만나는 점 a라고 하자.

② 확대금융정책으로 LM곡선이 LM_0에서 LM_1으로 우측 이동한다 (LM_0 → LM_1).

③ 대내균형점 b에서 국제수지 적자가 발생하므로 환율상승 압력이 발생한다.

④ 환율 상승을 막기 위한 중앙은행의 개입의 결과 국내통화량이 감소하면 LM곡선은 LM_1에서 LM_0로 다시 좌측으로 이동하여 (LM_1 → LM_0) 원래의 위치로 되돌아 온다.

⑤ 결국 최종균형은 원래의 균형점 a에서 이루어진다.

⑥ 따라서 국민소득과 이자율 모두 변하지 않는다.

3 자본이동이 불가능한 경우

1. 확대재정정책

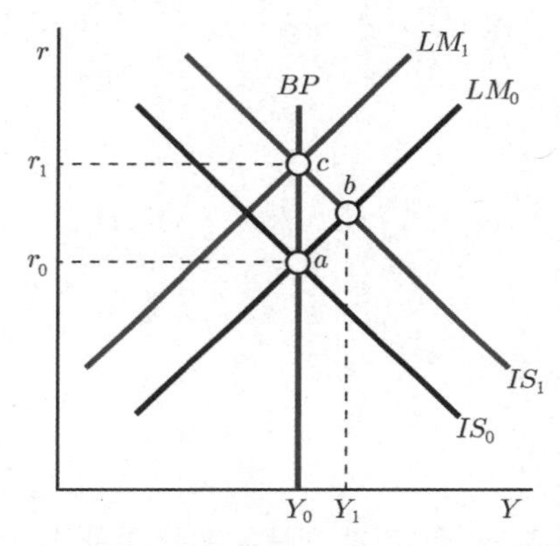

① 최초의 균형점은 IS_0, LM_0, BP곡선이 만나는 점 a라고 하자.

② 확대 재정정책을 실시하면 IS곡선이 IS_0에서 IS_1으로 우측 이동한다 (IS_0 → IS_1).

③ 대내균형점 b에서는 국제수지 적자이므로 환율상승압력이 발생한다.

④ 환율 상승을 막기 위한 중앙은행의 개입의 결과 국내통화량이 감소한다.

⑤ 국내통화량이 감소하면 LM곡선이 LM_0에서 LM_1으로 좌측 이동하여 최종균형은 균형점 c에서 이루어진다.

⑥ 따라서 국민소득은 Y_0로 변하지 않고 이자율만 r_0에서 r_1으로 상승한다.

2. 확대 금융정책

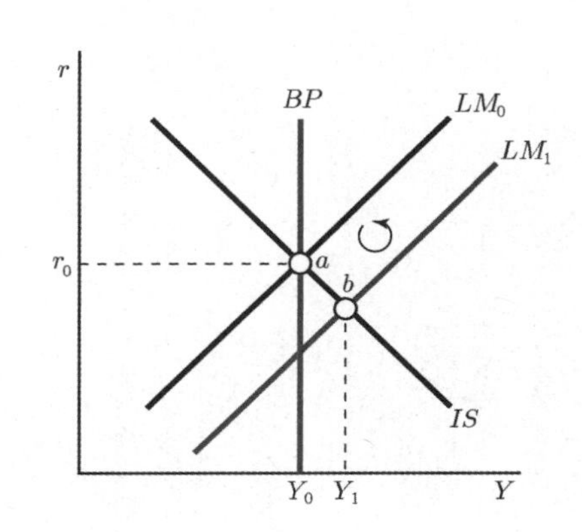

① 최초의 균형점은 IS, LM_0, BP곡선이 만나는 점 a라고 하자.

② 확대 금융정책을 실시하면 LM곡선이 LM_0에서 LM_1으로 우측 이동한다 (LM_0 → LM_1).

③ 대내균형점 b에서는 국제수지 적자이므로 환율상승압력이 발생한다.

④ 환율 상승을 막기 위한 중앙은행의 개입의 결과 국내통화량이 감소한다.

⑤ 국내통화량이 감소하면 LM곡선이 LM_1에서 LM_0로 다시 좌측으로 이동하여 (LM_1 → LM_0) 원래의 위치로 되돌아온다.

⑥ 결국 최종균형은 원래의 균형점 a에서 이루어진다.

⑦ 따라서 국민소득과 이자율 모두 변하지 않는다.

06 삼자택일의 딜레마

1 개념

일국은 환율의 안정성(confidence), 자본의 자유로운 이동(liquidity), 통화정책의 자율성(adjustment)라는 세 가지 목표를 동시에 달성할 수 없다.

2 자본의 자유로운 이동과 통화정책의 자율성을 만족하는 경우

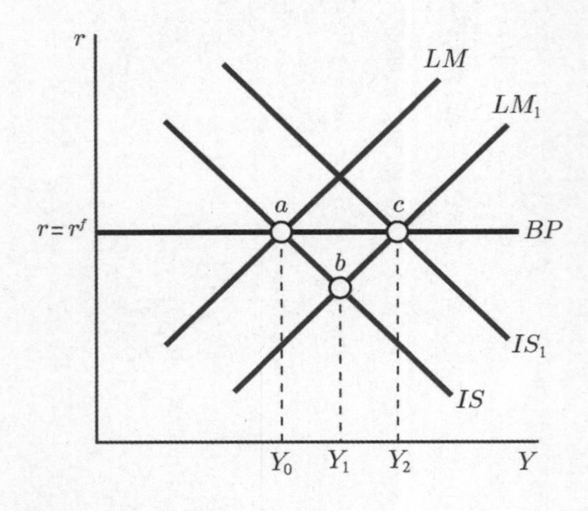

① 완전한 자본이동이 가능한 가운데 환율의 안정성을 포기하게 되면 국내경기 회복을 위한 통화정책을 자유롭게 사용할 수 있다.

② 중앙은행이 경기부양을 위해 통화량을 늘리면 LM곡선이 우측이동하며 이자율 하락으로 인한 외환유출이 발생한다.

③ 환율이 상승하면 순수출이 증가하므로 IS곡선은 우측이동하고 국민소득은 증가하게 된다.

④ 즉, 환율이 상승하므로 '환율의 안정성'이라는 목표를 달성할 수 없다.

3 자본의 자유로운 이동과 환율의 안정성을 유지하는 경우

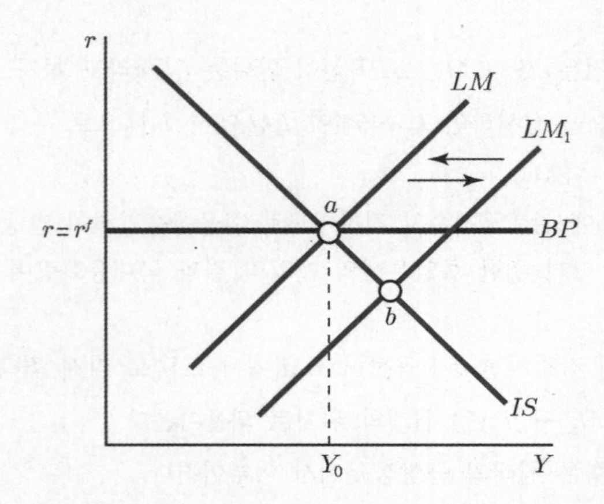

① 자본의 이동이 자유로운 가운데 환율의 안정성을 유지하기 위해서는 통화량은 고정되어야 한다.
② 중앙은행이 통화량을 늘리면 LM곡선은 우측이동하고 이자율 하락으로 환율상승 압력이 발생하게 된다.
③ 환율이 상승하면 환율의 불안정성이 발생하게 되므로 환율의 안정성을 위해 외환당국은 외환을 매각해야 하며 이는 통화량 감소를 유발하여 다시금 LM곡선을 좌측으로 이동하게 만든다.
④ 따라서 자본시장이 완전개방한 가운데 환율의 안정성을 유지하기 위해서는 금융정책은 더 이상 국내경기조절을 위한 정책으로 사용할 수 없다.

4 환율의 안정성과 통화정책의 자율성이 유지되는 경우

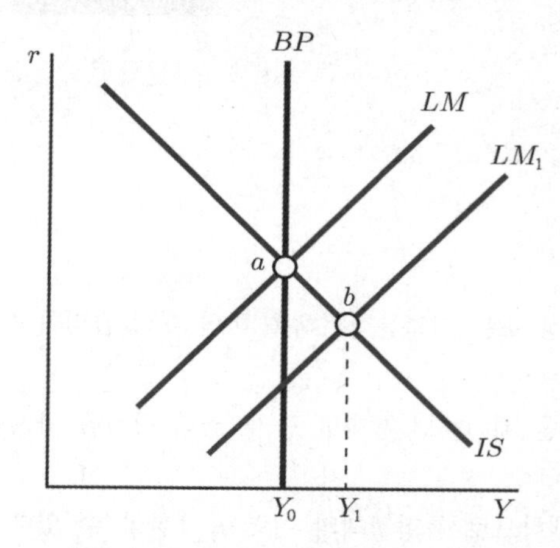

① 자본의 이동이 불가능하다면 환율의 안정성과 금융정책의 자율성을 달성할 수 있다.
② 중앙은행이 통화량을 늘리면 LM곡선은 우측이동하며 국민소득은 증가한다.
③ 국민소득 증가로 경상수지 적자가 발생하며 이는 환율 상승 압력을 유발한다.
④ 외환당국은 환율 상승 압력을 막기 위해 외환을 매각해야 하며 이는 통화량 감소를 가져와 LM곡선을 좌측 이동시킨다.
⑤ 국민소득 증가가 수입의 증가로 연결되고 환율 상승 압력을 유발하는데 오랜 시간이 걸리므로 상당기간 동안 국내경기가 확대효과가 발생한다.
⑥ 따라서 자본의 이동이 불가능한 경우 환율의 안정성과 금융정책의 자율성 모두 달성할 수 있다.

CHAPTER 04 국제수지론

단원 논술 기출문제 점검

본 단원에서 출제된 기출문제를 통해 이론의 문제 활용 방법과 출제의도를 파악하는 방법을 익혀보세요.

문제

2017년 산업은행/
2017년 SGI 서울보증

자유로운 자본이동하에서 고정환율제도를 시행하고 있다고 하자.
독립적인 통화정책의 효과가 제약되는 이유를 설명하시오.

해설

① 자본 이동이 자유로운 상황에서 중앙은행이 정책 금리를 인상 또는 긴축통화정책을 하면 대외 금리차가 커져 해외 투자자금 유입이 늘어나면서 환율의 하락 압력을 받는다.

② 이때 환율을 일정 수준으로 유지하기 위해 중앙은행이 외환을 매입하면 통화량 증가, 금리 하락을 가져와 당초의 통화정책 효과를 반감시키게 된다.

③ 이에 대응해 불태화 정책을 사용하면 금리비용 부담이 발생하므로 통화정책의 여력을 제한할 수 있다.

④ 보통 이런 경우를 트릴레마(trillemma)라고 하는데 트릴레마(trillemma)란 3중고 혹은 세 가지 딜레마라는 뜻으로 하나의 목표를 이루려다 보면 다른 두 가지 목표를 이룰 수 없는 상태를 말한다.

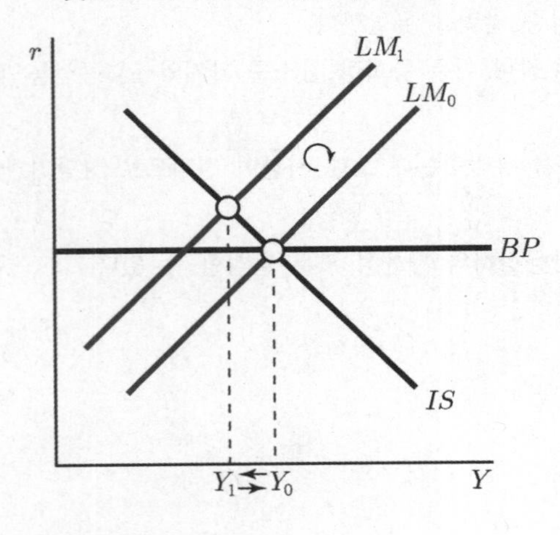

4절 개방경제의 일반균형(DD-AA곡선)과 정책효과

01 개요

① 외환시장 균형, 생산물시장 균형, 화폐시장의 균형이 동시에 달성될 때 개방경제에서의 일반균형이 달성된다고 한다.

② 생산물시장 균형을 나타내는 DD곡선과 자산시장 균형을 나타내는 AA곡선을 도출하고 이를 사용해 재정정책과 금융정책의 효과를 살펴본다.

02 DD곡선

1 DD곡선의 도출

1. 개념

① 생산물시장은 총공급과 총수요가 일치할 때 균형이 달성된다.

② 이를 수식으로 표현하면 다음과 같다.

→ Y = C + I + G + NX (Y : 총공급, C : 소비, I : 투자, G : 정부지출, NX : 순수출)

→ $Y = C(Y_d) + I_0 + G_0 + NX(\frac{eP_f}{P},\ Y_d)$ (Y_d : 가처분소득, $\frac{eP_f}{P}$: 실질환율)

③ 외국의 소득이 고정되어 있고 투자는 독립투자로만 구성되어 있다고 가정한다.

2. 도출

① 단기적으로 양국의 물가수준은 일정하다고 가정하고 환율(e)과 총생산량(Y)간의 관계를 살펴보자.

② 환율이 상승하면 실질환율의 상승으로 순수출이 증가한다.

③ 순수출이 증가하면 총수요가 증가하므로 총생산량을 증가시킨다.

④ 따라서 환율과 국민소득은 양(+)의 관계에 있고 DD곡선은 우상향의 형태를 갖는다.

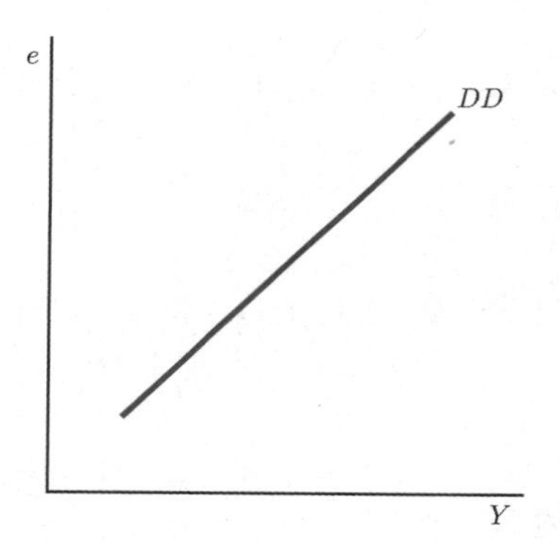

2 DD곡선의 이동

① 환율이 변화하면 DD곡선 상에서 이동하지만 환율 이외의 요인에 의한 총수요의 변화는 DD곡선을 이동시킨다.

② 정부지출이 증가하면 환율변화 없이 총수요만 증가하기 때문에 DD곡선을 우측으로 이동시킨다.

③ 조세의 감소, 투자증가, 국내물가 감소, 외국물가의 증가는 모두 국내총수요를 증가시키므로 DD곡선을 우측으로 이동시킨다.

④ 일반적으로 총수요를 증가시키는 요인은 DD곡선을 우측으로 이동시키고 총수요를 감소시키는 요인은 DD곡선을 좌측으로 이동시킨다.

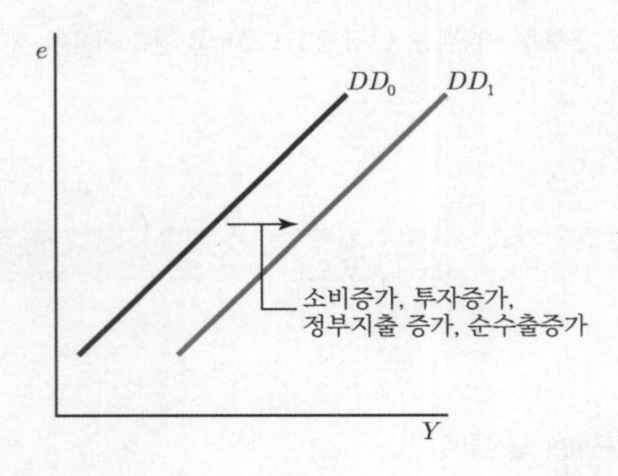

03 AA곡선

1 AA곡선의 도출

1. 개념

① 개방경제에서의 자산시장은 외환시장과 화폐시장으로 구성된다. 외환시장과 화폐시장이 동시에 균형을 이룰 때 자산시장의 균형이 달성되었다고 하고 이를 AA곡선으로 나타낸다.

② 외환시장의 균형조건은 이자율 평형설로 설명한다.

$$\rightarrow\ r = r_f + \frac{e^e_{t+1} - e_t}{e_t}$$

③ 화폐시장의 균형은 화폐의 실질수요와 실질공급이 일치하는 점에서 이루어진다.

$$\rightarrow\ \frac{M^S}{P} = L(Y, r)$$

④ 외환시장의 균형식과 화폐시장의 균형식을 합치면 다음과 같다.

$$\rightarrow\ \frac{M^S}{P} = L(Y,\ r_f + \frac{e^e_{t+1}}{e_t} - 1)$$

2. 도출

① 국내생산량 또는 국내소득이 증가하면 화폐에 대한 실질수요가 증가하고 국내이자율이 상승한다.

② 국내이자율이 상승하면 외환시장에서 환율이 하락한다.

③ 따라서 국내 생산량이 증가할 때 자산시장의 균형을 달성하는 환율은 하락하므로 AA곡선은 우하향의 형태를 갖는다.

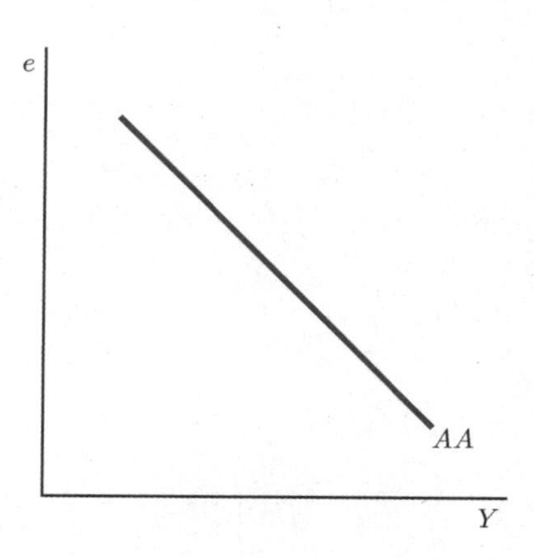

2 AA곡선의 이동

① 생산량과 환율이 변화하면 AA곡선 상에서 이동하지만 생산량과 환율 이외에 화폐시장과 외환시장에 영향을 미치는 다른요인들은 AA곡선을 이동시킨다.

② 통화량이 증가하면 이자율이 하락하고 환율이 상승한다. 따라서 통화량이 증가하면 주어진 생산량 수준에서 환율이 올라가므로 AA곡선은 상방이동한다.

③ 국내 물가수준이 내려가면 화폐의 실질공급량이 증가하므로 AA곡선이 상방이동한다.

④ 사람들의 외생적 화폐수요가 증가하면 화폐시장에서 초과수요가 발생하므로 AA곡선이 하방이동한다.

⑤ 예상환율이 상승하거나 외국이자율이 올라가면 환율이 상승하게 된다. 따라서 AA곡선은 상방이동한다.

⑥ 화폐시장에서 국내 이자율을 올리는 요인은 AA곡선을 하방으로 이동시키고 외국 투자 수익률을 높이는 요인은 AA곡선을 상방으로 이동시킨다.

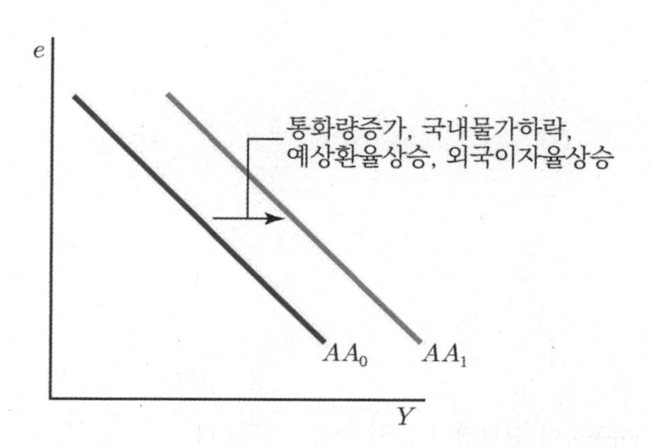

04 거시경제의 일반균형

① 생산물시장과 자산시장이 동시에 균형을 이룰 때 거시경제의 균형이 달성된다.

② 생산물시장의 균형은 DD곡선으로 표현되고 자산시장의 균형은 AA곡선으로 표현된다.

③ DD곡선과 AA곡선이 만나는 점에서 거시경제의 균형이 달성되고 이 때 균형생산량은 Y_0, 균형환율은 e_0이다.

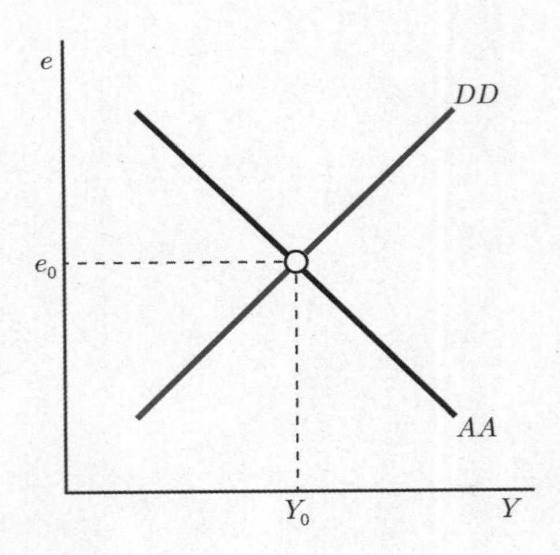

05 경제정책의 효과

1 일시적 재정정책

1. 변동환율제도

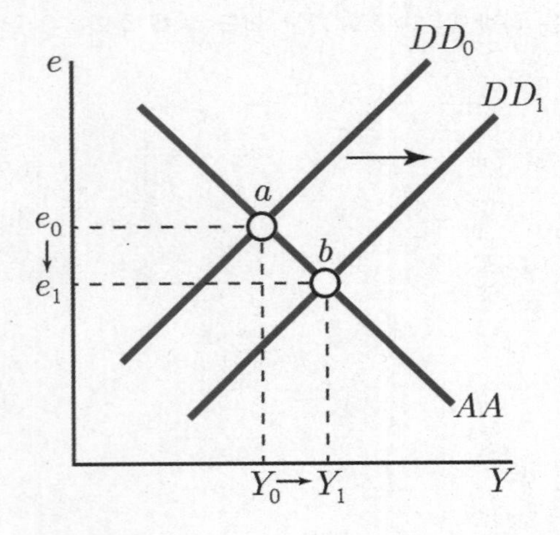

① 정부지출이 증가하면 DD곡선이 우측으로 이동하여 균형점이 a에서 b로 이동한다.

② 따라서 국민소득은 증가하고 환율은 하락한다.

2. 고정환율제도

① 정부지출이 증가하면 DD곡선이 우측이동하여 균형점이 b로 이동하여 환율의 하락압력이 발생한다.

② 중앙은행은 환율 하락을 방지하기 위해 외환시장에서 외환을 매입하고 외환매입으로 통화량이 증가한다.

③ 통화량 증가는 AA곡선을 우측이동시켜 최종 균형점은 c가 된다.

④ 따라서 환율의 변화는 없지만 생산량은 증가한다.

2 일시적 금융정책

1. 변동환율제도

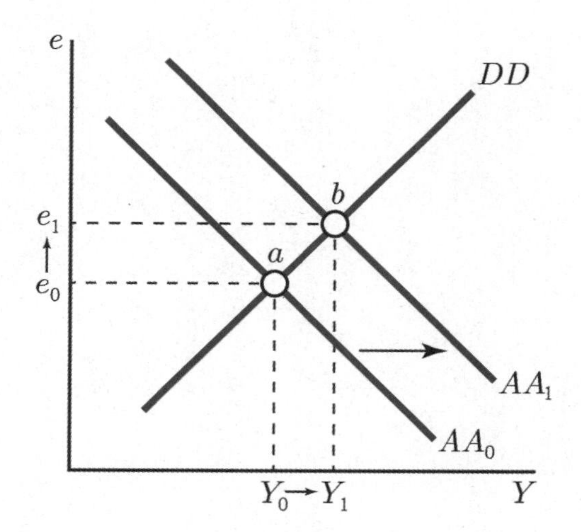

① 통화량이 증가하면 AA곡선이 우측으로 이동하여 균형점이 a에서 b로 이동한다.

② 따라서 국민소득은 증가하고 환율은 상승한다.

2. 고정환율제도

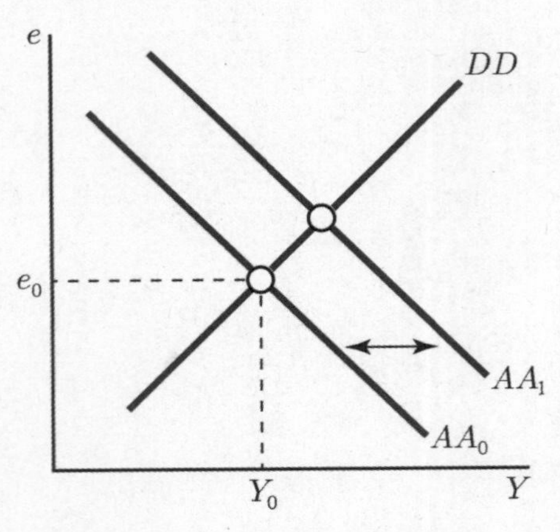

① 통화량이 증가하면 AA곡선이 우측이동하여 환율의 상승압력이 발생한다.
② 중앙은행은 환율 상승을 방지하기 위해 외환시장에서 외환을 매각하고 외환매각으로 통화량이 감소한다.
③ 통화량 감소는 AA곡선을 좌측이동시켜 환율은 원래 수준으로 되돌아오고 국민소득은 변함이 없다.

3. 평가절하정책

① 환율을 올리는 것을 평가절하라고 하는데 평가절하 이후 환율을 더 높은 수준으로 유지하기 위해 중앙은행은 외화자산을 매입한다.
② 그 결과 통화량이 증가하여 AA곡선이 우측 이동하고 국민소득은 증가한다.

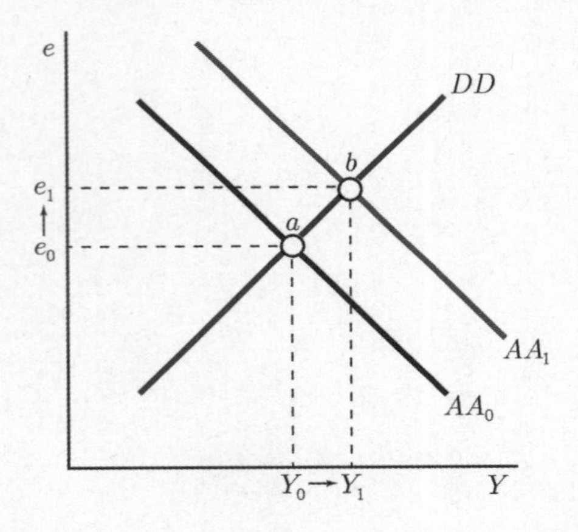

06 환율제도에 따른 정책 효과 비교

① 환율제도에 따른 정책효과의 차이는 1960년대 초 먼델(Mundell)과 플레밍(Fleming)에 의해 주장되었다. 이들은 국가간 자본이동이 완전히 자유롭다고 가정하면 재정정책은 고정환율제도에서만, 금융정책은 변동환율제도에서만 소득증대효과가 있음을 보였다.
이를 먼델 - 플레밍 모형 또는 IS - LM - BP 모형이라고 한다.

② 재정정책은 변동환율제도보다 고정환율제도에서 소득증대효과가 더 크다.
고정환율제도에서 확대 재정정책을 실시하면 환율 고정을 위해 통화량이 함께 증가하면서 소득증대 효과가 더 커지게 된다.

③ 금융정책은 변동환율제도에서만 소득증대 효과가 있고 고정환율제도에서는 효과가 없다.
확대 금융정책으로 통화량이 증가하면 환율이 올라가게 되는데 환율을 기존 수준으로 고정하기 위해 중앙은행이 외환을 공급하게 되고 이로 인해 다시 통화량이 원래 상태로 복귀하기 때문이다.

④ DD- AA 모형의 결과와 먼델 - 플레밍 모형의 결과는 변동환율제도에서 재정정책의 효과에 차이가 있다.

⑤ 먼델 - 플레밍 모형에서는 변동환율제도에서 재정정책의 소득증대효과가 없는데 비해 DD - AA모형에서는 변동환율제도에서도 재정정책의 소득증대효과가 있음을 보여준다.

07 실물시장과 화폐시장의 부정적 교란

1 실물시장의 부정적 교란

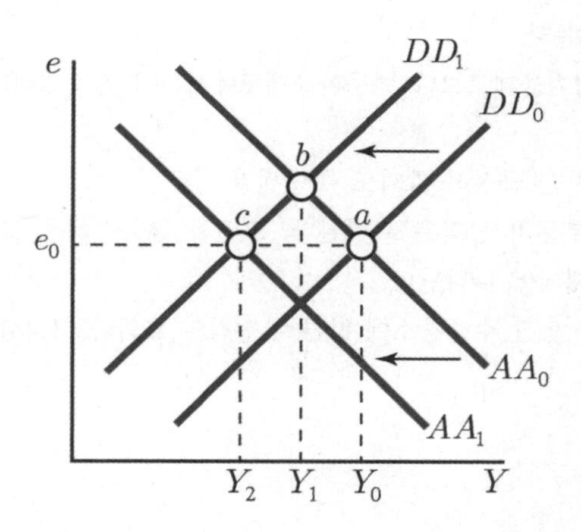

① 변동환율제도에서 해외경기침체로 수출이 감소하면 DD곡선이 좌측이동하여 균형점은 b점이 되고 환율은 상승하고 국민소득은 Y_0에서 Y_1으로 감소한다.

② 고정환율제도에서는 환율을 e_0로 유지하기 위해 외환을 매각하면 통화량이 감소하고 AA곡선이 좌측이동하여 균형점은 C점이 된다.
즉, 소득이 Y_2가 된다.

③ 따라서 실물시장에서 부정적 교란이 발생하는 경우 변동환율제도보다 고정환율제도에서 소득감소효과가 더 크게 나타난다.

④ 고정환율제도에서는 수출감소로 인해 국내 실업이 발생한 상황에서 환율을 고정시키기 위해 통화량을 줄여야 하므로 국내 경제가 더욱 악화된다.
그러나 변동환율제도에서는 환율이 신축적으로 변동하여 해외에서 발생한 충격이 국내로 파급되는 정도를 줄이므로 자국의 경제를 안정적으로 유지하는데 도움을 준다.

2 화폐시장의 부정적 교란

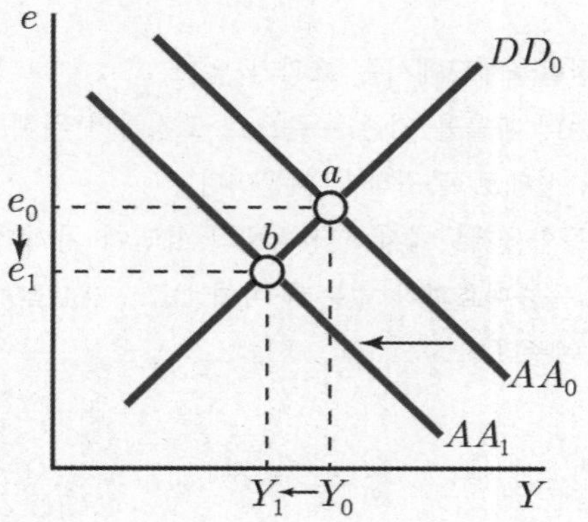

① 자국의 화폐수요가 증가하면 AA곡선이 좌측 이동한다.

② 변동환율제도에서는 AA곡선의 좌측 이동으로 환율이 하락하고 국민소득이 감소한다.

③ 고정환율제도에서는 환율 하락을 방지하기 위해 중앙은행이 외화를 매입하므로 통화량이 늘어서 AA곡선이 다시 우측으로 이동하고 환율과 생산량 모두 변하지 않는다.

④ 따라서 화폐시장에서 부정적 교란이 발생하는 경우 고정환율제도보다 변동환율제도에서 소득감소효과가 더 크게 나타난다.

⑤ 고정환율제도에서는 화폐시장의 부정적 효과도 차단되지만 긍정적 효과도 차단된다.

⑥ 고정환율제도에서는 화폐부문의 충격이 차단되고 실물부문의 충격은 확대된다. 그래서 금융정책은 효과가 없고 수출감소와 같은 실물부문의 부정적인 충격은 확대되어 나타난다.
반면에 변동환율제도에서는 금융정책의 소득증가 효과가 있고 수출감소에 따른 부정적인 효과가 고정환율제도에서보다는 작아진다.

CHAPTER 04 국제수지론

단원 논술 예상문제

예상문제를 통해 이론의 문제 활용 방법과 출제의도를 파악하는 방법을 익혀보세요.

문제

통화공급량 증가가 환율, 이자율 및 국민소득에 미치는 영향을 AA-DD모형과 IS-LM모형으로 설명하라. 그리고 두 모형의 차이점을 설명하라.

해설

1 AA-DD모형

통화량이 증가하면 AA곡선이 위로 이동하여 환율이 올라가고 생산량이 증가한다.

2 IS-LM모형

통화량이 증가하면 LM곡선이 우측으로 이동하여 이자율이 내려가고 생산량이 증가한다.

3 AA-DD모형과 IS-LM모형의 비교

① AA-DD모형에서는 투자가 이자율의 영향을 받지 않는다고 가정하고 IS-LM모형에서는 투자가 이자율의 감소함수임을 가정한다.

② 따라서 통화공급량이 증가할 때 환율은 상승하고 이자율은 하락하는데, AA-DD모형에서는 환율상승으로 수출이 증가하여 총수요가 증가하는 데 비해, IS-LM모형에서는 여기에 더해서 이자율 하락이 투자를 늘려서 총수요를 증가시키는 또 다른 경로를 고려하고 있다.

5절 개방경제의 일반균형(IS-LM곡선)과 정책효과

01 개요

① 생산물시장, 외환시장, 화폐시장이 동시에 균형을 이룰 때 거시경제의 일반균형이 달성된다고 한다.

② DD - AA모형에서는 생산물시장의 균형을 DD곡선으로, 외환시장과 화폐시장의 균형을 AA곡선으로 표시하였다.

③ IS - LM모형에서는 생산물시장과 외환시장의 균형을 IS곡선으로, 화폐시장의 균형을 LM곡선으로 표시한다.

02 IS - LM모형과 DD - AA모형의 차이점

① IS - LM모형은 투자가 이자율의 감소함수이나 DD - AA모형에서는 투자가 독립변수이다.

② DD - AA모형에서는 국민소득(Y)과 환율(e)의 변화가 바로 확인되지만 IS - LM모형에서는 환율의 변화를 바로 알 수 없다.

③ IS - LM모형에서는 균형이자율을 구한 후 이를 외환시장 균형조건에 대입하여 다시 균형환율을 구할 수 있다.

④ 따라서 환율변화를 확인하는데는 DD - AA모형이 편리하고 이자율변화를 확인하는데는 IS - LM모형이 편리하다.

03 IS - LM곡선의 도출

1 IS곡선

1. 개념

① IS곡선은 생산물시장과 외환시장의 균형을 동시에 달성하는 곡선이다.

② 외환시장의 균형식을 이자율평형설을 통해 정리하면 다음과 같다.

$$\rightarrow r = r_f + \frac{e^e_{t+1} - e_t}{e_t}$$

$$\rightarrow e_t = \frac{e^e_{t+1}}{1 + r - r_f}$$

③ 이 식을 IS곡선의 함수식에 대입하면 다음과 같다.

$$\rightarrow Y = C(Y_d) + I(r) + G + NX\left[\frac{e^e_{t+1}P_f}{P(1+r-r^f)}, Y\right]$$

2. 도출

① 이자율이 상승하면 투자가 감소하고 실질환율이 하락하여 순수출이 감소한다.

② 이자율이 상승하면 총수요가 감소하므로 국민소득(Y)이 감소한다.

③ 이자율과 국민소득은 역의 관계에 있으므로 IS곡선은 우하향의 형태를 갖는다.

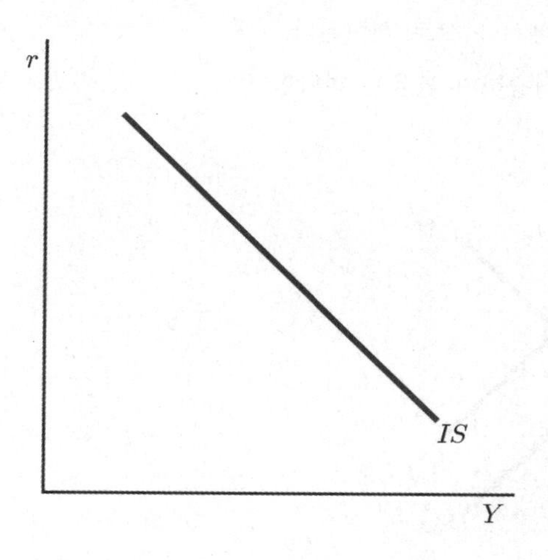

2 LM곡선

① LM곡선은 화폐시장의 균형식으로부터 도출된다.

② 소득이 증가하면 화폐수요가 증가하여 화폐시장에서 초과수요가 발생한다.

③ 화폐시장의 균형이 달성되기 위해서는 이자율 상승으로 화폐수요가 감소해야 한다.

④ 따라서 소득과 이자율의 양(+)의 관계에 있으므로 LM곡선은 우상향의 형태를 갖는다.

3 IS - LM균형과 외환시장 균형

① IS곡선과 LM곡선이 만나는 점에서 생산물시장, 외환시장, 화폐시장의 동시균형이 달성된다.

② IS곡선과 LM곡선이 만나는 점에서 균형이자율 r_0와 균형국민소득 Y_0가 결정되고 균형환율을 찾기 위해 균형이자율 r_0를 외환시장에 대입하면 균형환율 e_0가 결정된다.

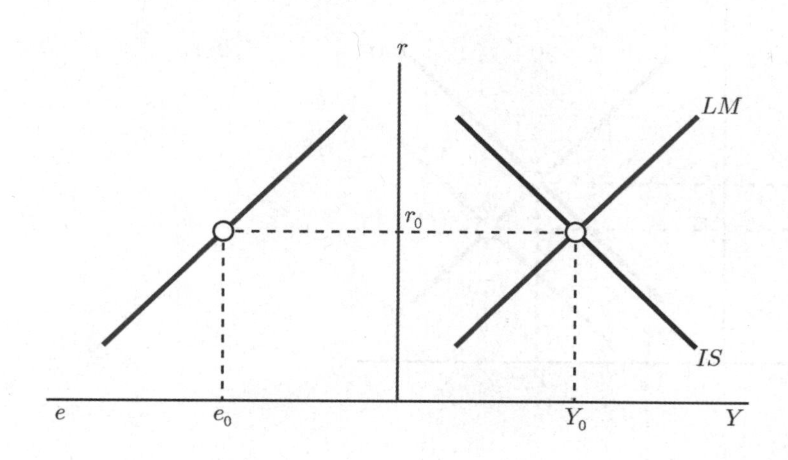

04 재정정책의 효과

① 정부지출을 늘리면 IS곡선이 우측으로 이동하여 균형점은 a에서 b로 이동한다.

② 균형의 변화로 소득은 Y_0에서 Y_1으로 증가하고 이자율은 r_0에서 r_1으로 상승한다.

③ 국내이자율이 상승함에 따라 외환시장에서 환율은 e_0에서 e_1으로 하락한다.

④ 즉, 정부지출이 증가하면 소득은 증가하고 이자율은 상승하며 환율은 하락한다.

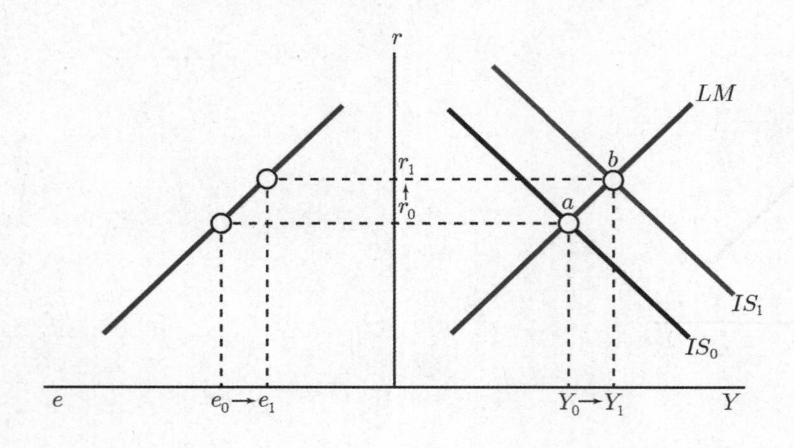

05 금융정책의 효과

① 통화량을 늘리면 LM곡선이 우측으로 이동하여 균형점은 a에서 b로 이동한다.

② 균형의 변화로 소득은 Y_0에서 Y_1으로 증가하고 이자율은 r_0에서 r_1으로 하락한다.

③ 국내이자율이 하락함에 따라 외환시장에서 환율은 e_0에서 e_1으로 상승한다.

④ 즉, 통화량이 증가하면 소득은 증가하고 이자율은 하락하며 환율은 상승한다.

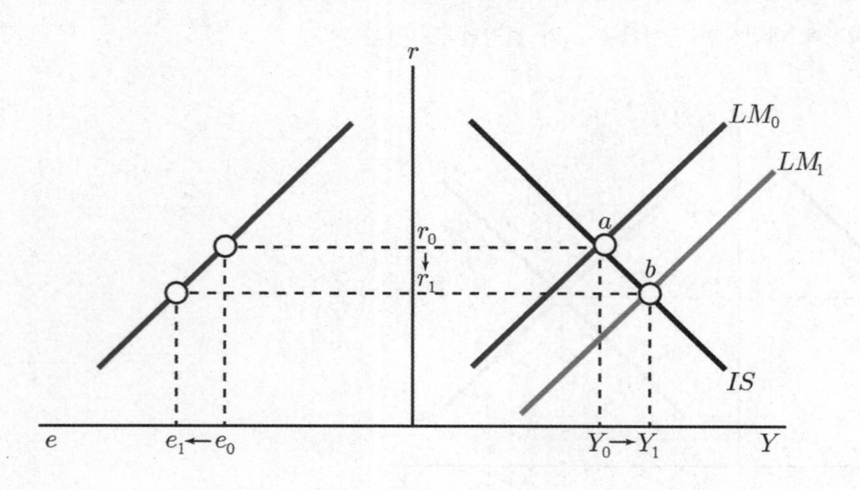

□△○

6절 환율-생산량 평면을 이용한 개방경제의 IS-LM곡선

01 개요

① 자본이동이 완전히 자유로운 경우 국내이자율과 외국이자율이 동일하다. → $r = r_f$

② 완전한 자본이동의 조건을 생산물시장과 화폐시장의 식에 대입하면 다음과 같다.

$$\text{IS : } Y = C(Y_d) + I(r = r_f) + G + NX(\frac{eP_f}{P}, Y, Y_f)$$

$$\text{LM : } \frac{M^S}{P} = L(Y,\ r = r_f)$$

02 IS과 LM곡선의 도출

① 환율이 상승할 때 순수출이 증가하므로 생산량이 증가한다.
따라서 IS곡선은 우상향의 형태를 갖는다.

② LM곡선의 함수식에서는 환율변수가 없기 때문에 환율에 대하여 수직선의 형태를 갖는다.

03 균형

IS곡선과 LM곡선이 만나는 점에서 균형환율(e_0)과 균형국민소득(Y_0)이 결정된다.

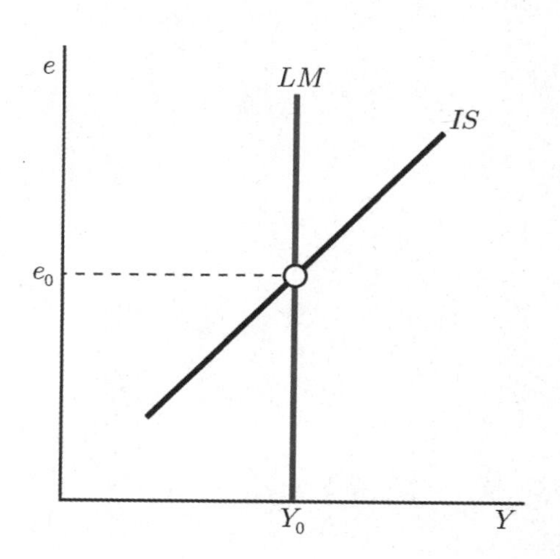

04 경제정책의 효과

1 재정정책

1. 고정환율제도

① 정부지출 증가는 IS곡선을 우측으로 이동시킨다.

② IS곡선이 우측으로 이동하면 환율하락압력이 발생하는데 환율을 유지하기 위해서 중앙은행은 외화를 매입해야 한다.

③ 외화매입으로 통화량이 증가하면 LM곡선은 우측으로 이동한다.

④ 따라서 균형점은 a에서 b로 이동하고 국민소득은 Y_0에서 Y_1으로 증가한다.

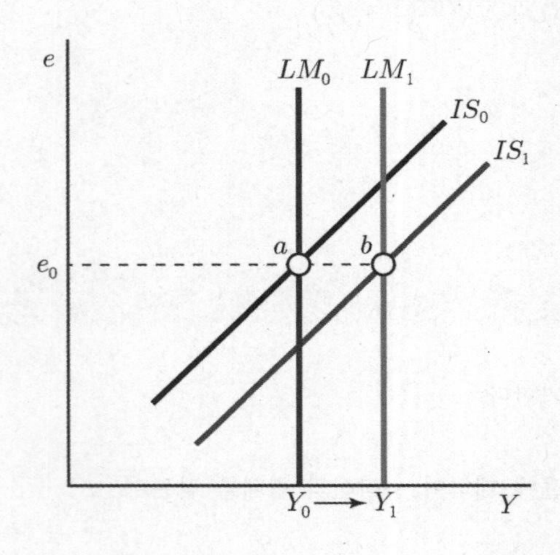

2. 변동환율제도

① 정부지출이 증가하면 IS곡선이 우측으로 이동한다.

② IS곡선의 우측이동으로 환율은 e_0에서 e_1으로 하락하고 국민소득은 변하지 않는다.

왜냐하면 환율이 하락하면 순수출이 감소하므로 재정정책의 효과를 구축하기 때문이다.

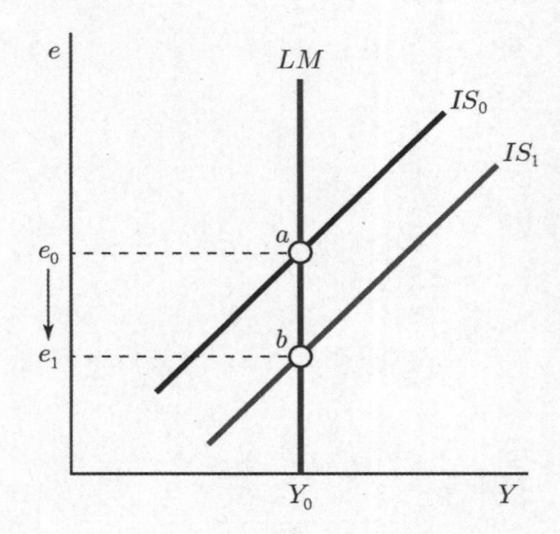

2 금융정책

1. 고정환율제도

① 중앙은행이 통화량을 늘리면 LM곡선이 우측으로 이동한다.

② LM곡선이 우측으로 이동하면 환율상승압력이 발생하므로 환율을 유지하기 위해 중앙은행은 외환시장에 개입해야 한다.

③ 외환을 매각하면 통화량이 감소하므로 LM곡선은 다시 좌측으로 이동하고 원래의 균형점으로 복귀한다.

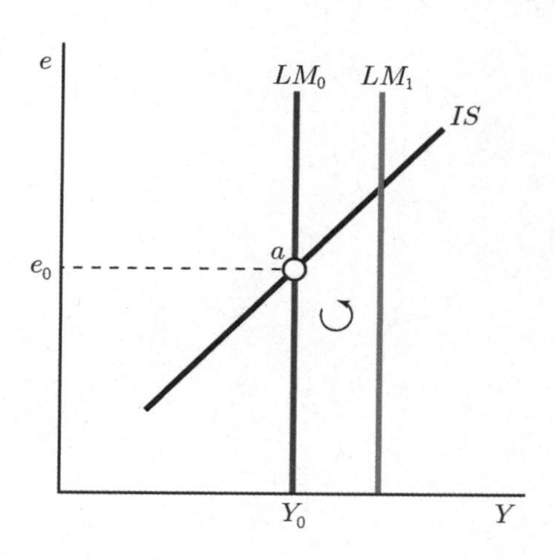

2. 변동환율제도

① 통화량 증가로 LM곡선이 우측으로 이동하면 균형점은 a에서 b로 이동한다.

② 균형의 변화로 환율은 e_0에서 e_1으로 상승하고 국민소득은 Y_0에서 Y_1으로 증가한다.

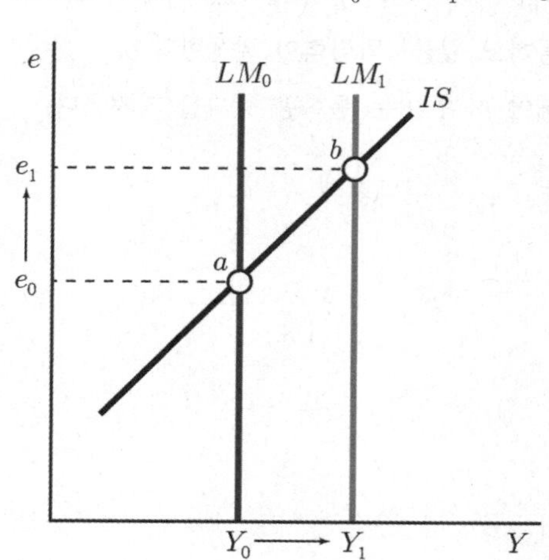

05 관세인상효과

1 변동환율제도

① 관세를 인상하면 수입감소로 순수출이 증가한다.

② 순수출이 증가하면 IS곡선이 IS_0에서 IS_1으로 우측이동한다.

③ IS곡선의 우측이동은 환율하락($e_0 \rightarrow e_1$)을 가져오나 국민소득에는 영향을 주지 못한다.

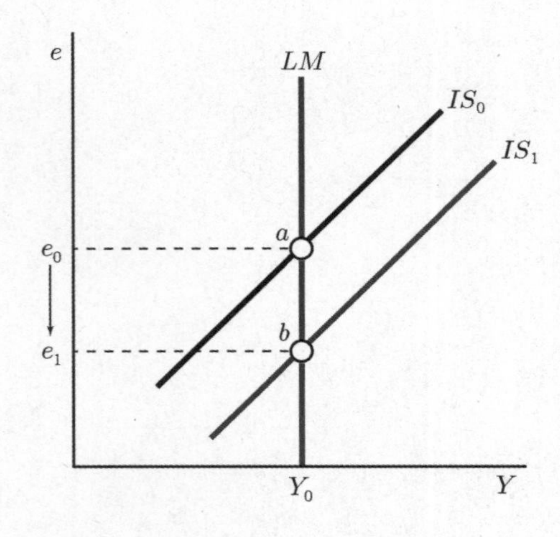

2 고정환율제도

① 관세를 인상하면 수입감소로 순수출이 증가한다.

② 순수출이 증가하면 IS곡선이 IS_0에서 IS_1으로 우측이동하고 환율하락압력이 발생한다.

③ 환율하락을 방지하기 위해서 중앙은행은 외환을 매입해야 하며 이는 통화량 증가를 가져온다.

④ 통화량 증가로 국민소득이 Y_0에서 Y_1으로 증가한다.

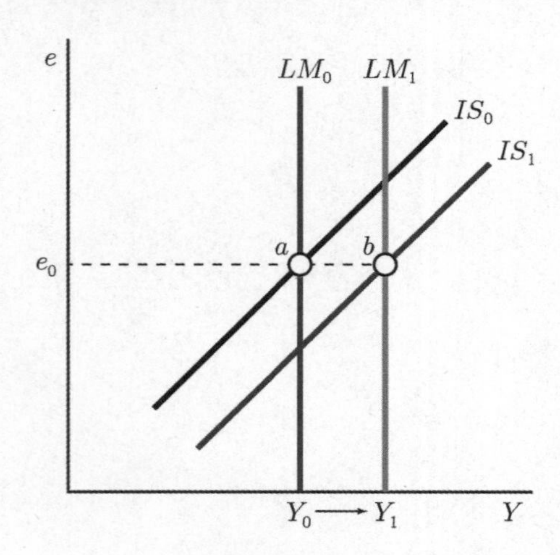

7절 개방경제의 대부자금시장

01 대부자금시장

1 생산물시장과 경상수지

① 경상수지는 저축과 투자에 의해 결정된다.

② 폐쇄경제에서는 순수출은 0이기 때문에 항상 저축과 투자가 같아진다.

③ 그러나 개방경제에서는 국내지출에 사용하고 남은 여분을 외국에 팔 수도 있다.
즉, 국내총생산(Y)이 국내총지출(A)보다 크면 경상수지는 흑자이다.

④ 경상수지는 저축과 투자의 차이로 나타낼 수도 잇다.

$$\begin{aligned}
\rightarrow (X-M) &= Y-(C+I+G) \\
&= (Y-T-C)+(T-G)-I \\
&= S_P+S_G-I \quad (S_P: \text{민간저축},\ S_G: \text{정부저축}) \\
&= S_N-I \quad (S_N: \text{국내총저축})
\end{aligned}$$

⑤ 저축(S_N)이 투자(I)보다 크면 경상수지는 흑자이다. → $NX(X-M)>0$
저축이 투자보다 적으면 경상수지는 적자이다. → $NX(X-M)<0$
저축과 투자가 일치하면 경상수지는 0이 되어 균형을 달성한다. → $NX(X-M)=0$

⑥ 소규모 개방경제에서는 외국이자율이 주어져 있으면 국내이자율과 외국이자율이 같아지기 때문에 저축과 투자를 얼마나 할지 결정할 수 있다.
외국이자율이 높을 경우 경상수지의 흑자가 발생한다.

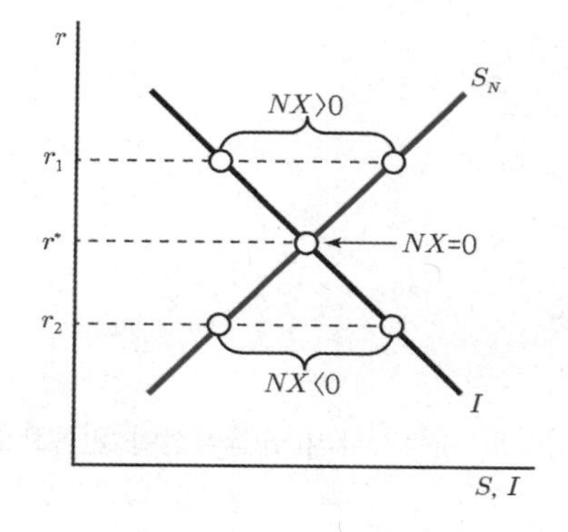

2 외국저축과 순해외투자를 고려한 대부자금시장

① 국민소득의 균형식을 다음과 같이 나타낼 수 있다.

$$\rightarrow I=S_P+S_G+(M-X)$$

$$\rightarrow I=S_P+S_G+S_f$$

자국의 수입에서 자국의 수출을 차감한 값은 외국의 경우 외국저축이 된다.

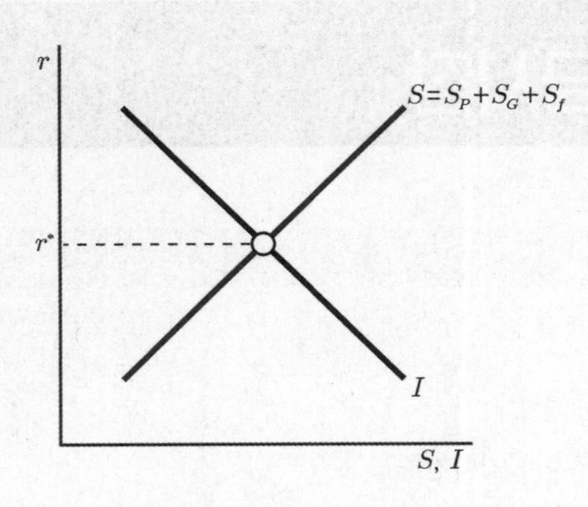

② 경상수지와 자본수지의 관계에서 경상수지는 순해외투자(NFI)와 동일하므로 다음과 같이 나타낼 수도 있다.

$$\rightarrow\ I+(X-M)=S_N$$

$$\rightarrow\ I+NFI=S_N$$

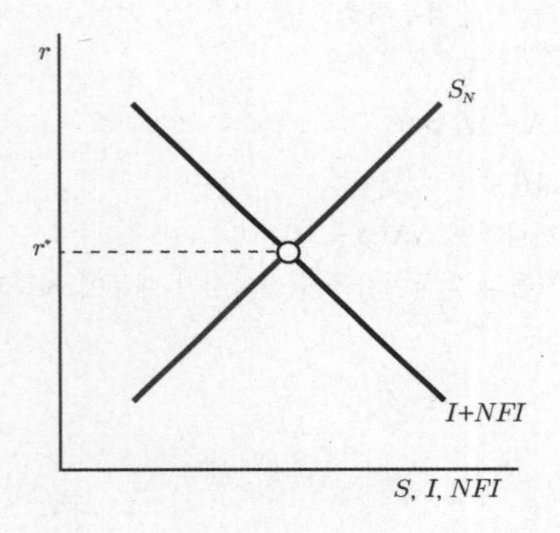

02 정부지출의 효과

① 소규모개방경제에서 정부가 정부지출을 증가시키면 정부저축의 감소로 대부자금의 공급곡선이 왼쪽으로 이동한다.
이에 따라 국내이자율이 상승하면 순해외투자가 감소하며 이는 순수출의 감소를 의미한다.
즉, 정부가 정부지출을 증가시킨다면 총저축이 줄어들면서 경상수지의 적자가 발생한다.

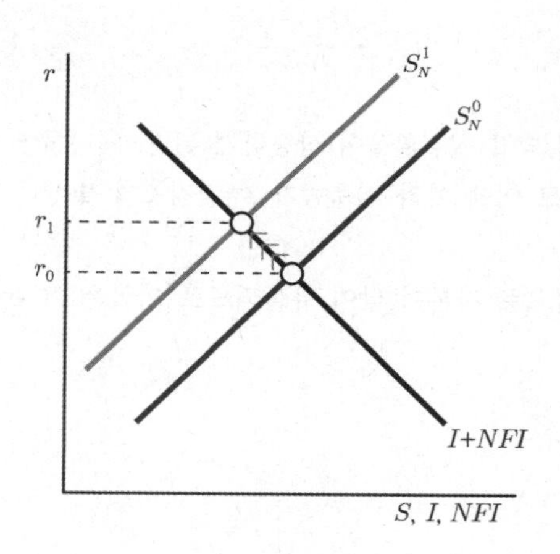

② 또는 외국이자율이 높을 경우 경상수지의 흑자가 발생하고 있는데 대부자금 공급곡선의 왼쪽이동으로 순수출이 감소한다 ($NX_0 \to NX_1$).

순수출의 감소는 실질환율의 하락을 의미한다.

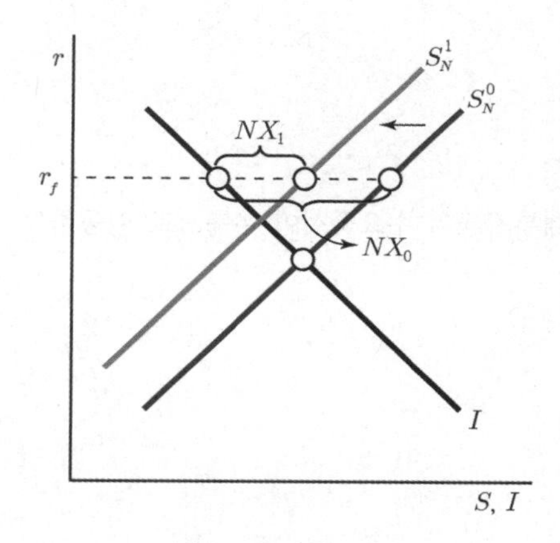

③ 미국의 경우 1980년대 레이건 정부 시기에 세금을 감소시키면서 재정적자가 발생하고 경상수지도 적자가 되는 이른바 쌍둥이 적자(twin deficit)가 발생하였다.

순수출의 감소는 실질환율이 하락할 경우에 발생한다. 즉, 국내 정부지출이 늘어 소비가 늘면 국내물가가 상승하게 되고 국내상품의 가격경쟁력이 낮아진다.

03 외국이자율 상승의 효과

① 외국이자율이 상승하게 되면 국내에서는 순수출이 증가하게 되고 실질환율이 상승하게 된다. 왜냐하면 외국이자율의 상승은 소규모 개방경제의 이자율 상승을 가져오고 이에 따라 저축증가, 투자감소가 발생하기 때문이다.

예를 들어 한국의 입장에서 미국의 이자율이 상승하면 미국으로 자본이 많이 유출되므로 미국은 그 돈으로 수입을 할 수 있고 한국은 수출을 늘릴 수 있는 것이다.

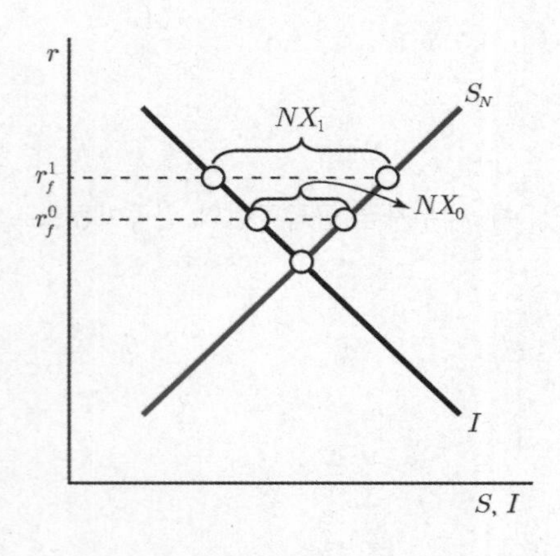

② 또는 외국이자율이 상승하게 되면 순해외투자가 증가하므로 대부자금의 수요곡선이 우측으로 이동하고 국내이자율도 상승한다.

순해외투자의 증가는 순수출의 증가를 의미한다.

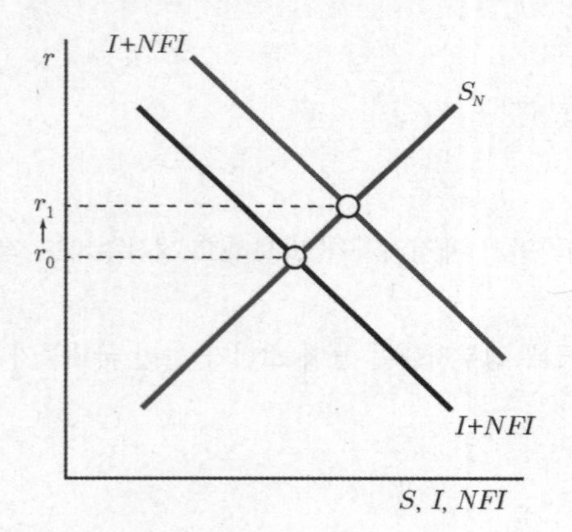

CHAPTER 04 국제수지론

단원 점검 기초 문제

01 국제수지표상의 경상거래에 관한 설명 중 잘못된 것은?

① 미국에 유학 간 영철에게 생활비로 송금한 3,000달러는 경상수지를 악화시킨다.
② 경주 보문단지에 관광차 내한한 외국인들이 쓴 경비는 경상수지를 개선시킨다.
③ 3년 전에 도입된 차관에 대한 이자지급액은 경상수지를 악화시킨다.
④ 3년 전에 도입된 차관에 대한 원리금지급액은 경상수지를 악화시킨다.

풀이 날짜			
채점 결과			

02 국제수지표의 금융계정(financial account)에 포함되는 거래가 아닌 것은?

① 한국 기업이 외국인 투자자에게 배당금을 지불한다.
② 한국 기업이 베트남 기업에 대해 50 % 이상의 주식지분을 매입한다.
③ 외국 금융기관이 한국 국채를 매입한다.
④ 한국 금융기관이 외화자금을 차입한다.
⑤ 한국은행이 미국 재무성 채권을 매입한다.

풀이 날짜			
채점 결과			

03 일국의 국제수지적자는 다음 중 어느 방법에 의해 감소될 수 있는가?

① 대외원조의 증가
② 소비재 수입의 증가
③ 외국에 대한 투자의 증가
④ 외국인에 의한 국내 유가증권의 구입증가

풀이 날짜			
채점 결과			

04 국제수지와 환율에 대한 다음 설명 중 옳지 않은 것은?

① 국제수지는 경제적 거래의 형태에 따라 크게 경상수지와 자본 및 금융계정으로 나눌 수 있다.
② 실질환율은 우리나라에서 생산된 재화 한 단위가 다른 나라에서 생산된 재화 몇 단위와 교환되는지를 나타내는 척도이다.
③ 개방경제의 총수요에는 순수출이 포함된다.
④ 국민소득계정 항등식에 의하면, 국내저축이 국내투자보다 크면 순수출은 항상 0보다 작다.

풀이 날짜			
채점 결과			

해설

정답

01 국제수지표는 일정 기간 동안에 일국의 거주자와 여타국의 거주자들 사이에 발생한 모든 경제적 거래를 체계적으로 분류한 표이다. ④

경상계정에서 수입과 지출의 차이를 경상수지라고 하고 경상수지는 한 나라의 재화와 서비스의 순수출 및 국제간의 증여를 화폐액으로 표시한 것으로 상품수지, 서비스수지, 본원소득수지, 이전소득수지로 구성된다.

→ 경상수지 = 상품수지 + 서비스수지 + 본원소득수지 + 이전소득수지

① 이전소득수지 ② 서비스수지 ③ 본원소득수지

④ 차관에 대한 원금지급액은 자본 및 금융계정을 악화시킨다.

02 금융계정에는 대외금융자산 또는 부채의 소유권 변동과 관련된 거래인 직접투자, 포트폴리오 투자 등이 들어간다. ①

한국 기업이 외국인 투자자에게 배당금을 지불하면 경상수지의 본원소득수지 항목에 계상된다.

03 ① 이전소득수지 악화 → 경상수지 악화 ④

② 상품수지 악화 → 경상수지 악화

③ 금융계정 악화 → 자본 및 금융계정 악화

④ 외국인이 국내 유가증권을 구입하면 자본이 국내로 유입되기 때문에 자본 및 금융계정의 개선을 가져온다.

04 경상수지는 국내 총생산과 지출액의 차이로 나타낼 수 있을 뿐만 아니라 투자와 저축의 차이로 나타낼 수도 있다. ④

$$
\begin{aligned}
(X-M) &= Y-(C+I+G) \\
&= (Y-T-C)+(T-G)-I \\
&= S_P+S_G-I \quad (S_P: \text{민간저축},\ S_G: \text{정부저축}) \\
&= S_T-I \quad (S_T: \text{총저축})
\end{aligned}
$$

국내저축(S_T)이 국내투자(I)보다 크면 순수출($X-M$)은 항상 0보다 크다.

CHAPTER 04 국제수지론

단원 점검 기초 문제

05 어느 나라의 소비지출과 투자지출이 각각 600과 200이며, 정부지출과 조세수입이 각각 100과 80, 수출과 수입이 각각 400과 300이다. 다음 중 옳지 않은 것은?

① 이 나라의 지출국민소득은 1,000이다.
② 이 나라의 재정수지는 20만큼 적자이다.
③ 이 나라의 민간부문의 저축은 320이다.
④ 이 나라의 민간부문과 정부부분의 저축의 합계는 340이다.

풀이 날짜			
채점 결과			

06 어느 경제의 국민소득계정 항등식을 살펴보았다. 다음 중 옳은 것은?

① 재정적자와 경상수지적자는 반드시 같이 나타난다.
② 민간저축이 투자를 충당하고도 남는 경우에는 정부재정이 적자이면 경상수지는 반드시 흑자이다.
③ 민간저축이 투자를 충당하고도 남는 경우에는 정부재정이 흑자이면 경상수지는 반드시 흑자이다.
④ 민간저축이 부족하여 투자를 충당하지 못하는 경우에는 정부재정이 흑자이면 경상수지는 반드시 적자이다.

풀이 날짜			
채점 결과			

07 자본이동이 자유로운 경제에서 재정정책의 운용에 관한 다음 설명 중 가장 옳지 않은 것은?

① 변동환율제도하에서 재정정책은 효과가 없다.
② 고정환율제도하에서 재정지출의 증가는 자본유입을 초래하여 통화량을 증가하게 하는 효과가 있다.
③ 변동환율제도하에서 재정지출의 증가는 자본유입을 초래하여 통화량을 증가하게 하는 효과가 있다.
④ 경제성장률과 국제금리가 일국이 수용할 수 있는 국가채무용량을 결정하는 주요요인이다.

풀이 날짜			
채점 결과			

08 변동환율제도를 채택하고 있는 소규모개방국가가 확대금융정책을 실시한다고 하자. 다음 중 새로운 단기균형을 가장 잘 나타낸 것은?

① 국민소득은 증가하고, 국내통화는 평가절하된다.
② 국민소득은 증가하고, 국내통화는 평가절상된다.
③ 국민소득은 불변이고, 국내통화는 평가절하된다.
④ 국민소득은 불변이고, 국내통화는 평가절상된다.

풀이 날짜			
채점 결과			

해설

정답

05 ① 지출국민소득은 소비지출, 투자지출, 정부지출, 순수출의 합이므로 ④
600+200+100+(400-300) = 1,000이다.
② 정부지출이 조세수입보다 20만큼 크므로 재정수지는 20만큼 적자이다.
③ 민간부문의 저축은 소득에서 소비와 조세를 차감한 것이므로 1,000-600-80으로 320이다.
④ 민간부문의 저축은 320이고 정부부문의 저축은 -20이므로 저축의 합계는 320-20 = 300이다.

06 ① $(X-M)=(S_P-I)+(T-G)$ ③
재정적자가 발생하여 $T-G<0$이더라도 경상수지($X-M$)가 반드시 적자는 아니다.
② 민간저축이 투자를 충당하고도 남는다면 $(S_P-I)>0$이다.
정부재정이 적자라면 $(T-G)<0$이다. 따라서 경상수지는 흑자일수도 있고 적자일수도 있다.
③ 민간저축이 투자를 충당하고도 남는다면 $(S_P-I)>0$이다.
정부재정이 흑자라면 $(T-G)>0$이다. 따라서 경상수지는 반드시 흑자이다.
④ 민간저축이 부족하여 투자를 충당하지 못하면 $(S_P-I)<0$이다.
정부재정이 흑자라면 $(T-G)>0$이다. 따라서 경상수지는 흑자일수도 있고 적자일수도 있다.

07 ① 변동환율제도하에서 확대재정정책은 이자율을 상승시켜 자본유입을 초래한다. ③
자본유입은 환율하락을 가져오고 순수출감소를 가져온다. 따라서 확대재정정책의 효과를 상쇄시킨다.
② 고정환율제도에서 정부지출의 증가는 이자율을 상승시켜 자본유입을 초래한다.
자본유입은 환율하락압력을 가져오고 중앙은행은 외환매입을 통해 외환시장에 개입한다.
외환매입으로 통화량이 증가하는 효과가 있다.
③ 변동환율제도에서 확대재정정책은 이자율을 상승시켜 자본유입을 초래하여 환율이 하락하지만 통화량은 변하지 않는다.
④ 국가채무는 정부의 국채와 관련이 있다.
국제금리가 변하면 국채발행으로 인한 이자부담에 영향을 주며 경제성장으로 자국의 국민소득이 증가하면 국채상환에 어려움이 줄게 된다.

08 확대금융정책을 실시하면 이자율이 하락하며 외환유출을 가져온다. ①
외환유출은 환율의 상승을 가져와 순수출을 증가시킨다
따라서 국민소득은 증가하고 환율상승으로 국내통화는 평가절하된다.

09 자본시장이 완전히 개방되어 있고 변동환율제도가 시행되는 소규모 경제에서 나타나는 현상으로 볼 수 없는 것은?

① 통화량 증가에 따라 순수출이 증가한다.
② 통화량의 증가에 따라 자본유출이 발생한다.
③ 정부지출의 증가는 국내통화의 가치를 하락시킨다.
④ 확장적 재정정책의 경기부양 효과는 크지 않다.

풀이 날짜			
채점 결과			

10 다음은 고정환율제도하에서의 확장적 통화정책에 대한 설명이다. 옳은 설명을 모두 고른 것은?

가. 통화팽창 이후 고정환율제도를 유지하기 위해서 중앙은행은 보유 중인 외환을 매각하여 원화의 통화량을 감소시켜야 한다.
나. 확장적 통화정책은 국민소득의 증가를 초래한다.
다. 고정환율제도하에서 중앙은행은 거시경제의 안정성을 유지하기 위한 수단으로서의 통화정책의 유효성을 상실하게 된다.

① 가, 나
② 가, 다
③ 나, 다
④ 가, 나, 다

풀이 날짜			
채점 결과			

해설

정답

09 ①, ② 통화량이 증가하면 이자율이 하락하고 자본유출이 발생한다. 외환유출로 환율이 상승하면 순수출은 증가한다. ③

③, ④ 정부지출을 늘리면 이자율이 상승하므로 외환유입이 발생한다.
외환의 유입으로 환율이 하락하면 국내통화의 가치는 상승하고 순수출이 감소한다.
따라서 확대재정정책의 경기부양효과는 크지 않다.

10 고정환율제도에서 확대 통화정책을 실시하면 이자율이 하락하고 외환유출이 발생한다. ②

외환유출로 외환의 초과수요를 계속 유지하기 위해 외환을 매각하여야 한다.
따라서 다시금 통화량이 감소하기 때문에 아무런 효과가 없다.

CHAPTER 04 국제수지론

단원 점검 응용 문제

01 A국의 2022년 국제수지표의 일부 항목이다. 다음 표에서 경상수지는 얼마인가?

풀이 날짜			
채점 결과			

- 상품수지: 54억 달러
- 서비스수지: −17억 달러
- 본원소득수지: 3억 달러
- 이전소득수지: −5억 달러
- 직접투자: 26억 달러
- 증권투자: 20억 달러

① 35억 달러 흑자
② 40억 달러 흑자
③ 60억 달러 흑자
④ 61억 달러 흑자
⑤ 81억 달러 흑자

02 환율제도에 대한 설명으로 적합하지 않은 것은?

풀이 날짜			
채점 결과			

① 고정환율제도는 장기적으로 물가안정에 도움이 된다.
② J곡선효과(J-curve effect)에 따르면 경상수지 적자국의 환율인하는 일정기간 경상수지를 악화시키지만 궁극적으로는 개선시킨다.
③ 고정환율제도하에서 국가 간 자본이동이 완전 차단되면 재정정책은 실질소득을 변동시키는 효과가 없다.
④ 국가 간 자본이동이 자유로울수록 변동환율제도하에서 재정정책의 효과는 약해진다.

해설

정답

01 경상수지 = 상품수지 + 서비스수지 + 본원소득수지 + 이전소득수지 ①
따라서 경상수지는 54억 달러 -17억 달러 + 3억 달러 -5억달러 = 35억 달러

02 ① 환율이 변하지 않으면 수입물가에 영향을 주지 않기 때문에 장기적으로 물가안정에 도움이 된다. ①
② 환율이 상승하면 경상수지가 즉각 개선되는 것이 아니라 단기적으로는 오히려 악화되었다가 시간이 흐름에 따라 점차 개선되어 간다.
이처럼 환율상승에 따른 경상수지 변화가 J자 모양이어서 J - 커브 효과라고 한다.
③ 고정환율제도에서 확대재정정책은 이자율을 상승시키지만 자본이동이 없기 때문에 환율의 변동이 없다. 확대재정정책으로 국민소득이 증가하면 수입이 증가하므로 순수출의 감소로 실질소득을 변동시키는 효과가 없다.
④ 변동환율제도하에서 국가간 자본이동이 자유로울수록 재정정책의 효과는 작아지고 금융정책의 효과는 커진다.

03 다음 그림은 어느 개방경제의 BP 곡선을 나타낸다. C점은 경상수지와 자본수지가 모두 균형인 상태이다. D점에서의 경상수지와 자본수지 상태로 옳은 것은?

풀이 날짜			
채점 결과			

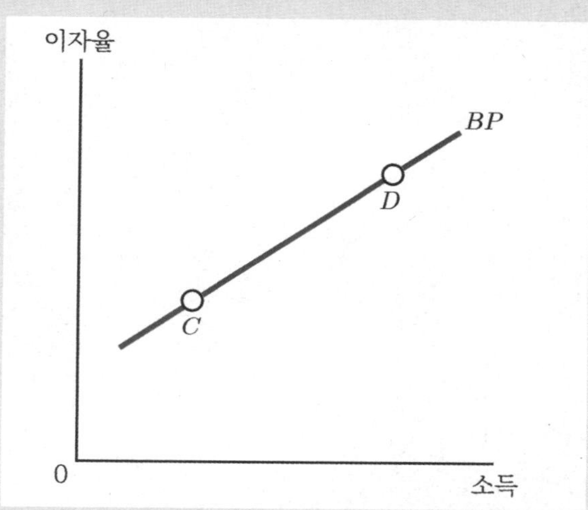

	경상수지	자본수지
①	적자	적자
②	적자	흑자
③	흑자	적자
④	흑자	흑자
⑤	균형	균형

04 다음 중 BP(Balance of Payments)곡선 (가로축: 소득, 세로축: 이자율)의 우하향 이동에 영향을 주는 외생변수의 변화에 관한 설명 중 가장 옳지 않은 것은?

풀이 날짜			
채점 결과			

① 외국소득의 증가
② 외국상품가격의 상승
③ 국내통화의 평가절상예상
④ 외국이자율의 상승
⑤ 국내기업수익률의 상승예상

해설

정답

03 C점에서 D점으로 이동하기 위해서는 소득이 증가하거나 이자율이 상승해야 한다. ②
이자율이 상승하면 자본의 유입으로 자본수지의 흑자가 달성된다.
자본의 유입은 환율하락을 가져와 경상수지 적자가 발생한다.

04 BP곡선이란 국제수지를 균형으로 만드는 국민소득(Y)과 이자율(r)의 조합을 나타내는 곡선이다. ④
국제수지는 경상수지와 자본수지로 구성되므로 수출입과 자본유출입에 영향을 미치는 변수들은 BP곡선을 이동시키게 된다. 수출재의 가격경쟁력에 영향을 미치는 명목환율, 국내가격과 외국가격의 상대비율 등과 외국소득은 수출입에, 국내금리와 외국금리는 자본유출입에 영향을 미치므로 BP곡선을 이동시킨다.
주어진 소득수준 Y_0에서 명목환율이 상승하거나 물가가 하락하면 수출재의 가격경쟁력이 향상된다. 순수출증가로 경상수지가 흑자가 되면 국제수지도 흑자가 된다.
또한 외국상품의 상대가격이 상승하거나 외국의 소득이 증가하면 순수출이 증가하여 국제수지가 흑자가 된다.

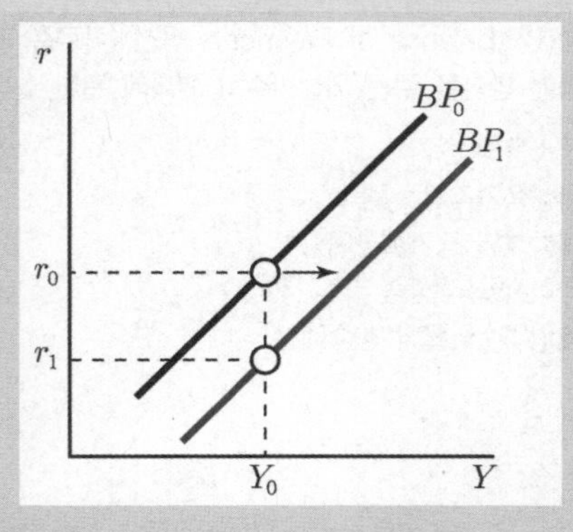

국제수지의 균형이 달성되기 위해서는 이자율이 하락하여 자본유출이 이루어져야 한다.
따라서 BP곡선은 하방(우측)으로 이동한다.
국내통화의 평가절상이 예상되거나 국내기업의 수익률 상승이 예상되면 자본유입으로 국제수지가 흑자가 된다.
국제수지의 균형이 달성되기 위해서는 국내금리가 하락하거나 소득이 증가하여 순수출이 감소해야 한다.
따라서 BP곡선은 하방(우측)으로 이동한다.
이에 반해 외국이자율이 상승하면 자본유출이 이루어져 국제수지가 적자가 된다. 이 경우에는 국제수지가 다시 균형으로 회복되려면 국민소득이 감소하여 수입이 감소해야 하므로 BP곡선이 좌측 또는 상방으로 이동한다.

05 완전한 자본이동과 소규모 개방경제를 가정하는 먼델-플레밍 모형 (Mundell-Fleming Model)에 대한 설명 중 옳지 않은 것은? (단, 환율은 외국통화 1단위에 대한 자국통화의 교환비율이다.)

① 변동환율제도 하에서 확장적 재정정책을 실시하면 환율이 하락한다.
② 변동환율제도 하에서 확장적 통화정책을 실시하면 환율이 상승한다.
③ 변동환율제도 하에서 확장적 통화정책을 실시하면 총소득이 증가한다.
④ 고정환율제도 하에서 확장적 재정정책을 실시하면 총소득이 증가한다.
⑤ 고정환율제도 하에서 확장적 통화정책을 실시하면 총소득이 증가한다.

풀이 날짜			
채점 결과			

06 자본이동이 완전히 자유로운 소규모 개방경제의 IS-LM-BP 모형에서 대체지급수단의 개발로 화폐수요가 감소할 때, 고정환율제와 변동환율제 하에서 균형국민소득의 변화로 옳은 것은? (단, IS곡선은 우하향하고 LM곡선은 우상향한다고 가정)

	고정환율제	변동환율제
①	증가	증가
②	불변	증가
③	불변	감소
④	감소	불변
⑤	감소	감소

풀이 날짜			
채점 결과			

07 국내외로 자본이 자유롭게 이동이 가능한 어느 소규모 개방경제에서 소득증가를 가장 많이 가져올 수 있는 환율제도와 외생변수의 변화는?

① 고정환율제도 하의 관세 인상
② 변동환율제도 하의 법인세율 인하
③ 고정환율제도 하의 재할인율 인하
④ 변동환율제도 하의 화폐수요 증가

풀이 날짜			
채점 결과			

해설

정답

05 고정환율제도에서 확대통화정책을 실시하면 LM곡선이 우측으로 이동하므로 이자율이 하락한다. ⑤
이자율이 하락하면 자본유출이 발생하므로 환율상승압력이 발생한다.
환율이 상승하지 않기 위해서 중앙은행은 외환을 매각해야 하며 외환매각으로 원화는 중앙은행으로 유입된다.
따라서 통화량은 다시 감소하고 LM곡선은 원래 위치로 복귀한다.
그러므로 고정환율제도에서는 확대금융정책을 실시하더라도 국민소득은 전혀 변하지 않는다.

06 화폐수요가 감소하면 LM곡선이 우측이동한다. ②
변동환율제도의 경우 LM곡선의 우측이동은 이자율 하락으로 외환유출이 발생하고 환율이 상승한다. 환율상승은 순수출의 증가를 가져와 균형국민소득을 크게 만든다.
고정환율제도의 경우 이자율 하락은 외환유출로 환율상승압력을 가져다주고 중앙은행은 환율상승압력을 해소하기 위하여 외환을 매각한다.
외환매각은 통화량을 감소시켜 국민소득 증대에 전혀 영향을 주지 못한다.

07 ① 고정환율제도에서 관세를 인상하면 순수출이 증가하기 때문에 IS곡선이 우측이동한다. ①
IS곡선 우측이동 → 이자율상승 → 외환유입 → 환율하락압력 → 외환매입 → 통화량증가
② 변동환율제도에서 법인세율을 인하하면 투자지출이 증가하지만 IS곡선의 이동은 별 효과가 없다.
IS곡선의 우측이동 → 이자율상승 → 외환유입 → 환율하락 → 순수출감소
③ 고정환율제도에서 재할인율 인하는 통화량을 증가시켜 LM곡선의 우측이동을 가져오지만 별 효과가 없다.
LM곡선의 우측이동 → 이자율하락 → 외환유출 → 환율상승압력 → 외환매각 → 통화량감소
④ 변동환율제도에서 화폐수요 증가는 LM곡선을 좌측으로 이동시켜 소득감소를 가져온다.
LM곡선의 좌측이동 → 이자율상승 → 외환유입 → 환율하락 → 순수출감소 → 국민소득감소

08 완전한 자본이동과 소규모 개방경제를 가정하는 먼델-플레밍(Mundell-Fleming) 모형을 고려하자. 변동환율제도하에서 다른 모든 조건은 동일한 가운데, 교역상대국의 보호무역조치로 인해 수출이 외생적으로 감소하였다. 이에 따른 새로운 균형을 기존의 균형과 비교한 결과로 옳지 않은 것은? (단, 소비는 처분가능소득만의 함수이고 투자는 실질이자율만의 함수이다.)

① 투자는 불변이다.
② 총소득은 불변이다.
③ 순수출은 감소한다.
④ 자국 통화가치는 하락한다.
⑤ 오쿤의 법칙이 성립하면 실업률은 불변이다.

풀이 날짜			
채점 결과			

09 세계는 A국, B국, C국의 세 국가로 구성되어 있으며, 국가 간 자본이동에는 아무런 제약이 없다. B국은 고정환율제도를 채택하고 있으며, C국은 변동환율제도를 채택하고 있다. A국의 경제불황으로 인하여 B국과 C국의 A국에 대한 수출이 감소하였을 때, B국과 C국의 국내경제에 미칠 영향에 대한 설명으로 옳지 않은 것은?

① B국 중앙은행은 외환을 매각할 것이다.
② C국의 환율(C국 화폐로 표시한 A국 화폐 1단위의 가치)은 상승할 것이다.
③ B국과 C국 모두 이자율 하락에 따른 자본유출을 경험한다.
④ C국이 B국보다 A국 경제불황의 영향을 더 크게 받을 것이다.

풀이 날짜			
채점 결과			

10 소규모 개방 경제 모형이 다음과 같을 때, 정부지출 증가가 순수출 및 실질 환율에 미치는 영향으로 옳은 것은?

- 재화시장: $Y_0 = C(Y_0) + I(r) + G_0 + NX(\varepsilon, Y_0, Y_0^*)$
- 실질 이자율: $r = r_0^*$

(단, Y, C, I, G, NX, ε, r, Y^*, r^*는 각각 소득, 소비, 투자, 정부지출, 순수출, 실질 환율, 실질 이자율, 외국 소득, 외국 실질 이자율을 나타낸다. 변수에 아래 첨자 0이 표시되어 있으면 외생변수이다. 소비는 소득의 증가함수, 투자는 실질 이자율의 감소함수, 순수출은 실질 환율, 소득, 외국 소득에 대하여 각각 증가함수, 감소함수, 증가함수이다.)

	순수출	실질 환율
①	감소	하락
②	증가	하락
③	불변	하락
④	감소	상승
⑤	증가	상승

풀이 날짜			
채점 결과			

해설

정답

08 교역상대국에 대해 수출이 감소하면 IS곡선이 좌측이동한다($IS_0 \rightarrow IS_1$).
IS곡선의 좌측이동은 이자율 하락을 가져와($r_0 \rightarrow r_1$) 외환이 유출된다.
외환유출은 환율상승을 가져와 다시금 순수출이 증가하고 IS곡선이 우측으로 이동한다.
새로운 균형에서 이자율과 총소득은 r_0, Y_0로 불변이다.
이자율이 불변이므로 투자도 불변이다.

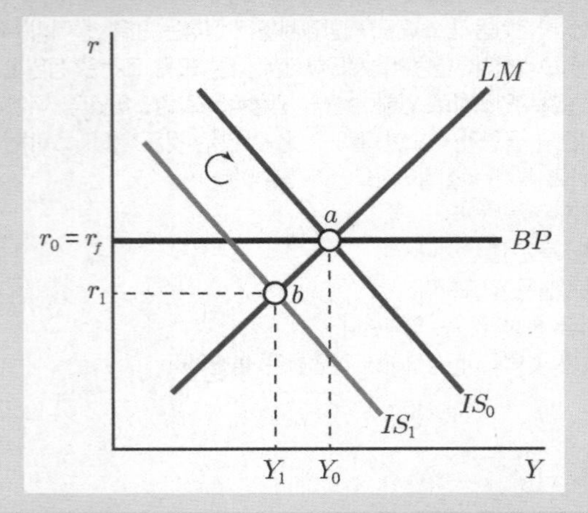

③

09 ① B국은 수출감소로 환율상승압력이 발생하므로 외환을 매각할 것이다.
② C국은 수출감소로 외환공급곡선이 좌측이동하여 환율이 상승하게 된다.
③ B국과 C국 모두 수출이 감소하면 IS곡선이 좌측이동한다.
따라서 이자율 하락에 따른 자본유출이 발생할 것이다.
④ 변동환율제도를 사용하는 C국은 환율상승으로 인한 수출증가가 발생할 수 있다.
따라서 B국이 C국보다 A국의 경제불황의 영향을 더 크게 받을 것이다.
변동환율제도는 해외의 교란요인이 국내로 쉽게 전파되지 않는 '차단효과'가 있다.

④

10 자국의 실질 이자율(r)과 외국의 실질 이자율(r_0*)이 동일하므로 자본의 이동이 자유롭다.
정부지출이 증가하면 자국의 이자율이 상승하므로 자국으로 외환이 유입된다.
외환유입으로 명목환율과 실질환율이 하락한다.
실질환율이 하락하면 순수출은 감소한다.

①

11 다음 그림은 고정환율제를 채택하고 있는 어느 소규모 개방경제의 $IS-LM-BP$ 곡선을 나타낸다. 해외 이자율이 상승할 경우 통화량과 소득의 변화로 옳은 것은? (단, 중앙은행은 불태화정책을 사용하지 않는다.)

풀이 날짜			
채점 결과			

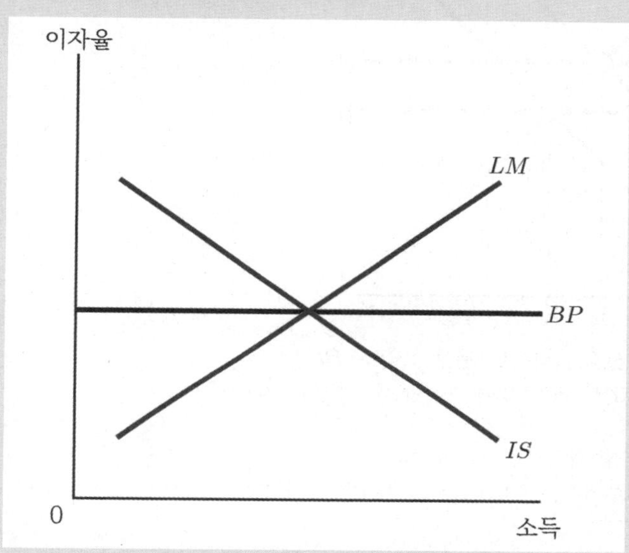

	통화량	소득
①	증가	증가
②	감소	감소
③	증가	감소
④	감소	증가
⑤	불변	불변

해설

정답

11

②

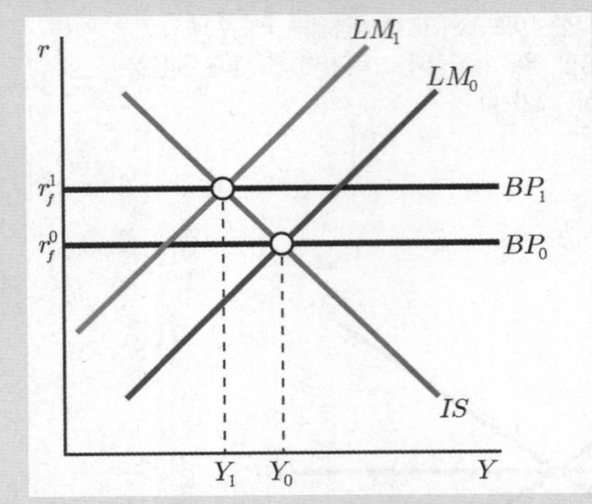

해외이자율이 r_f^0에서 r_f^1으로 상승하면 BP곡선은 상방으로 이동한다($BP_0 \rightarrow BP_1$).
국내이자율이 해외이자율보다 낮기 때문에 자본유출이 발생해 환율의 상승압력이 발생한다.

환율상승을 방지하기 위해서 중앙은행은 외환을 매각하고 통화량이 감소한다.
통화량의 감소는 LM곡선을 좌측으로 이동시켜($LM_0 \rightarrow LM_1$) 소득이 Y_0에서 Y_1으로 감소한다.

12 환율상승(자국 통화가치의 하락)을 유도하기 위한 중앙은행의 외환시장개입 중 불태화 개입(sterilized intervention)이 있었음을 나타내는 중앙은행의 재무상태표(대차대조표)로 가장 적절한 것은? (단, ⇧는 증가, ⇩는 감소를 의미한다.)

풀이 날짜			
채점 결과			

①

자산	부채
국내자산	본원통화⇧
외화자산⇧	국내부채
	외화부채

②

자산	부채
국내자산⇩	본원통화
외화자산⇧	국내부채
	외화부채

③

자산	부채
국내자산	본원통화⇩
외화자산⇩	국내부채
	외화부채

④

자산	부채
국내자산	본원통화⇧
외화자산	국내부채⇩
	외화부채

⑤

자산	부채
국내자산⇧	본원통화⇧
외화자산	국내부채
	외화부채

13 어떤 실질이자율 수준에서 국민저축이 50, 국내총투자가 40, 그리고 순자본유출이 20이라고 하자. 개발경제의 대부자금시장모형에 따른 예측으로 맞는 것은?

풀이 날짜			
채점 결과			

① 대부자금에 대한 초과수요가 존재하여 실질이자율이 상승할 것이다.
② 대부자금에 대한 초과수요가 존재하여 실질이자율이 하락할 것이다.
③ 대부자금에 대한 초과공급이 존재하여 실질이자율이 상승할 것이다.
④ 대부자금에 대한 초과공급이 존재하여 실질이자율이 하락할 것이다.
⑤ 대부자금이 균형상태에 있기 때문에 실질이자율이 변하지 않을 것이다.

해설

정답

12 자국 통화가치의 하락 또는 외환 통화가치의 상승으로 유도하기 위해서는 외환시장에서 외환을 매입하고 자국 통화를 매각해야 한다.
외환을 매입하면 외화자산이 증가한다.
외환매입시 본원통화 증가와 통화량 증가로 인플레이션이 발생할 수 있다.
불태화정책은 국제수지 불균형에 의해 발생한 통화공급량 변화를 국내여신으로 조절하여 통화량을 일정하게 유지하는 정책을 말한다.
본원통화 감소를 위해 국채매각을 하면 되는데 국채를 매각하면 국내자산이 감소하여 본원통화의 변화는 발생하지 않는다.

②

13 국민소득 항등식에 따르면 국민저축과 국내총투자와 순자본유출의 관계는 다음과 같다.
→ 국민저축 = 국내총투자 + 순자본유출
대부자금의 공급곡선은 국민저축을 나타내고 대부자금의 수요곡선은 국내총투자와 순자본유출의 합이다.
국민저축과 국내총투자와 순자본유출의 합이 동일하다면 대부자금시장이 균형상태에 있다.
현재 국민저축은 50, 국내총투자와 순자본유출의 합이 40+20 = 60이므로 대부자금의 수요가 대부자금의 공급보다 크다.
따라서 대부자금에 대한 초과수요가 발생하기 때문에 실질이자율은 상승한다.

①

CHAPTER 04 국제수지론

01 객관식 점검

CHAPTER 출제경향

- 국제수지표의 경상수지계정과 자본 및 금융계정에 들어가는 항목에 대해 정리해야 한다.
- IS – LM – BP 모형과 환율제도에서의 재정 및 금융정책효과에 대한 비교도 중요하다.
- 또한 국민소득 항등식을 통해 다양한 내용을 확인하는 문제를 출제하기도 한다.

02 약술 및 논술 점검

CHAPTER 출제경향

- IS – LM – BP모형과 AA–DD 모형에서의 재정정책, 금융정책, 환율정책 등의 효과를 비교하자.
- 경상수지 흑자 및 적자의 장단점을 정리하고 경상수지 적자를 해결하기 위한 대책을 정리하자.
- 글로벌불균형의 개념 및 원인 등도 국제수지에서 중요하게 다루는 주제이다.

CHAPTER 04 국제수지론

약술 점검 문제

문제 01

2017년 무역보험공사

루카스 역설(Lucas Paradox)에 대해 설명하시오.

해설

① 한계생산성 체감의 법칙에 의하면, 자본이 풍부할수록 한계생산성은 낮아진다. 개도국은 선진국보다 자본이 희소하므로 자본의 한계생산성이 더 높고, 따라서 수익률이 더 높은 개도국으로 자본이 유입될 것으로 예상된다. 그러나 개도국으로 이동한 자본 규모는 매우 작다.

② 루카스(Lucas)는 개도국으로 유입되는 자본량이 생각보다 적은 이유를 개도국의 자본의 한계생산성이 생각보다 높지 않기 때문이라고 설명한다. 이를 루카스 역설(Lucas Paradox)이라고 한다.

③ 생산함수를 이용해 이를 설명해보면 다음과 같다.

Cobb-Douglas 생산함수는 $Y = AL^{\alpha}K^{\beta}$이다. 규모에 대한 보수 불변을 가정하면 $\alpha + \beta = 1$이다.

그리고 L은 노동량, K는 자본량이다. A는 그 국가의 생산성 수준(productivity level) 또는 기술 수준(technology level)을 나타낸다.

생산함수에서 자본의 한계생산성(MPK)은 다음과 같다.

$$MPK\left(=\frac{\partial Y}{\partial K}\right) = A\beta\left(\frac{K}{L}\right)^{(\beta-1)}$$

이 식에서 $(\beta-1)$은 음(-)이므로 일인당 자본량(K/L)이 클수록 자본의 한계생산성 MPK의 값은 작아진다. 즉, 한계생산성 체감의 법칙이 작용하고 있다. 그런데 위 식에서 보듯이, MPK는 A의 크기에 의해서도 영향을 받는다. 기술수준 A가 높은 국가는 자본의 한계생산성이 더 높다.

일반적으로 개도국의 기술수준(A)은 선진국보다 낮은데 이런 이유로 개도국의 자본의 한계생산성이 예상보다 낮아서 개도국으로의 자본 유입이 생각보다 적어진다.

문제 02

수출입은행 2016

미국이 중국을 환율조작국으로 비판한 이유와 환율 조작국 조건을 설명하시오.

해설

1 환율 조작국 조건

① 미국 재무부는 매년 4월과 10월 주요 나라의 환율보고서를 내는데 무역촉진법상 세 가지 요건에 해당하면 환율조작국으로 지정한다.

② 세 가지 요건은 연간 대비 무역수지 흑자가 200억 달러를 초과할 것, GDP (국내총생산) 대비 경상수지 흑자가 3%를 초과할 것, 당국이 GDP 대비 2%를 초과한 달러 순매수에 개입할 것 등이다.

2 미국이 중국을 환율조작국으로 비판한 이유

① 중국이 인위적으로 위안화 가치를 떨어뜨려 대미 수출에서 막대한 흑자를 보고 있다는 이유다

② 중국이 막대한 대미 수출을 얻고 있다면 외환유입으로 위안화 가치가 상승해야 한다.
중국은 외환매입으로 위안화 가치를 하락시킬 수 있으며 이는 외환보유액 증가를 가져온다.
→ 중국은 세계 1위 외환보유국임

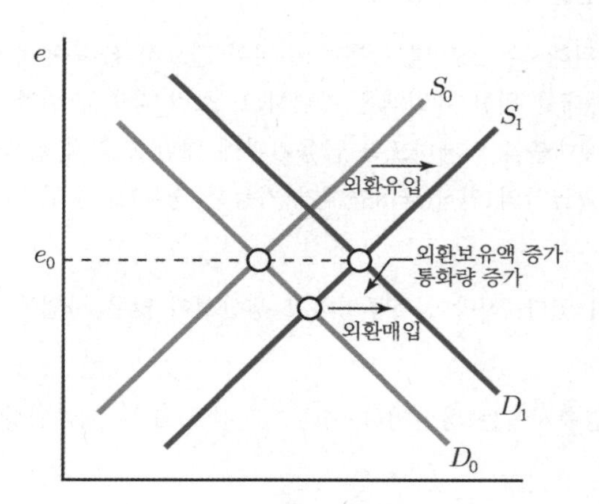

3 환율조작국 지정효과

① 미국교역촉진법에 따라 1년간 환율문제 개선을 위한 양자협의를 하게 된다.

② 문제가 시정되지 않으면 미국은 대외원조 관련 자금지원 금지, 정부조달계약 금지, 국제통화기금 추가감시 요청 등의 조치를 취한다.

CHAPTER 04 국제수지론

논술 점검 문제

문제 01

경상수지 적자의 해결방안을 논하시오.

해설

1 일반적인 방안

① 민간저축과 투자, 정부재정수지 및 경상수지와의 관계를 수식으로 표현하면 다음과 같다.

$$NX = (S - I) + (T - G)$$

② 위 식에서 알 수 있듯이 경상수지적자는 민간부문의 저축감소(민간의 과소비)와 기업의 과잉투자 그리고 정부의 세수를 초과한 방만한 재정운용에서 그 원인을 찾을 수 있다.

첫째, 민간저축의 증대가 필요하다. 저축의 증대를 위해서는 소비를 감축하는 것이 필요하다. 구체적 방법으로는 정부가 이자소득에 대한 세율인하 등 저축증대를 위한 유인책을 마련하고, 소비 감축을 위한 특별소비세율을 인상하는 조세정책을 실시한다든지, 가계대출을 억제하도록 금융기관에 대한 도의적 설득(moral persuasion)을 하거나 창구규제 또는 가계 대출금리의 인상(금리규제가 가능한 경우)을 통한 가계대출의 억제를 유도할 필요가 있다.

둘째, 민간기업이 투자활동을 자제하게 하는 방법이 있다. 전망이 불투명하고 생산성이 낮은 사업에 대한 투자를 지양하고 중복 투자를 감소시킨다.

셋째, 정부가 재정흑자를 실현하거나 재정적자를 감축시키는 방안이다. 정부지출감소 또는 세율인상정책을 실시함으로써 방만한 재정운용을 억제한다.

넷째, 가장 확실한 방법은 수출을 증대시키고 수입을 감축하는 방법이다. 이는 민간의 수입 수요의 억제 또는 수출산업의 경쟁력 제고를 통하여 달성할 수 있다.

다섯째, 이와 같은 논의는 외환 위기국들에 대한 IMF의 공통적인 처방을 통해서도 확인되고 있다.
IMF정책처방의 골자는 저성장정책, 물가안정정책을 통한 가격경쟁력회복, 긴축재정정책 그리고 긴축금융정책(고금리정책)을 통한 소비억제와 저축유도 그리고 투자감축 등으로 요약할 수 있다.

여섯째, 경상수지 적자는 기본적으로 우리의 상품이나 서비스의 가격이 상대적으로 비싸기 때문에 나타나는 취약한 가격경쟁력에서 그 원인을 찾을 수 있다.
그리고 취약한 가격경쟁력은 고비용구조 때문이며, 이는 고지가, 고임금, 고금리라는 '3고현상'에 기인하는 바, 경상수지 적자해소의 첩경은 이러한 고비용구조의 해소라 할 수 있다.

2 구체적인 정책대응방안

1. 지출전환정책

1) 의의

① 지출전환정책은 지출수준의 변화 없이 지출대상을 국산품에서 수입품으로 혹은 그 반대로 전환시키는 정책이다.

② 환율정책이 대표적이며, 그 밖에 각종 관세 및 비관세장벽을 이용한 무역정책과 수입담보금제도와 이중환율제도를 들 수 있다.

2) 내용

① 지출전환정책의 핵심은 재화간의 상대가격을 변화시키는 데 있다.

② 명목환율을 e라 하면, 실질환율은 $\frac{eP^f}{P}$로 표시된다. 명목환율이 두 나라의 통화의 교환비율이듯이, 실질환율은 두 나라 재화바구니의 교환비율이며, 가격 면에서 본 자국상품의 가격경쟁력이라 할 수 있다.

③ 평가절하 정책은 자국의 국제가격경쟁력을 상승시키는데, 즉 국산품이 상대적으로 싸지고 외국상품이 상대적으로 비싸지므로 지출을 외국상품에서 국산품으로 전환하게 된다.

④ 관세는 수입품가격을 올림으로써, 그리고 수출보조금은 수출품가격을 낮춤으로써 각각 소비자가 당면하는 실질환율에 영향을 미치게 된다.

3) 경상수지 적자의 해소방안

경상수지 적자를 해소하기 위해서는 지출전환정책가운데 평가절하 정책을 사용할 수 있으며, 수입재에 대한 관세를 부과함으로써 수입량을 감소시키거나 수출보조금이나 수출보험 등 수출진흥정책을 사용함으로써 경상수지의 개선을 도모할 수 있다.

2. 지출조정정책

1) 의의

① 지출조정정책은 국내총지출의 전체적인 규모를 변화시키는 정책이다.

② 정부지출의 조정이 대표적인 정책이며, 그밖에도 소비와 투자수준에 영향을 주는 각종 세제정책과 통화정책을 들 수 있다.

2) 경상수지 적자의 해소방안

① 경상수지 적자는 총수요를 구성하는 소비와 투자수준을 감소시키는 방안을 제시할 수 있다.

② 총지출을 감소시키는 긴축통화정책과 긴축재정정책을 통하여 경상수지를 개선시킬 수 있다.

문제 02

경상수지 적자는 항상 바람직하지 않은가? 경상수지적자가 바람직할 수 있다면 어떤 의미에서 그러한가?

해설

1 경상수지 적자가 투자증가에서 비롯한 경우

① 투자의 증가는 미래 생산가능성을 증가시킬 수 있다.

② 만약 미래 생산가능성의 증가가 차입으로 인한 이자비용 등을 매울 수 있을 만큼 크다면 현재 경상수지 적자에도 불구하고 전반적 후생은 증가할 수 있다.

2. 경상수지 적자가 민간저축감소에서 비롯한 경우

① 민간저축의 감소는 가처분소득보다 소비가 더 클 때 발생한다.

② 예를 들어〈그림〉에서 일시적 경기후퇴로 인해 현재 가처분소득이 낮은 수준인 Y_1이며 미래 가처분 소득은 상대적으로 높은 Y_2라고 하자.

③ 이때 매 기간 가처분소득만큼을 소비한다면 민간저축은 불변이며 이때 효용은 I_0가 된다.

④ 그러나 이러한 소득변동에도 불구하고 e점을 소비한다면 현재 민간저축은 감소하고 경상수지는 악화되겠지만 효용은 I_1으로 증가한다.

⑤ 이는 경상수지의 적자 및 흑자를 번갈아 겪는 경우 소득의 변동에도 불구하고 소비를 안정하게 유지하는 소비평준화(Consumption smoothing)의 이익이라고 한다.

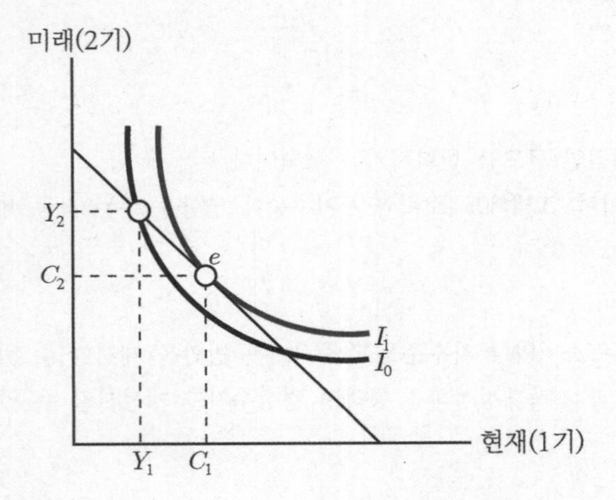

3 경상수지 적자가 정부저축감소에서 비롯한 경우

① 정부저축의 감소는 정부구매의 증가 또는 조세의 감소에서 비롯한다.

② 정부저축을 일정하게 유지하기 위해서는 정부가 재정지출의 수요가 있을 때마다 동일한 규모의 조세를 거두어야 한다.

③ 그러나 경기불황의 경우 조세수입 감소에 대응하기 위해 세율을 인상하거나 정부지출을 축소한다면 경기불황을 더욱 심화시킬 수 있다.

④ 따라서 경기불황에는 억지로 정부저축을 일정하게 유지하기 보다는 정부저축의 감소를 허용하는 것이 경제안정화를 위해 바람직하다.

⑤ 뿐만 아니라 정부구매에 대한 수요는 경제성장의 단계 및 경기순환의 단계에 따라 달라지는데 이에 따라 세금을 증감시키는 것보다는 조세수입을 일정하게 유지하는 편이 조세로 인한 초과부담(excess burden)을 줄일 수 있다. 이러한 이익을 조세평준화(tax smoothing)의 이익이라고 한다.

4 평가

이상의 분석에서는 만약 장기적으로 경상수지의 흑자와 적자가 균형을 이룰 수 있다면 단기적인 경상수지의 불균형을 반드시 나쁜 것으로 볼 필요는 없으며 오히려 바람직한 측면이 있음을 알 수 있다.

문제 03

IS-LM-BP 모형을 이용해서 A국의 재정정책이 유효한지 통화정책이 유효한지 설명하시오.

해설

1 완전한 자본이동과 고정환율제도의 경우

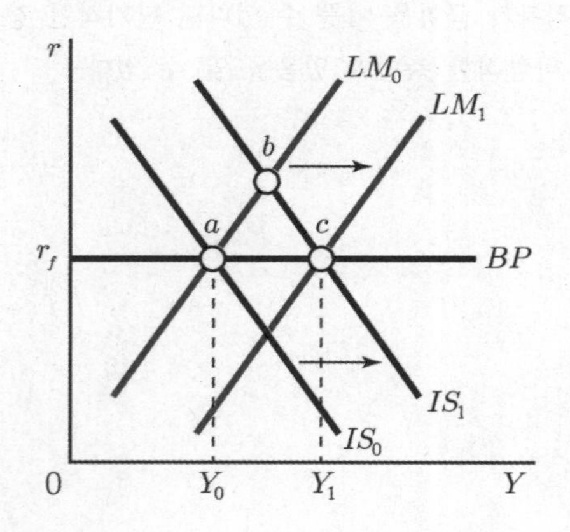

① 확대재정정책을 실시하면 IS곡선이 우측이동하고 이자율이 상승한다.

② 이자율이 상승하면 외환유입으로 외환시장의 초과공급을 해소하기 위해 외환을 매입해야 한다.

③ 외환매입은 통화량 증가를 가져와 LM곡선을 우측이동시키고 국민소득은 Y_0에서 Y_1으로 증가한다.

2 완전한 자본이동과 변동환율제도의 경우

① 확대재정정책을 실시하면 IS곡선이 우측이동하고 외환유입으로 환율이 하락하면 순수출이 감소한다.

② 순수출의 감소는 IS곡선을 다시금 좌측으로 이동시키므로 국민소득에는 영향을 주지 않는다.

문제 04

해외 경제를 회복하기 위한 정책으로 경기견인 정책과 인근 궁핍화 정책이 있다.
1. 경기 견인정책과 인근 궁핍화 정책의 개념에 대하여 실물적 요인과 화폐적 요인으로 비교하시오
2. 경기견인 정책과 인근 궁핍화 정책이 한국 경제에 가져다 주는 효과를 비교하시오.

해설

1 실물요인에 따른 해외경제 회복 - 견인효과

1. 경제회복의 원인

소비성향의 증가, 미래기대변화에 따른 투자증대, 정부지출 증가 등의 원인으로 해외경제의 활성화가 이루어진다.

2. 한국경제의 영향

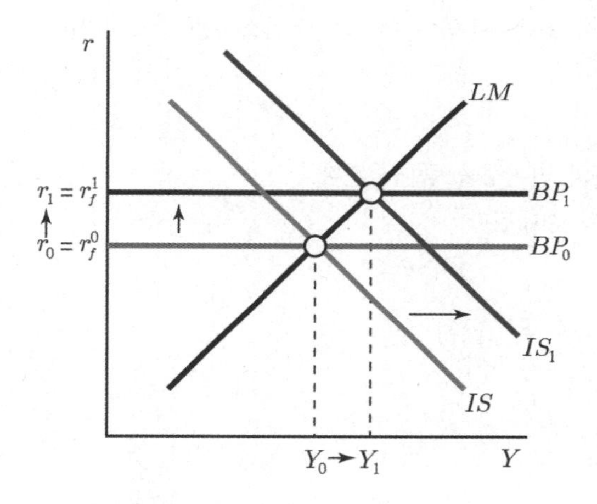

① 실물적 요인에 따른 세계경제의 활성화는 자본유출과 순수출의 증가가 발생하여 IS곡선이 우측이동하고 ($IS_0 \rightarrow IS_1$), BP곡선은 상향 이동한다. ($BP_0 \rightarrow BP_1$)

② 따라서 세계경제의 활성화는 자국의 국민소득도 증가시키는 견인효과($Y_0 \rightarrow Y_1$)가 있다.

2 화폐적 요인에 따른 해외경제의 회복 - 인근궁핍화

1. 경제회복의 원인

① 외국 정부의 팽창적 금융정책에 따른 해외투자, 소비증가에 따른 원인으로 해외경제가 활성화된다.

② 팽창적 금융정책으로 금리가 인하되면 국제금리도 하락한다.

2. 한국경제에의 영향

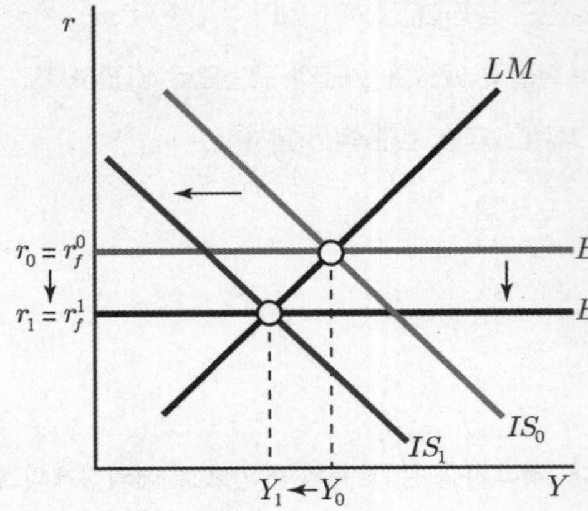

① 해외의 팽창적 금융정책은 이자율을 하락함으로 국내로 자본이 유입된다.

② 자본의 유입은 환율을 하락시켜 순수출을 감소시킨다.

③ 따라서 BP곡선이 하방이동하고 IS곡선이 좌측이동하여 한국의 국민소득을 감소시킨다.

3 결론

① 자본의 완전이동은 일국경제의 국제경제와의 연관성을 증대시킨다.

② 따라서 국가간 경제정책의 협력의 필요성이 증대된다.

문제 05

고정환율제도하에서 재정정책의 효과를 자본이동의 정도와 관련하여 설명하라.

유로존에 가입한 국가들이 금융정책을 포기하는 데 따른 비용이 크지 않다고 보는 이유는 무엇인가?

즉, 유럽 국가들이 통화동맹에 가입하면서 독자적인 금융정책을 과감히 포기하고 금융정책(주로 금리 결정)의 주권을 ECB에 전격적으로 이양할 수 있었던 이유를 먼델-플레밍 모형을 활용하여 설명하시오.

단, 완전한 자본이동과 불완전한 자본이동의 경우(BP곡선이 LM곡선의 기울기보다 크다고 가정)로 나눌 것

해설

1 유럽통화연맹(European Monetary Union)의 의의

유럽공동체의 통화통합을 위한 동맹으로 유럽중앙은행을 창설하고 각국 통화의 환율을 고정시켜 최종적으로는 동일한 통화를 발행하는 것을 목표로 하고 있다.

2 분석의 전제

① 자본이동의 정도에 따라 BP곡선의 기울기가 달라진다.

② 유럽통화동맹에 속한 국가들은 단일 통화에 대해 고정된 환율을 취한다.
→ 고정환율제도 가정

3 확장적 재정정책의 시행 결과

1. 자본이동이 완전한 경우

① 자본이동이 완전한 경우 $i=i^*$수준에서 국제이자율을 주어진 것으로 받아들이므로 BP곡선은 수평의 형태를 보인다.

② 일국이 재정정책을 사용하는 경우 IS곡선이 IS_0에서 IS_1으로 이동하면서 균형이 1점으로 변화하는데 이 점은 국제수지 흑자영역이므로 환율하락압력이 발생한다.

③ 고정환율제도를 채택하고 있기 때문에 환율하락압력을 막기 위해서 중앙은행은 자국 화폐를 매도하고 외환을 매입하는 바, 통화 공급이 증가하여 균형은 2점에서 형성된다.

④ 즉, 재정정책의 시행 결과 국민 소득이 큰 폭으로 증가하는 효과가 발생한다.

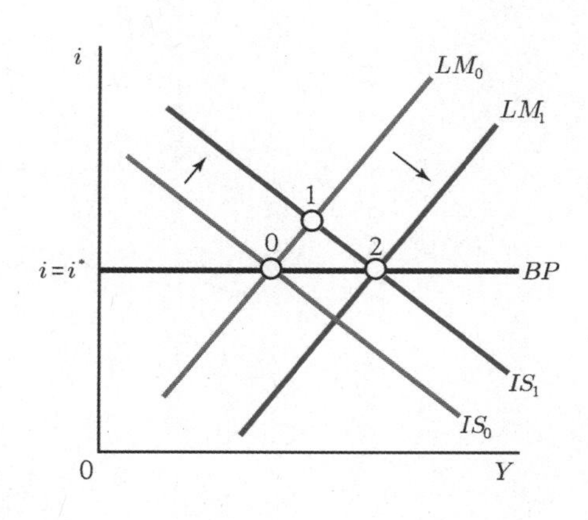

2. 자본이동이 상당히 불완전한 경우

① 자본이동이 상당히 불완전한 경우 BP곡선이 LM곡선의 기울기보다 가팔라진다.

② 이 때 확장적 재정정책을 사용하는 경우 경제는 일시적으로 1점에 머무르는데, 이 점은 국제수지 적자 영역으로 환율의 상승압력이 발생한다.

③ 따라서 고정환율제도를 채택한 경우 환율상승 압력을 막기 위해 자국 화폐를 매입하고 외환을 매도하므로 이는 LM곡선을 좌측 이동시키는 요인으로 작용한다.

④ 결국 경제의 균형은 2점에서 달성되고 확장적 재정정책의 효과는 상당히 구축되어 소폭의 소득 증가만이 가능하다.

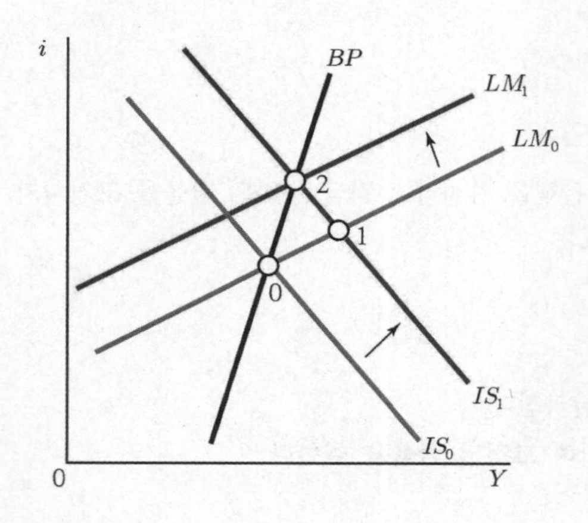

4 결론

고정환율제도를 택하고 있는 가운데 자본의 이동성이 매우 높다면, 국내경기조정을 위한 통화정책을 포기하더라도 재정정책이 충분한 기능을 발휘할 수 있다.

문제 05

1. 글로벌불균형의 개념과 발생원인에 대해 논하시오,
2. 글로벌불균형이 가져다 주는 영향에 대해 논하시오.

해설

1 글로벌불균형의 개념과 발생원인에 대해 논하시오.

1. 세계 경제 불균형이란?

미국 등 선진국들은 지속적인 경상수지 적자가 발생하고 중국 및 산유국 등 개발도상국들은 지속적인 경상수지 흑자가 발생하는 경우를 말한다.

2. 최근의 경향

1996년까지 개발도상국들은 경상수지 적자가 발생하였지만 2008년부터 경상수지 흑자가 발생하고 있다.

3. 세계 경제 불균형이 발생하는 이유 - 환율조작

① 중국의 경우 자국의 화폐인 위안화를 의도적으로 평가절하하고 있다고 각국이 판단하고 있는데 평가절하를 하는 이유는 중국제품의 가격경쟁력을 향상시키기 위함이다.

② 중국 정부가 개입을 하지 않는다면 중국의 경상수지 흑자는 위안화가 평가절상 되어야 한다.

2 글로벌불균형이 가져다 주는 영향에 대해 논하시오.

1. 개발도상국으로부터 선진국으로 자금의 유출

① 개발도상국의 경상수지 흑자는 저축이 투자보다 초과하게 되며 선진국의 경상수지 적자는 투자가 저축보다 초과하게 되어 투자자금을 위하여 해외로부터 자금을 차입하여야 한다.

② 미국의 경우 달러의 유입으로 과소비가 가능하게 되었으며 이는 다시금 경상수지 적자를 계속적으로 가져오게 된 이유이기도 하다.

2. 미국 달러화의 절상

개발도상국은 넘쳐나는 자금으로 안전 자산인 미국 국채를 매입하게 되었고 이는 달러화의 절상을 가져와 다시금 미국 경상수지 적자를 가져오게 된다.

3. 미국 이자율 하락

① 미국 국채수요의 증가는 국채 가격 상승을 가져오고 국채 가격 상승은 다시금 이자율 하락을 가져오게 된다.

② 이는 저금리로 신용 불량자의 주택수요를 가져오게 된 계기가 되었다.

4. 서브프라임(sub-prime) 모기지론(mortgage loan) 사태 발생

미국 금융기관의 경우 해외에서 유입되는 자금으로 신용불량자에게 주택담보대출을 하였으며 미국 주택가격의 하락으로 서브프라임 모기지론 사태를 가져오게 된 계기가 되었다.

5. 해결책

① 경상수지 흑자국은 화폐가치를 높이고 적자국은 화폐가치를 낮춰야 한다.

② 그러나 이러지 못한다면 흑자국은 내수확대에 실패하고 적자국은 내수가 감소하므로 전세계적으로 생산능력 과잉과 총수요 부족상황에 직면하게 될 것이다.

문제 06

2019 코트라 어문계열

1990년대 이후 글로벌 불균형이 확대된 원인을 미국의 소득-투자 격차, 세계저축과잉 측면에서 논술하시오.

해설

1 미국의 과잉소비

① 2000년대 초부터 미국은 지속적인 재정적자를 누적하여 왔으며, 각종 자산시장에서 자산가격의 꾸준한 상승에 따라 가계의 소비는 증가하고 저축은 감소하였으며 IT붐 등에 의해 기업의 투자 역시 꾸준히 증가하였다.

② 즉, 소비주체로서 정부와 가계와 기업 모두가 계속적인 소비지출 증가를 실현해왔는데, 이는 미국의 순수출(또는 경상수지)이 악화되는 현상을 설명할 수 있다.

2 중국 등 동아시아국가들의 과잉저축론

① 1970년대 후반 이후 중국은 급속한 경제성장을 이어오고 있지만, 중국의 경제주체들은 이전에 비하여 저축성향을 높이기 시작했다.

② 중국의 불붙은 경제성장과 발전은 세계 원자재 시장과 석유 시장에서 가격을 지속적으로 상승시켰다. 이는 해당 수출국의 소득을 급격하게 증가시켰으며 자국의 투자수요를 능가하는 저축을 유발하였다.

③ 1990년대 후반의 아시아 국가들의 금융위기는 해당 국가들로 하여금 더욱 신중하게 재정정책을 시행하도록 하는 결정적 계기를 제공하였으며, 일본에서 지속되고 있던 경제 불확실성은 투자수요를 위축시키고 있었다.

3 대부자금시장(loanable fund market)

① 세계의 대부자금시장에는 미국과 동아시아 국가들이 존재한다.

② 미국은 과잉소비로 인해 세계의 실질이자율이 상승시키는 압력을 제공하며, 동아시아국가들은 과잉저축으로 인해 세계의 실질이자율을 하락시키는 압력을 제공한다.

③ 세계저축곡선을 좌측으로 이동시키는 요인은 미국의 과잉소비이다. 이는 세계의 실질이자율을 상승시킴으로써 미국의 저축을 늘리고 투자를 줄여 미국의 경상수지를 개선시키는 작용을 할 수 있다.

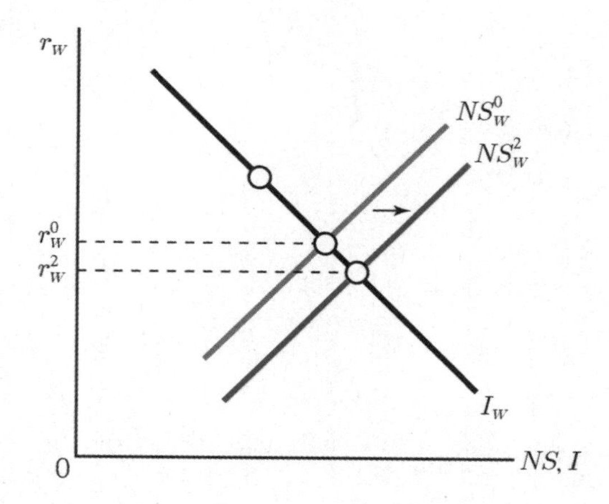

④ 그러나 이러한 효과가 세계 대부자금시장(세계금융시장)에 미치는 효과를 상쇄하고도 남을 정도의 과잉저축이 미국 밖에서 발생하였고, 이것은 세계의 실질이자율을 하락시키는 요인으로 작용하였다.